Klaus Wengst

Christsein mit Tora und Evangelium

Beiträge zum Umbau christlicher Theologie
im Angesicht Israels

Verlag W. Kohlhammer

Alle Rechte vorbehalten
© 2014 W. Kohlhammer GmbH Stuttgart
Umschlag: Gestaltungskonzept Peter Horlacher
Gesamtherstellung:
W. Kohlhammer Druckerei GmbH + Co. KG, Stuttgart
Printed in Germany

Print:
ISBN 978-3-17-025144-1

E-Book-Format:
pdf: ISBN 978-3-17-025145-8

MICHA BRUMLIK,
dem Mitstreiter im Vorsitz
der Arbeitsgemeinschaft
Juden und Christen beim DEKT
von 1992 bis 2006

Vorwort

Dieser Band knüpft formal und sachlich an mein Buch „Jesus zwischen Juden und Christen. Re-Visionen im Verhältnis der Kirche zu Israel" an (2., erweiterte Auflage 2004; zuerst 1999). Ich habe hier Vorträge und Aufsätze der letzten zehn Jahre so zusammengestellt und bearbeitet, dass Doppelungen möglichst vermieden werden und ein sinnvoller Zusammenhang entsteht. Zugleich ist aber auch jeder Paragraph für sich lesbar. Weniges aus dem früheren Buch ist um der argumentativen Klarheit willen aufgenommen. Ich habe versucht weiter zu lernen. Manches ist mir klarer geworden und lässt mich entsprechende Konsequenzen ziehen. Bestimmend geblieben ist die Frage nach dem Verhältnis zu Israel, zum Judentum – wie es vom biblischen Zeugnis her zu beschreiben ist und was das für die Auslegung des Neuen Testaments und den Umgang mit der eigenen christlichen Tradition bedeutet.

Edna Brocke, Chana Safrai (ihr Andenken zum Guten!) und Micha Brumlik waren und sind die jüdischen Personen, mit denen ich am längsten verbunden war und bin und von denen ich im Gespräch am meisten gelernt habe. Den beiden Erstgenannten konnte ich bereits je ein Buch widmen. Micha Brumlik und ich sind uns zuerst Ende der 80er Jahre auf einer Tagung zum Johannesevangelium als Antipoden begegnet. Wir trafen uns dann wieder in der Arbeitsgemeinschaft Juden und Christen beim Deutschen Evangelischen Kirchentag und fanden uns Anfang 1992 unversehens als deren jüdischer und christlicher Vorsitzender zusammengebunden vor. Wir haben uns zusammengerauft und einander gut ergänzt. Dabei ist mir Micha Brumlik zum Freund geworden, dem ich viel verdanke. Als Ausdruck meines Dankes sei ihm dieser Band gewidmet.

Meiner Frau Helga danke ich herzlich für eine kritische Lektüre des Manuskripts mit hilfreichen Rückfragen und Herrn Florian Specker vom Verlag für wiederum gute Zusammenarbeit und Hilfe beim Formatieren.

Bochum, im November 2013   Klaus Wengst

Inhalt

I. Die eigene Geschichte annehmen 13

§ 1 Christen als „Amaleks" Kinder und ihre Verwiesenheit
auf Israel: ein offenes Problem 15
    *1. Die bleibende Bedeutung der Erinnerung an die Schoa oder
die bleibende Bedeutung der Schoa?* 15
    *2. Was das Erinnern an die Schoa notwendig theologisch
einschließt: die Unmöglichkeit, Gott ohne Israel zu denken* 17
    *3. „Wer gedenken will und sich erinnern kann,
der braucht aus der Geschichte nicht zu lernen."* 19
    4. Die universale Bedeutung des partikular Besonderen 24

§ 2 Auf der Suche nach der eigenen Aufgabe als
Neutestamentler: ein autobiographischer Rückblick 26
    1. Herkunft aus der Provinz 26
    2. Studium mit einseitiger Ausrichtung 26
    3. Suche nach Orientierung im politischen Kontext 27
    4. Begegnung mit dem Judentum 29
    *5. Zwischen Katheder und Kanzel: Perspektiven
auf die Arbeit am Neuen Testament* 32

§ 3 Martin Luther und die Juden. Über theologische
Judenfeindschaft als Geburtsfehler des Protestantismus 35
    *1. Das Wenige, das man feiern könnte
und das doch keine Freude macht* 35
    *2. „… es muss alles in Christus und nichts außer ihm geschehen" –
Luthers Umgang mit dem Alten Testament* 40
    *3. Die Vorordnung der Christologie bei Luther
und ihre verhängnisvollen Folgen* 46
    4. 500 Jahre Reformation: Es gilt nicht nur zu feiern 50

§ 4 Theologie und Politik bei Karl Barth und
Karl Ludwig Schmidt im Jahr 1933 53
    1. Skizze der Lebensdaten Karl Ludwig Schmidts 54
    2. Skizze der Lebensdaten Karl Barths 55
    *3. Einem faschistischen Regime keinerlei Loyalität erweisen –
Karl Ludwig Schmidt 1933* 55
    4. Sich als Mann der Kirche bewähren – Karl Barth 1933 63
    5. Schmidt und Barth über „die Judenfrage" 69
    *6. Nach Kriegsende: Keine Rückkehr von Barth
und Schmidt nach Bonn* 72

II. Christlich-theologische Grundaussagen in
Rückbesinnung auf die Bibel verstehen 75

§ 5 Neues Testament und dreieiniger Gott: Trinitarisch
von Gott reden im Angesicht Israels 77

	1. Einleitendes zur Fragestellung	77
	2. Das Verhältnis Jesu zu Gott	79
	3. Das Verhältnis zwischen Jesus und dem heiligen Geist	88
	4. Die Relation Vater, Sohn und heiliger Geist	89
	5. Ein letzter Punkt: die Einheit Gottes – nicht am Anfang, sondern am Ende	94
§ 6	Wunder und Auferstehung	97
	1. Wundergeschichten: erzählen über die Realität hinaus	98
	2. Das größte Wunder: Auferstehung der Toten – Auferweckung Jesu	99
	3. Die Rede von der Auferweckung als „wirkliches Gleichnis"	100
	4. Das Zeugnis der Ostererzählungen	102
§ 7	„… dass der Gesalbte gemäß den Schriften für unsere Sünden gestorben ist". Zum Verstehen des Todes Jesu als stellvertretende Sühne im Neuen Testament	104
	1. „Mein Gott, mein Gott, warum hast Du mich verlassen?" Das Mitsein Gottes in den Erzählungen von der Passion Jesu	105
	2. „Musste das nicht der Gesalbte leiden …?" Wider den Triumph faktischer Gewalt	109
	3. „Ich bin's." Jesus als Souverän des eigenen Geschicks in der Passionsgeschichte des Johannesevangeliums	112
	4. „… für uns gestorben" Die Deutung des Todes Jesu als stellvertretende Sühne oder: Über den in Mitleidenschaft gezogenen Gott	113
	5. Sühne, Wiedergutmachung, Vergebung	122
§ 8	„Wer mein Fleisch isst und mein Blut trinkt …". Die neutestamentlichen Abendmahlstexte in jüdischem Kontext gelesen	125
	1. Jesus als „Brot des Lebens", von dem die Gemeinde „zehrt" (Johannes 6,51–58)	126
	2. „… verpflichtet, sich selbst so anzusehen, als wäre man aus Ägypten ausgezogen". Das Pessachmahl als Rahmen der Einsetzung der Eucharistie/des Abendmahls	130
	3. „Das Blut des Bundes" – „der neue Bund" Zu den biblischen Bezügen im Becherwort	133
	4. Den Leib (des Herrn) richtig beurteilen – sich selbst richtig beurteilen. Ekklesiologische Dimensionen der Eucharistie/des Abendmahls nach Paulus	136
	5. Rückblickende Erwägungen	141
§ 9	„Universale Heilsbedeutung Jesu" und bleibende Besonderheit Israels nach dem Römerbrief des Paulus	144
	1. Zur Fragestellung	144
	2. Die Parallelität von Heilsaussagen in Bezug auf die Gemeinde und in Bezug auf Israel	145
	3. Auch die Völker – und die Voraussetzung des „Auch"	149
	4. „Außerhalb des Geltungsbereiches der Tora"	152
	5. „Diener des Volks der Beschneidung"	156

Inhalt 11

III. Solidarische Partnerschaft mit Israel/Judentum gestalten 159

§ 10 Christsein zwischen Tora und Evangelium oder:
 Die Frage nach der Wahrheit zwischen
 Universalität und Partikularität 160
 1. Gesetz oder Freiheit? 161
 2. Zwischen Sammlung und Sendung, Partikularität und Universalität 165
 3. Die Frage nach der Wahrheit 166
 4. Plädoyer für ein wirkliches Gespräch 170

§ 11 Jerusalem als Perspektive eines biblisch begründeten
 Miteinanders von Juden und Christen – auf dem Weg
 zu einer „biblischen Ökumene"? 172
 1. „Biblische Ökumene"? 172
 *2. Der Schluss der jüdischen Bibel und der Schluss des
 Neuen Testaments als Mitte* 172
 3. Die Erdung des himmlischen Jerusalem 174
 *4. Die über die bloße Faktizität hinausweisende Dimension
 des irdischen Jerusalem* 176
 5. „Die Braut, die Frau des Lammes" 179
 *6. Jerusalem als Bezugspunkt einer solidarischen
 Partnerschaft von Christen mit Juden* 181

§ 12 Land Israel und universales Heil
 Eine theologische Auseinandersetzung
 mit dem „Kairos Palästina-Dokument" 186
 *1. Theologische Grundlegung des Dokuments:
 die Betonung der Universalität* 186
 2. Gott als Gott aller Welt ist und bleibt Israels Gott 188
 3. Der jüdische Jesus und universales Heil 190
 4. Über das Verhältnis der beiden Testamente zueinander 191
 5. Das Problem des Landes 192
 6. Abschließende Anmerkungen 196

Anmerkungen 199
Literaturverzeichnis 213
Stellenregister 217

I. Die eigene Geschichte annehmen

Die eigene Geschichte annehmen – ich bin Christ und ich bin Deutscher. Aus der mir damit vorgegebenen Geschichte kann und will ich nicht aussteigen. Davon ist meine Identität ganz wesentlich bestimmt. Ich habe mir mein Deutschsein nicht ausgesucht; ich bin als Deutscher geboren. Aber auch mein Christsein beruht nicht auf einer persönlichen Entscheidung; ich bin als Säugling getauft worden. Ich habe nie ein Bekehrungserlebnis gehabt. Ich bin in aller Selbstverständlichkeit in christlicher Volksfrömmigkeit aufgewachsen, besonders geprägt durch das Erzählen biblischer Geschichten im Kindergottesdienst. So habe ich mein Christsein ebenso selbstverständlich bejaht und tue es bis heute. In der familiären und ländlichen Umgebung meiner Kindheit waren „deutsch" und „Deutschland" höchst positiv besetzte Begriffe. Von den jüngeren Brüdern meiner Mutter seit 1949 fußballverrückt gemacht, habe ich das erste Länderspiel der deutschen Nationalmannschaft nach dem Krieg gegen die Schweiz am Radio miterlebt und den Sieg bejubelt. Schon bei der Vorbereitung zur Fußballweltmeisterschaft 1954 habe ich mit gefiebert, alle deutschen Spiele der Endrunde am Radio oder – soweit sie dort übertragen wurden – im Fernsehen in Gasthäusern im Dorf gesehen und den schließlichen Triumph genossen, was mein Nationalbewusstsein nachhaltig bestimmt hat.

Nachdem ich als theologischer Lehrer in Vorlesungen und Seminaren begonnen hatte, bei der Auslegung des Neuen Testament verstärkt mit Texten des Alten Testaments und noch mehr mit jüdisch-rabbinischen Texten zu arbeiten, wurde von Studierenden – wie ich auf einem kurzen Umweg erfuhr – vermutet, ich würde zum Judentum konvertieren. Mich hat das sehr überrascht, da ich selbst nicht einmal die Spur eines Gedankens in diese Richtung hatte. Als ich darüber nachdachte, warum ich sie nicht hatte, ergaben sich mir zwei Argumente, ein positives und ein negatives, die für mich bindende Kraft haben. Das erste ist: Ich bin getauft. Ich bin ein fröhlicher Christenmensch; ich freue mich meines Glaubens und habe an ihm volles Genügen. Ich vermisse nichts, was ich anderswo suchen müsste. Es gab eine Zeit in meinem Leben, gegen Ende meines Studiums, da hätte ich Agnostiker werden können – aber kein Konvertit zu einer anderen Religion. Um nicht missverstanden zu werden: Ich weiß natürlich, dass es Konversionen gibt. Ohne mich darüber zu freuen, aber auch ohne sie zu kritisieren, respektiere ich sie als persönliche Entscheidungen. Für mich jedoch – und das ist das zweite Argument – empfände ich eine Konversion zum Judentum als eine Flucht aus der mir geschichtlich zugewachsenen Verantwortung, indem ich von der Seite der Täter auf die der Opfer wechselte.

Dieser Aspekt macht deutlich: Dass ich als Christ und als Deutscher nicht aus der mir damit vorgegebenen Geschichte aussteigen kann und will, darf nicht heißen, besinnungslos oder auch höchst besinnungsvoll im Strom dieser Geschichte einfach mitzuschwimmen. Sie annehmen heißt auch, sich ihr zu stellen, Traditionen zu prüfen, sie nicht einfach wegzuwerfen, sondern so mit ihnen umzugehen und sie so zu gestalten, dass sie lebensdienlich sind – nicht zuletzt für „das Leben der anderen".

Im Haus meiner Großeltern mütterlicherseits hatte eine Serie von Fotos über den Polenfeldzug, die man mit einem besonderen Gerät dreidimensional sehen konnte, das Kriegsende überstanden. Sie bestimmten meine frühe Sicht auf den 2. Weltkrieg samt der öfters gehörten Wendung: „Wenn wir den Krieg gewonnen hätten ...". Umso größer war dann das Erschrecken, als ich auf dem Gymnasium mehr und mehr von dem deutschen Menschheitsverbrechen an den jüdischen Männern, Frauen und Kindern Europas erfuhr. Was die bleibende Erinnerung daran für Deutsche und Christen bedeuten könnte, dem versuche ich in der ersten Studie nachzudenken.

Ich bin als Christ in evangelischer Tradition aufgewachsen und habe sie mir bewusst zu eigen gemacht. Luther wurde mir schon im Religionsunterricht in der Volksschule und im Konfirmandenunterricht eindrücklich vor Augen gestellt, kräftig unterstützt durch einen in der Dorfkirche gezeigten Schwarzweißfilm. Aber auch aus dem Lutherfilm von 2003 bin ich mit stolz geschwellter protestantischer Brust hinausgegangen. Und doch gibt es hier einen ganz dunklen Punkt, Luthers Aussagen über die Juden. Er hat seine Brisanz gerade darin, was meistens nicht gesehen wird, dass er aufs Engste mit zentralen theologischen Aussagen verbunden ist. Dem geht die dritte Studie nach.

Die vierte ist zwei von mir hoch respektierten Theologen gewidmet, die im Jahr 1933 politisch scharfsichtig waren und klare theologische Einsichten hatten, die die „Judenfrage" als ein Problem wahrnahmen, aber doch nicht als dringlich behandelten, weil sie in wesentlichen Punkten befangen blieben in antijüdischer christlicher Tradition.

Dazwischen steht ein kurzer Essay über meine eigene kleine Geschichte als Theologe, wie ich mit kräftiger Nachhilfe und Mithilfe mir lieb gewordener Menschen meinen Weg gefunden habe, die eigene Geschichte anzunehmen, indem ich mich am Umbau christlicher Theologie im Angesicht Israels beteilige.

§ 1 Christen als „Amaleks" Kinder und ihre Verwiesenheit auf Israel: ein offenes Problem[1]

Der Titel dieses Paragraphen mag etwas rätselhaft erscheinen. Sich der eigenen Geschichte zu stellen, sie anzunehmen, heißt zuerst, sich zu erinnern. Für Christinnen und Christen, besonders in Deutschland, bleibt es geboten, sich an die Schoa zu erinnern, an die systematische Ermordung jüdischer Männer, Frauen und Kinder Europas durch Deutschland – Erinnerung an ein unvorstellbar grausames Geschehen. Sicher kann dieses Geschehen „vorgestellt", es kann sogar – etwa bei einer Besichtigung von Auschwitz und Birkenau – sehr präzis beschrieben werden. Aber das Unvorstellbare bleibt gerade, dass es tatsächlich ausgeführt wurde. Als Bibelwissenschaftler liegt es für mich nahe, mich einem Thema mit biblischen Texten zu nähern. Von einer Erinnerung an grausames Geschehen ist in eigenartiger Weise in 5. Mose 25,17–19 die Rede. Doch bevor ich auf diesen Text eingehe, will ich einige Überlegungen an unterschiedliche Titelformulierungen für eine einschlägige Vortragsreihe anschließen, eine ursprünglich vorgeschlagene Formulierung und die schließlich gewählte.

1. Die bleibende Bedeutung der Erinnerung an die Schoa oder die bleibende Bedeutung der Schoa?

Die genannte Vortragsreihe wurde unter den Gesamttitel gestellt: „Die bleibende Bedeutung der Erinnerung an die Schoa". Der ursprüngliche Arbeitstitel lautete: „Die bleibende Bedeutung der Schoa für unser Selbstverständnis". Gemeint war das christliche Selbstverständnis. Ich denke, dass die Änderung sehr überlegt erfolgt ist und dass es gut war, sie vorgenommen zu haben. Die ursprüngliche Formulierung ist nicht davor geschützt, die Schoa zu verzwecken, ihr von positiven Auswirkungen her, die das Erinnern an sie gehabt hat, in irgendeiner Weise Sinn zu geben. Es hat mich schon als Kind verstört, wenn meine Großmutter ein schlimmes Ereignis im Dorf mit dem Satz kommentierte: „Man weiß nicht, wofür es gut war." Es kommt ja vor – Gott sei Dank! –, dass Schlimmes in irgendeiner Weise zum Guten ausschlägt oder die eine oder andere positive Folge hat.[2] Aber es darf nicht sein, dem zutiefst Sinnlosen des planvollen massenhaften Mordens in der Schoa durch nachträgliches Aufladen mit Sinn auch nur den Hauch von Legitimation zu geben.

Ich will das hier anstehende Problem an einem neutestamentlichen Text im Kontrast mit einem altkirchlichen verdeutlichen. In der Apokalypse des Johannes erblickt der Seher bei der Öffnung des fünften Siegels unter dem himmlischen Altar „die Seelen derjenigen, die um des Wortes Gottes willen und um des Zeugnisses willen, das sie hatten, hingeschlachtet worden sind". Er hört sie schreien; es ist ein Schrei aus der Not, ein Schrei, der Abhilfe verlangt, Gottes Eingreifen fordert: *Wie lange noch, heiliger und wahrhaftiger Herrscher, richtest Du nicht und vergiltst Du nicht unser Blut an denen, die auf der Erde wohnen?!* (Offenbarung 6,9–10) Was die Ermordeten schreien, ist ein ausgesprochener Protestruf. Sie erheben Protest gegen die Gewaltgeschichte, deren Opfer sie geworden sind, und verlangen ihr Ende. Selbst und gerade sie, die Märtyrerinnen und Märtyrer, sind noch nicht am Ziel, solange die Gewaltgeschichte unablässig weiterläuft, solange ihre Mörder, dazu noch unter dem Schein des Rechts, ihr Werk weitertreiben können. Hier besteht ein fundamentaler Unterschied zur Sicht des Martyriums bei Ignatius von Antiochia. In seinem Brief an die Gemeinde in Rom bittet er, als zum Tod im Tierkampf Verurteilter auf dem Weg nach Rom befindlich, diese Gemeinde mit größtem Nachdruck, alles zu unterlassen, was sein Martyrium verhindern könnte. Er will es unbedingt erleben und fiebert ihm geradezu entgegen. So formuliert er: „Ich schreibe allen Gemeinden und halte allen eindringlich vor, dass ich gerne für Gott sterbe, wenn ihr es nur nicht verhindert. Ich mahne euch, dass ihr mir ja nicht ungelegen Gunst erwirkt! Lasst mich ein Fraß von Raubtieren sein! Durch sie ist es möglich zu Gott zu gelangen. Weizen Gottes bin ich und durch die Zähne von Raubtieren werde ich gemahlen, damit ich als reines Brot Christi erfunden werde" (Ignatius an die Römer 4,1). Ignatius denkt individuell im Blick auf die eigene Person; er will durch das Martyrium zu Gott und damit zum Ziel gelangen. Ganz anders Johannes: Für ihn sind die Märtyrerinnen und Märtyrer noch nicht am Ziel. Er sieht sie nach Offenbarung 6,11 in einem Wartestand. Das ist für ihn deshalb so, weil er nicht individuell denkt, sondern die Geschichte im Blick hat, die weiterhin solche Opfer produziert. Er bezieht sich dabei auf die Schrift. Das „Wie lange noch?" ist Aufnahme entsprechender Fragen in den Klagepsalmen. *Wie lange noch sollen Gewalttätige, Ewiger, wie lange noch sollen Gewalttätige triumphieren?* (Psalm 94,3) Der Ruf „Wie lange noch?" ist ein Schrei nach der Wiederherstellung des Rechts. Gott soll als Richter handeln und den Ermordeten zu ihrem Recht verhelfen und die Mörder zur Rechenschaft ziehen. Darum geht es, nicht um „Rache".

Ich nehme an, dass der schließlich gewählte Titel der Vortragsreihe dem möglichen Eindruck wehren wollte, als sollte die Schoa für irgendetwas verzweckt werden. Geht es um „die bleibende Bedeutung der *Erinnerung* an die Schoa", dann ist danach zu fragen, warum wir als Christinnen und Christen die Erinnerung an die Schoa wachhalten müssen. In diesem Zusammenhang ist dann auch – gemäß der ursprünglichen Themaformulierung – herauszustellen, was diese Erinnerung im christlichen Selbstverständnis bewirkt und weiterhin festhalten soll.

2. Was das Erinnern an die Schoa notwendig theologisch einschließt: die Unmöglichkeit, Gott ohne Israel zu denken

In einigem zeitlichen Abstand von der Schoa brach sich die Einsicht Bahn, dass es auch eine christliche Schuld an ihr gibt. Sie ist so tief, dass die oft gebrauchte Rede von der „christlichen *Mit*schuld" mir als Verharmlosung erscheint. Die Schoa ist ja nicht als geheime Kommandosache von einer Handvoll Mördern durchgeführt worden, sondern in aller Offenheit durch die zunehmende Einschränkung jüdischen Lebens und durch das Fanal der Reichspogromnacht vorbereitet und durch einen massenhaft mit Personal bestückten Apparat systematisch ausgeführt worden – und das in und von einem Land, das seit Jahrhunderten christianisiert war. Das hätte nicht vollzogen werden können, wenn in der Kirche nicht so über Juden gedacht und geredet worden wäre, wie es geschehen ist. Die tiefste Ursache dafür ist meiner Einsicht nach, dass sich die Kirche seit früher Zeit als das „wahre Israel" verstand, sich so an die Stelle Israels setzte und damit notwendig das außerhalb der Kirche existierende Judentum zum „falschen Israel" erklärte, das es eigentlich gar nicht mehr geben dürfte. Weil es diejenigen betraf, denen so theologisch sehr grundsätzlich das Existenzrecht abgesprochen war, blieb der spätestens nach der Reichspogromnacht fällige christliche Protestschrei aus. Natürlich haben die allermeisten Christen es so an sich selbst nicht wahrgenommen. Aber dieser theologische Hintergrund hat über Jahrhunderte eine christliche Mentalität und Selbsteinschätzung geprägt, die die Ausschreitungen gegen die Juden teilnahmslos hinnehmen und ebenso teilnahmslos zusehen ließ, als sie schließlich abtransportiert wurden.

Aus dem Erschrecken über diese christliche Schuld kam es in der Kirche zu einer neuen *Wahr*nahme des Judentums als des bleibend von Gott erwählten Volkes, zu einer Wahrnahme dieses Volkes *als Israel*, zur Einsicht, dass Gottes Bund mit Israel nicht gekündigt ist, sondern unverbrüchlich gilt. Das aber heißt dann für die spezifisch *theo*logische Rede, dass Gott als *Israels* Gott wahrzunehmen ist.

Diese Einsicht ist der christlichen Kirche schon durch ihre Bibel vorgegeben. Sie hat sie sich verdeckt durch den Anspruch, selbst das „wahre Israel" zu sein. Die Kirche hat in aller Selbstverständlichkeit an der jüdischen Bibel festgehalten, die sie als Altes Testament zum ersten Teil ihres Kanons machte.[3] Ob das Alte Testament Teil des christlichen Kanons ist oder nicht, darüber ist in der Kirche nie abgestimmt worden, sondern diese Zugehörigkeit war selbstverständliche Voraussetzung. Wer das in Frage stellte, begab sich aus der Kirche hinaus.[4] Damit war aber von vornherein über die in meinen Augen wichtigste theologische Frage entschieden, nämlich wer für die Kirche Gott ist: gewiss der Gott aller Welt, der Himmel und Erde geschaffen hat, aber kein Allerweltsgott, sondern *Israels* Gott, dem es gefallen hat, mit *diesem* Volk eine besondere Bundesgeschichte zu haben. Wenn aber der biblisch bezeugte Gott – im Neuen Testament ist das nicht anders – *Israels* Gott ist, dann gibt es Gott nicht ohne seine Bundespartnerschaft mit diesem Volk. Die Bibel lehrt keinen abstrakten Monotheismus. Sie erzählt vielmehr von der Treue Gottes, der nur zusammen mit seinem Volk Gott ist und sein will – und deshalb auch nur zusammen mit ihm und nicht losgelöst von ihm gedacht werden kann und darf.

Nach Psalm 83,5 sprechen Israels Feinde: *Auf, lasst uns sie vertilgen, dass sie kein Volk mehr seien und sich des Namens Israel nicht mehr erinnert werde.* Die jüdische Auslegung im Midrasch lässt diese Feinde weiter erwägen: „Wessen Gott wird er genannt? Nicht Israels Gott? Wenn wir Israel ausrotten, wird sich des Namens des Gottes Israels nicht mehr erinnert werden."[5] Würde das Volk Israel ausgelöscht, wäre Gott nicht mehr als Israels Gott erkennbar und könnte auch nicht weiterhin als „Gott Israels" angerufen werden.

Als Christ *kann* ich von Gott nur reden, indem ich zugleich von Jesus rede, durch den meine Vorfahren – und ich mit ihnen – kraft des heiligen Geistes zu dem einen Gott gekommen sind.[6] Aber ich *darf* nicht von ihm reden und dabei Israel verschweigen. Wenn ich denn die Formulierung Emil Fackenheims von der „gebietenden Stimme von Auschwitz"[7] für mich als Christen aufnehmen darf, dann gebietet sie mir eben das, dass ich von Gott nicht mehr reden darf unter Absehen von seiner unverbrüchlichen Bundespartnerschaft mit Israel, dass ich christlich nur noch von Gott reden darf im gleichzeitigen Hören auf jüdisches Zeugnis.

Dass Gott, der Schöpfer und als solcher auch der Gott aller Welt, nach dem biblischen Zeugnis dezidiert *Israels* Gott ist – es wäre gut, wenn diese Einsicht Eingang in dogmatische Lehrbücher fände. Aber was kann einen Lehrsatz davor schützen, zu einem bloß zu lernenden und gelernten und also leeren Satz zu werden, ohne Wirkung und damit unwirklich? Vielleicht, wenn das Lernen sich mit dem Erinnern verbündet.

§ 1 Christen als „Amaleks" Kinder und ihre Verwiesenheit auf Israel   19

3. „Wer gedenken will und sich erinnern kann,
   der braucht aus der Geschichte nicht zu lernen."
Die Überschrift dieses Abschnittes ist ein Aphorismus von Elazar Benyoëtz.[8] Er hat diesem Satz noch den anderen vorangestellt: „Geschichte nimmt ihren Anfang in der Erinnerung." Und in der Erinnerung kommt sie auch zur Wirkung. Das ist anders als beim „Lernen aus der Geschichte" – wenn es das denn überhaupt gibt und nicht eine bloße „Moral von der Geschichte" abgezogen, „abstrahiert" wird, die dann auch „abstrakt" bleibt. Vielleicht die eindrücklichste Formulierung für das Erinnern bietet der auf Pessach bezogene Satz, der sich schon in der Mischna findet: „Generation um Generation, in jeder, ist eine Person verpflichtet, sich selbst so anzusehen, als wäre sie aus Ägypten ausgezogen." Es geht dabei nicht darum, sich romantisch in eine vergangene Wirklichkeit zurück zu versetzen. Entscheidend ist vielmehr, was das Erinnern für den eigenen Weg aus Sklaverei zur Freiheit in der Gegenwart bewirkt.[9]

Bei der Erinnerung an Pessach wird eine Rettung erinnert. Davon kann beim Erinnern an die Schoa keine Rede sein, im Gegenteil. Wie kann an ein derart katastrophales Geschehen erinnert werden? In der Tora gibt es einen Textabschnitt, der von solcher Erinnerung spricht und der bei der synagogalen Lesung der Parascha KiTezee den hervorgehobenen Schlussteil, den Maftir, bildet. In 5. Mose 25,17–19 heißt es: *Erinnere dich daran, was dir Amalek unterwegs getan hat, als ihr aus Ägypten ausgezogen wart: Dass er unterwegs auf dich traf und deine Nachhut vernichtete, all die Nachzügler hinter dir – und du warst matt und müde –; und er fürchtete Gott nicht. Es soll sein: Wenn der Ewige, dein Gott, dir Ruhe verschafft hat vor allen deinen Feinden ringsum im Land, das der Ewige, dein Gott, dir zum Eigentum gibt, es zu erben, dann sollst du die Erinnerung an Amalek auslöschen unter dem Himmel. Nicht sollst du vergessen.* In den 90er Jahren habe ich zusammen mit Edna Brocke ein Seminar mit Texten zum Krieg gehalten, das mit diesem Abschnitt begann. Nachdem der hebräische Text übersetzt worden war, kam sofort als erste Reaktion von einem Studenten: „Schrecklich! Das ist ja Aufforderung zum Völkermord." Wir haben uns dann den Text genauer angesehen. Was steht da? Von Amalek ist die Rede. Das ist der Name eines Volkes, das die Israeliten auf ihrer langen und mühsamen Wüstenwanderung bekriegte, als sie aus Ägypten ausgezogen waren und das verheißene Land noch nicht erreicht hatten. Aber wie sah dieser Krieg aus? Was hat Amalek getan? Als die Israeliten müde und matt waren, haben die Amalekiter die Nachzügler überfallen, die Schwächeren, die Mühe hatten mitzukommen und hinterher hinkten. Wehrlose Menschen wurden umgebracht –

einfach so. Das ist es, was Amalek getan hat. Das ist es, was im ersten Teil des Textes festgestellt wird.

Daran anschließend heißt es: *Es soll sein: Wenn der Ewige, dein Gott, dir Ruhe verschafft hat vor allen deinen Feinden ringsum im Land, das der Ewige, dein Gott, dir zum Eigentum gibt, es zu erben, dann sollst du die Erinnerung an Amalek auslöschen unter dem Himmel.* Was soll ausgelöscht werden? Die Erinnerung an Amalek unter dem Himmel. Also bei den Menschen, bei Gott kann sie nicht ausgelöscht werden. Wie aber soll man das verstehen, dass die Erinnerung ausgelöscht werde, wo doch am Anfang gerade dazu aufgefordert worden war, sich zu erinnern und gleich anschließend ganz am Schluss gesagt wird, nicht zu vergessen? Vielleicht so: Wer in der Erinnerung ausgelöscht wird, hat keinen Namen mehr. Wer keinen Namen hat, ist so, als gäbe es ihn gar nicht. Einen Amalek, der wehrlose Menschen umbringt – einfach so umbringt –, soll es nicht mehr geben. Er soll nicht im Buch des Lebens geschrieben sein. Ach, wäre es doch so, als hätte es ihn nie gegeben! Aber es hat ihn gegeben. Und deshalb gibt es die doppelte Aufforderung, die am Anfang und Ende des Textes steht, die ihn gleichsam einrahmt: *Erinnere dich daran, was Amalek dir unterwegs getan hat!* Und: *Du sollst nicht vergessen!* Daran hält sich Israel bis heute.

Amalek gibt es schon längst nicht mehr. Es gab dieses Volk auch schon lange nicht mehr, als der Text aus dem 5. Buch Mose geschrieben wurde. Dennoch wird er immer wieder gelesen. In der vorher erwähnten Seminarsitzung sagte Edna Brocke, dass in der Geschichte Israels und des Judentums bis heute vor allem zwei weitere Mächte als „Amalek" benannt worden sind. Einmal wurde Amalek wiedererkannt in den Römern, im römischen Imperium. Die römische Besatzungsmacht des Landes Israel hat zweimal, 66–70 und 132–135, jüdische Befreiungsversuche mit äußerster Härte und Brutalität niedergeschlagen. Sie hat im Jahr 70 Jerusalem völlig zerstört und den Tempel niedergebrannt und nur die Westmauer des Tempelbergs stehen gelassen. Auch daran denkt Israel bis heute und vergisst es nicht. Jedes Jahr wird der 9. Tag im Monat Av als Trauer- und Fasttag begangen. An ihm erinnert man sich an die Zerstörung des ersten Tempels durch die Babylonier und an die Zerstörung des zweiten Tempels durch die Römer, der dann nicht wieder aufgebaut wurde. Das römische Imperium gibt es nicht mehr – und ein solches Reich soll es auch nicht geben. *Du sollst die Erinnerung an es auslöschen unter dem Himmel.* Und doch gibt es immer wieder Imperien. Aber auch sie zerfallen irgendwann. Den völlig unerwarteten Zerfall eines Imperiums haben wir 1989 erlebt. Seine Auswirkungen sind sicherlich noch in mancherlei Weise zu spüren, aber seinen Namen gibt es schon nicht mehr.

§ 1 Christen als „Amaleks" Kinder und ihre Verwiesenheit auf Israel 21

Noch einmal, nach den Römern, viel später, ist eine andere Macht mit dem Namen „Amalek" belegt worden. Und das geht uns nun an. Ich gebe jetzt den Text aus dem 5. Mosebuch – mit nur kleinen Änderungen – noch einmal wieder und füge dabei den Namen des letzten „Amalek" ein: „Erinnere dich daran, was Nazideutschland dir getan hat, als ihr in der Zerstreuung lebtet in Europa: Dass es alle Länder nach euch durchkämmte, euch erschlug, erschoss, erhängte, vergaste und verbrannte, Männer, Frauen und Kinder, Alte und Junge, Kranke und Gesunde – und ihr wart schwach und wehrlos –; und es fürchtete Gott nicht. Es soll sein: Wenn der Ewige, dein Gott, dir Ruhe verschafft hat vor allen deinen Feinden ringsum im Land, das der Ewige, dein Gott, dir zum Eigentum gibt, es zu erben, dann sollst du die Erinnerung an Nazideutschland auslöschen unter dem Himmel. Nicht sollst du vergessen." Als ich damals in unserer Seminarsitzung hörte, dass Nazideutschland „Amalek" ist, ging mir das unter die Haut. Da wittert man in einem alttestamentlichen Text einen Aufruf zum Völkermord – und hat vergessen, dass das eigene Volk vor noch gar nicht so langer Zeit einen grauenhaften Völkermord begangen hat, und merkt so gar nicht, dass man selbst an ganz anderer Stelle in diesem Text vorkommt: als „Amalek"!

„Erinnere dich daran!" „Nicht sollst du vergessen!" Auch daran erinnert man sich in Israel. Es gibt den Gedenktag an die Schoa in jedem Jahr, an dem alles im Land zwei Minuten stillsteht. Es gibt in Jerusalem die große Gedenkstätte JadVaSchem. Erinnern heißt hier auch und vor allem, die Opfer nicht zu vergessen, die Namen derer festzuhalten, die einfach ausgelöscht wurden. Ihre Namen sollen bleiben. Sie sind dort aufgeschrieben und in der mir besonders eindrücklichen Gedenkstätte für die ermordeten Kinder werden sie auf einem Endlostonband genannt. So viele Namen. Und über sie hinaus noch so viele Opfer, deren Namen man nicht kennt. In einem Midrasch über den Text aus dem 5. Mosebuch heißt es: „Die Israeliten sprachen vor dem Heiligen, gesegnet er: ‚Herr der Welt, du sagst uns: *Erinnere dich!* Erinnere Du Dich doch! Denn bei uns gibt es ja so oft Vergessen. Aber vor Dir gibt es kein Vergessen.'"[10] Ja, mögen ihre Namen im Buch des Lebens geschrieben sein!

Dieser zweite Amalek betrifft mich als Deutschen und auch mich als Christen – gemäß dem, was ich vorher als christliche Schuld benannt habe. Ich kann mich da nicht herausziehen, auch wenn ich daran nicht direkt beteiligt war, weil ich bei Kriegsende erst drei Jahre alt wurde. Ich bin damit verquickt in der Kette der Generationen. Ich will das für mich sehr konkret benennen. Zusammen mit meiner Mutter war ich die ersten drei Lebensjahre im Haus meiner Großeltern; von ihnen habe ich auch über diese Zeit hinaus viel Zuwendung erfahren und ich habe sie geliebt – und doch war es dieser Großvater, der in meinem Heimatdorf schon 1923 die NSDAP mit gegründet hatte. Meine Mutter ist von diesem Elternhaus, und überhaupt den zwölf Jahren NS-Zeit, stark geprägt worden und manches davon hat sie nur sehr spät und vielleicht auch gar nicht überwunden – und doch war sie es, die mich zu beten lehrte.

Wir sind „Amaleks" Kinder. Kann es ein Sich-Erinnern Amaleks geben? Wenn das kein Sich-Brüsten mit Untaten sein soll, bedarf es der Umkehr. Kann Amalek umkehren? Von Rabbi Meïr heißt es in einer Erzählung im Talmud, dass frevelhafte Menschen in der Nachbarschaft ihn sehr belästigten. Er betete, dass sie stürben. Daraufhin wird er von seiner Frau Brurja getadelt. Sie nimmt an, er stütze sich auf den Vers Psalm 104,35, den er so lese: *Verschwinden mögen* Sünder *von der Erde, dann wird es Frevler nicht mehr geben*. Sie jedoch liest diesen Satz mit anderer Vokalisation so: *Verschwinden mögen* Sünden *von der Erde, dann wird es Frevler nicht mehr geben.*" So fordert sie ihn auf, für die Umkehr der Frevler zu beten. Er tut es und es geschieht.[11]

Die Erinnerung „Amaleks" in der Umkehr müsste dann eine sein, die die Schuld und den Schmerz darüber wach hält – und nicht eine Erinnerung als Protokollnotiz einer immer abständiger werdenden vergangenen Geschichte. Ich will versuchen, das an persönlichen Erfahrungen zu verdeutlichen. Mein Vater hatte in seinen letzten Lebensjahren drei Aktenordner angelegt: „Mein Lebensweg, dokumentiert". Nach seinem Tod nahm ich sie an mich. Beim Blättern in den Dokumenten aus der ersten Jahreshälfte 1933 überkam mich an einer Stelle ein solcher Schrecken, dass ich zunächst nicht in der Lage war, mir die Akte weiter anzusehen. Nicht erschrocken hat mich, dass er am 1. Mai 1933 in die NSDAP und die SA eingetreten war – gegen seinen Vater, den Knecht und Arbeiter, der lebenslang sozialdemokratisch orientiert war. Dass mein Vater „Parteigenosse" gewesen war, wusste ich ja schon. Dafür hatte ich ihn als Jugendlicher vehement zur Rede gestellt, war wütend geworden über all die vorgebrachte Apologetik und hatte ihn auch ein Stück weit verachtet. Was mich zutiefst erschrecken ließ, war vielmehr auf einem dieser Dokumente ein Bild meines Vaters, in dem ich mich selbst erkannte. Es hätte eine Fotografie von mir in diesem Alter sein können. Die ganze jugendliche Selbstsicherheit, mit der ich meinem Vater einst entgegengetreten war, fiel in sich zusammen und machte der Einsicht Elijas Platz: *Ich bin nicht besser als meine Väter* (1. Könige 19,4). Was heißt das für das Sich-Erinnern von „Amaleks" Kindern? In der Form des jüdischen Erinnerns an Pessach nehme ich das für mich so auf, dass ich verpflichtet bin, mich selbst so anzusehen, als wäre ich unter den Mördern gewesen.

Wo hat dieses Sich-Erinnern seinen Platz? Im Judentum hat das Sich-Erinnern als gemeinschaftlich vollzogenes Gedenken feste Plätze im Kalender: das Gedenken an Pessach, das Gedenken an die Tempelzerstörung, das Gedenken an die Schoa. Bei uns hat sich an vielen Orten in den letzten Jahrzehnten der 9. November als Gedenktag an die Reichspogromnacht 1938 als ein solcher Platz im Kalender herausgebildet. Er ist auch nicht vom 9. November 1989 verdrängt worden. Noch keine wirkliche Form hat meiner Beobachtung nach der 27. Januar als Gedenktag an die Befreiung von Auschwitz gefunden. Es wäre eine Aufgabe für Christinnen und Christen, Gemeinden und Kirchen, zusammen mit anderen nach möglichen Vollzügen des Gedenkens an diesem Tag zu suchen und sie zu erproben.

Bei diesem Gedenken wird es darauf ankommen, von „den Nazis" nicht so zu reden, als wären sie eine kleine Gruppe von Bösewichtern gewesen, mit denen wir nichts zu tun haben. Die Nazis – das waren viele, sehr viele „brave" Deutsche und Christen. Was „Amalek" tat, ist nicht ein für allemal überwunden. Es wird nur dann überwunden bleiben, wenn es so erinnert wird, dass die Schuld und der Schmerz darüber wach gehalten werden, wenn das Gedenken in einer Haltung der Umkehr geschieht – einer Umkehr, die uns partnerschaftlich an die Seite des Judentums stellt. Nur eine solche Erinnerung hält auch bleibend die Erkenntnis Gottes als Israels Gott fest. Gott nach der Schoa unmöglich ohne Israel denken zu können, heißt für Christinnen und Christen sowie die Kirchen aber auch, solidarisch an die Seite Israels gestellt zu sein – und das schließt den Staat Israel ein. Ihm gegenüber sehe ich mich nicht in einer Position neutralen Abwägens, sondern in einer unbedingt verpflichtenden und ganz und gar parteilichen Solidarität.[12] Aus dem Erschrecken über die Verheerungen des 2. Weltkriegs und über den Massenmord an den jüdischen Männern, Frauen und Kindern Europas durch Deutschland entstand die Doppelparole: „Nie wieder Krieg! Nie wieder Auschwitz!" Sie kann in ihren beiden Teilen nicht gleichgewichtig aufrecht erhalten werden. Wenn man die erste Parole absolut setzt, kann es geschehen, dass etwas von dem, wenn nicht alles, was die zweite Parole verneint, sich doch wieder ereignet. Wer wirklich will, dass es „nie wieder Auschwitz" gibt, kann und darf nicht reflexartig mit Friedensdemonstrationen gegen Israel reagieren, wenn es gezwungen ist, sich um der Erhaltung seiner immer noch in Frage gestellten Existenz willen mit militärischer Gewalt zu wehren.

Das theologische Festhalten an der Besonderheit Israels als des Volkes Gottes wehrt einem differenzlosen Universalismus und weist zugleich auf die Würde jedes einzelnen Menschen.

4. Die universale Bedeutung des partikular Besonderen

Die Erkenntnis Gottes als des Gottes Israels und der bleibenden Besonderheit Israels als des von Gott erwählten Volkes ist ein starker Widerhaken gegen jede Auflösung Israels ins Universale. Das wehrt der Abstraktion, auch ethisch, indem – statt von allgemeiner Menschenliebe zu reden – der einzelne Mitmensch in den Blick zu nehmen ist.

In einer rabbinischen Diskussion, was eine große Zusammenfassung in der Tora sein könnte, zitiert Ben Asaj aus 1. Mose 5,1: *Das ist das Buch der Generationen des Menschen*. Rabbi Akiva hält demgegenüber 3. Mose 19,18 für eine größere Zusammenfassung in der Tora: *Und du sollst deinen Nächsten lieben dir gleich* und begründet das so: „Damit du nicht sagst: ‚Weil ich verachtet werde, soll auch mein Mitmensch verachtet werden.'" Darauf sagt Rabbi Tanchuma: „Wenn du so handelst, dann wisse, wen du verachtest" und zitiert dafür einen weiteren Satz aus 1. Mose 5,1: *Im Abbild Gottes machte er ihn*, den Menschen nämlich. Das heißt: 1. Mose 5,1 ist doch die größere Zusammenfassung in der Tora.[13] Die Frage, wer denn mein Nächster sei, kann sich hier gar nicht stellen. Niemand ist ausgeschlossen, der oder die Menschenantlitz trägt. Diese Intention zeigt sich auch im Aufbau der jüdischen Bibel und ihrer rabbinischen Auslegung. Der besonderen Geschichte Israels von Abraham an steht die Geschichte des Menschen, stehen „die Generationen des Menschen" voran. Darauf bezog sich schon der gerade angeführte Midrasch. Der erste geschaffene Mensch ist nach der jüdischen und dann auch der christlich rezipierten Bibel nicht der erste Israelit, sondern er tritt in die Geschichte als nichts sonst als ein Mensch, und zwar als männlich und weiblich (1. Mose 1,27). Weshalb am Anfang „ein einzelner Mensch erschaffen wurde" und nicht eine Mehrzahl von Menschen wird in der jüdischen Tradition u.a. so beantwortet: „Um des Friedens der Geschöpfe willen, damit nicht ein Mensch zu seinem Mitmenschen sage: ‚Mein Vater ist größer als dein Vater.'"[14] Da geht es nicht um einen differenzlosen Universalismus; die weitere Erzählung der Bibel kennt vielfältige Differenzierungen. Aber in aller Differenzierung wird an der Würde jedes einzelnen Menschen festgehalten, jede und jeder ein Abbild Gottes. Die unvorstellbare Menge von Menschen, die „Amalek" gemordet hat, waren jede und jeder für sich Abbild Gottes. Von daher wird die in der Kirchengeschichte aufgekommene und gebrauchte Rede von den Juden als „Gottesmördern" noch einmal anders

§ 1 Christen als „Amaleks" Kinder und ihre Verwiesenheit auf Israel   25

verkehrt. Unmittelbar vor der eben in der Mischna gegebenen Antwort, warum zuerst ein einzelner Mensch erschaffen wurde, heißt es: „um zu lehren, dass es jedem, der das Leben einer Person vernichtet, angerechnet wird, als hätte er eine ganze Welt vernichtet, und dass es jedem, der das Leben einer Person erhält, es angerechnet wird, als hätte er eine ganze Welt erhalten."

§ 2 Auf der Suche nach der eigenen Aufgabe als Neutestamentler: ein autobiographischer Rückblick[15]

1. Herkunft aus der Provinz

Im Mai 1942 wurde ich in einem nordhessischen Dorf, in Remsfeld, heute ein Ortsteil von Knüllwald, geboren; dort verbrachte ich auch meine ersten 15 Lebensjahre. Von meinen Großvätern war der eine Knecht, danach Arbeiter, als im Dorf eine kleine Fabrik gebaut wurde, der andere gelernter Maurer, nach dem Verlust eines Armes im 1. Weltkrieg Schrankenwärter. Meine Großmütter waren bis zu ihrer Eheschließung Mägde, die eine beim Pfarrer, die andere bei Bauern. Mein Vater lernte nach Abschluss der Volksschule in der Verwaltung der Kreisstadt und blieb nach Arbeits- und Wehrdienst bei der Wehrmacht. Meine Mutter war gelernte Schneiderin. Nach dem 2. Weltkrieg begann mein Vater in der kleinen Fabrik des Dorfes als Arbeiter und stieg zum leitenden Angestellten auf, bis er zur Bundeswehr ging und die Familie aus dem Dorf wegzog. In der nicht besonders kirchlich geprägten, aber selbstverständlich in der Volksfrömmigkeit lebenden Familie erhielt ich meine erste religiöse Sozialisation. Prägender war der von Beginn der Schulzeit bis zur Konfirmation besuchte Kindergottesdienst, der mir die biblischen Geschichten nahebrachte. Von daher ergab sich schon sehr früh die Absicht, in diesem Bereich meinen Beruf zu suchen.

Während der letzten vier Schuljahre in der nordhessischen Kleinstadt Fritzlar nahm ich an einem wöchentlich sich treffenden „Jungmännerkreis" der evangelischen Kirchengemeinde unter der Leitung eines aufgeschlossenen und klugen Diakons teil. Regelmäßige gemeinsame Bibelarbeit war selbstverständlich. Durch Konfirmanden- und Religionsunterricht war ich auf das Neue Testament als den mir wesentlich erscheinenden Teil der Bibel fixiert – und dachte bei Bibelarbeiten an neutestamentlichen Texten oft: Wenn ich doch nur erst Griechisch könnte, wüsste ich genau, was sie meinen. Im Gymnasium in Fritzlar gab es keine Möglichkeit, Griechisch oder gar Hebräisch zu lernen.

2. Studium mit einseitiger Ausrichtung

So war ich, als ich 1961 das Theologiestudium an der Kirchlichen Hochschule Bethel begann, hoch motiviert, Griechisch zu lernen. Die Motivation beim anschließenden Erlernen des Hebräischen war wesentlich schwächer ausgebildet. In meinem Studium lag von vornherein der Schwerpunkt auf dem Neuen Testament. Dabei haben mich die Betheler Neutestamentler nicht sonderlich beeindruckt. Dagegen wurde ich anschließend in Bonn von Philipp Vielhauer angezogen. Die strenge Sachlichkeit und Nüchternheit, das genaue Beobachten und Wahrnehmen des Textes, auch die gekonnte Polemik und doch bei all dem eine wohltuende Humanität imponierten mir. Er hielt Kontakt zu mir, als ich für zwei Semester nach Tübingen wechselte, um Ernst Käsemann zu hören. Diesen mir ebenfalls wichtig gewordenen Lehrer fand ich in einem Seminar wenig anregend, umso beeindruckender in seinen Vorlesungen, besonders wenn er vom Manuskript abwich und engagiert zu theologischen, kirchlichen und politischen Zeitfragen Stellung nahm. Nach einem weiteren Semester in Heidelberg, in dem das Studium des Alten Testaments im Mittelpunkt stand, kehrte ich nach Bonn zurück, weil ich bei Vielhauer promovieren wollte. Die Rückkehr wurde auch dadurch gefördert, dass er mir die Stelle einer studentischen Hilfskraft angeboten hatte.

Zwischen dem zweiten und dritten Semester habe ich Bultmanns „Theologie des Neuen Testaments" gelesen.[16] Sie gab mir für den größten Teil meines Studiums eine theologische Basis. Gegen dessen Ende habe ich sie noch einmal gelesen – und da erschien sie mir als hohl. Gegenüber der Lektüre von Franz Overbeck,[17] durch Vielhauer angeregt, und Albert Camus[18] hatte sich diese Theologie bei mir nicht bewährt; und so war ich zum Ende meines Theologiestudiums theologisch am Ende.

1966/67, als meine Freunde sich auf das Examen vorbereiteten, habe ich innerhalb eines Jahres in studentischer Unbekümmertheit und preußischer Disziplin meine Dissertation über „Christologische Formeln und Lieder des Urchristentums" niedergeschrieben[19] – in Ungewissheit darüber, ob ich mich ganz anders orientieren sollte oder ob ich doch noch einen theologischen Weg für mich finden würde. Am Ende des Sommersemesters 1967 schloss ich mein Studium mit der Promotion ab.

3. Suche nach Orientierung im politischen Kontext
Schon nach dem Einreichen meiner Dissertation war mir von Wolfgang Schrage eine Assistentenstelle angeboten worden, die ich gerne angenommen habe. Dass ich wieder – langsam – zur Theologie fand, hing mit unterschiedlichen Erfahrungen zusammen. Im Rigorosum war in der Systematischen Theologie mein Hauptgebiet: Prädestinationslehre von Calvin bis Barth. Fand ich Calvin schon imponierend,[20] wenn auch im entscheidenden Punkt nicht akzeptabel, so beeindruckte und überzeugte mich Barth,[21] sodass sich mir hier ein Zugang zu seiner Theologie eröffnete. Hinzu kam, dass meine

damalige Freundin – und heutige Frau – den frühen Barth in einem Seminar kennen und schätzen gelernt hatte und ihn mir vermittelte.[22]

Zur selben Zeit wurden politische Erfahrungen für mich bestimmend. Mein politisches Interesse war schon früh durch Zeitungen geweckt worden, die ich angesichts von wenig anderem Gedruckten, das mir in meiner dörflichen Umgebung greifbar war, gelesen habe, seit ich es konnte. Mit etwa 16 Jahren habe ich mich – recht schmerzhaft – politisch vom Elternhaus emanzipiert und gegen den Beruf meines Vaters eine christlich begründete pazifistische Position eingenommen und mich im konservativen Umfeld meiner Klassenkameraden „links" orientiert. Gegen Ende meines Studiums wollte ich in die SPD eintreten, habe es aber aus Protest gegen die Große Koalition 1966 nicht getan. Ende Mai 1967 war der Schah von Persien zum Staatsbesuch in Bonn. In diesem Kontext erfuhr ich – mit anderen Studierenden zusammen – eine Festnahme mit anschließender Anklage wegen Auflauf, Landfriedensbruch und Beleidigung eines ausländischen Staatsoberhauptes, die viele Monate später schließlich niedergeschlagen wurde. Aber diese Festnahme, der stundenlange Polizeigewahrsam und die Vernehmungen bei der politischen Polizei und der Staatsanwaltschaft haben mein Demonstrations- und Protestverhalten in den folgenden Jahren sehr gefördert. 1971 bin ich dann doch in die SPD eingetreten („Marsch durch die Institutionen"), wurde in meinem Ortsverein sehr schnell Vorsitzender der Arbeitsgemeinschaft der Jungsozialisten, bald danach auf Bonner Stadtebene, schließlich Vorsitzender des Ortsvereins. Auf Bundesebene hatte sich die Arbeitsgemeinschaft kurz zuvor betont sozialistisch positioniert und sich auf Konfrontationskurs mit der Gesamtpartei begeben. Dementsprechend haben wir auch vor Ort Marxsche Analyse des Kapitalismus studiert und versucht, sie auf die kommunalpolitische Ebene herunter zu buchstabieren und auf konkreten Handlungsfeldern in praktisch-politische Arbeit umzusetzen.

Die Rezeption Barthscher Theologie im Kontext politischen Engagements bei gleichzeitigem Weiterarbeiten am Neuen Testament ließen mich theologisch und exegetisch eine Perspektive gewinnen. Das gilt noch nicht – ich bin ein langsamer Mensch – für meine 1970 abgeschlossene Habilitationsschrift über „Tradition und Theologie des Barnabasbriefes".[23] Die Wahl eines Themas aus den sogenannten apostolischen Vätern entsprang sicherlich dem von Vielhauer geweckten Interesse für die Schriften jenseits des neutestamentlichen Kanons, war aber zugleich auch Ausdruck des Ausweichens auf ein als weniger brisant erscheinendes Gebiet. Dieser Ausflug hatte allerdings Folgen, als ich später die Herausgabe der „Schriften des Urchristentums II" übernahm.[24]

§ 2 Autobiographischer Rückblick

Im Zusammenhang der politischen Arbeit, verbunden mit einer Orientierung an Barthscher Theologie und der gleichzeitigen Rezeption lateinamerikanischer Befreiungstheologie, ergab sich für meine exegetische Arbeit ganz selbstverständlich die sozialgeschichtliche Fragestellung; sie lag sozusagen „in der Luft". Mich interessierte die Wechselwirkung von Theologie und konkret gelebtem Leben: Wie bestimmen die Bedingungen, unter denen Menschen leben oder zu leben gezwungen sind, ihre Glaubensvorstellungen? Was wiederum tragen diese zur Bewältigung und vielleicht auch Veränderung ihrer Lebensbedingungen bei? Diese Leitfragen haben mich beim Schreiben der Monographien zum ersten Johannesbrief und zum Johannesevangelium sowie dem Kommentar zu den Johannesbriefen und vor allem der Bücher über die Pax Romana und die Demut wesentlich bestimmt. Diese sozialgeschichtliche Fragestellung ist mir nach wie vor wichtig; aber sie ist nicht mehr dominant für mich.

4. Begegnung mit dem Judentum
Was meine exegetische Arbeit seit etwa zweieinhalb Jahrzehnten am meisten bestimmt, ist die Frage nach dem Verhältnis der Kirche zum Judentum. Als Anfang 1980 die Synode der Evangelischen Kirche im Rheinland ihren Beschluss zur Erneuerung des Verhältnisses zum Judentum fasste, war ich noch Mitglied der Bonner Evang.-Theol. Fakultät. Unter ihren Kollegen lief alsbald der Entwurf einer ablehnenden Stellungnahme um, der als Grundlage eines Fakultätsbeschlusses intendiert war. Bei der Lektüre dieses Entwurfs drängte sich mir das starke Gefühl auf, dass ich diese Ablehnung auf keinen Fall unterschreiben dürfte.[25] Aber ich wusste nicht wirklich, warum ich das nicht durfte – enthielt diese Ablehnung doch Positionen, die ich gelernt und selbst vertreten hatte. Dass ich mehr intuitiv nicht unterschrieb, hatte zwei Gründe. Einmal hatte ich nicht lange zuvor erstmals lebendige Juden erlebt. Am 9. November 1978 fand im Bonner Münster eine große Gedenkveranstaltung 40 Jahre nach der Reichspogromnacht 1938 statt, die von besonderer Eindrücklichkeit war, vor allem durch die Rede des Vorsitzenden der Jüdischen Gemeinde. Ungefähr zur selben Zeit war ein ursprünglich aus Deutschland kommender Rabbiner aus den USA zu Besuch in Bonn und bat den Dekan unserer Fakultät um ein Gespräch. Der forderte mich als seinen ehemaligen Assistenten dazu auf, daran teilzunehmen. Der Rabbiner klagte über die religiöse und theologische Dürftigkeit der Bonner jüdischen Gemeinde und meinte, wir müssten ihr helfen. Dieses in einer frappierenden Selbstverständlichkeit uns entgegengebrachte Vertrauen hat mich zugleich irritiert und tief berührt.

Zum anderen hatte ich im Rahmen meiner Arbeit am Diognetbrief für den zweiten Band der „Schriften des Urchristentums" die Streitschrift des Kelsos gegen die Christen aus der Mitte des 2. Jahrhunderts gelesen und gemerkt, dass sie zugleich eine Streitschrift gegen die Juden ist. Aus seiner Perspektive, nämlich der eines mittelplatonischen Philosophen, liegen beide, Christentum und Judentum, sozusagen im selben Spital krank. An seiner Kritik, von dieser Außensicht her, wurde mir – um ein anderes Bild zu gebrauchen – klar, dass Judentum und Christentum an ganz zentraler Stelle im selben Boot sitzen, nämlich im Reden von Gott, indem von Gott nicht in philosophischen Allgemeinbegriffen gesprochen, sondern indem eine höchst konkrete, partikulare Geschichte erzählt wird. Das ist es, was Kelsos aufs Äußerste provoziert und was er als außerordentlich lächerlich empfindet, dass Gott und eine bestimmte partikulare Geschichte zusammengedacht werden, eine Geschichte, die ihm zudem noch höchst unansehnlich erscheint. So sagt er von den Juden, sie seien „aus Ägypten entlaufene Sklaven gewesen, haben niemals etwas der Rede wert vollbracht, weder qualitativ noch quantitativ sind sie jemals etwas gewesen" (Origenes, Contra Celsum IV 31). Bei den Christen ist dieses Negative eher noch gesteigert, da sie sich auf einen einzelnen Juden beziehen, der „aufs Ehrloseste gebunden" und „aufs Schmählichste bestraft worden ist", nachdem „er sich gestern und vorgestern vor aller Augen aufs Schimpflichste herumgetrieben hat" (VI 10). Dass ich die ablehnende Stellungnahme zum Rheinischen Synodalbeschluss nicht unterschrieb, hatte für mich die Konsequenz, dass ich zum nächstmöglichen Termin eine Veranstaltung zu Röm 9–11 anbot, um zu wissen, warum ich nicht unterschrieben hatte, einem Text, der mich dann immer wieder beschäftigt hat.

Zum Sommersemester 1981 wurde ich an die Ruhr-Universität Bochum berufen. An der dortigen Evang.-Theol. Fakultät herrschte eine andere Atmosphäre. Der Umgang miteinander war direkter und offener, das Spektrum des Möglichen weiter. Hier lernte ich Kollegen kennen, vor allem Jürgen Ebach und Dieter Vetter, die in der Frage des Verhältnisses zum Judentum schon längst Lernprozesse hinter sich hatten und nun bei mir anstießen, letzterer vor allem indirekt durch Studierende, die bei ihm nicht nur Hebräisch gelernt hatten. Es waren dann auch durch Dieter Vetter geprägte Bochumer Studierende, die mich für eine Gemeindeveranstaltung mit Edna Brocke in Verbindung brachten, die an unserer Fakultät schon Lehraufträge wahrgenommen hatte. Von ihr angeregt, haben wir im Wintersemester 1988/89 die erste gemeinsame Lehrveranstaltung durchgeführt, der dann fast jedes zweite Semester bis zu meiner Pensionierung viele weitere folgten. Angesichts

§ 2 Autobiographischer Rückblick

meiner Ahnungslosigkeit bin ich zu Beginn mit einigem Zittern in dieses Unternehmen hineingegangen, aber auch mit großer Neugier. In Edna Brocke bin ich der ersten jüdischen Person begegnet, die ich dann näher kennenlernte und die mir die jüdisch-rabbinische Tradition so nahebrachte, dass ich anfing, sie verstehend wahrzunehmen.

Kurz vorher, im Frühjahr 1988, war ich im Rahmen einer Gemeindereise zum ersten Mal in Israel. Dieser Besuch hat nachhaltigen Eindruck auf mich gemacht – sicherlich auch deshalb, weil hier die biblischen Erzählungen nicht nur mit vorgestellten Orten in Verbindung gebracht werden konnten, sondern durch Sehen und Begehen –, vor allem aber dadurch, dass hier ein Ort erlebt werden konnte, an dem das Judentum kein Randphänomen ist, sondern an dem Jüdinnen und Juden ganz selbstverständlich die Mehrheit bilden. Hier wurde mir auch deutlich, dass ich keinen Pazifismus mehr vertreten könnte, jedenfalls keinen absoluten, wenn ich bejahe, dass es diesen Staat mit diesen Menschen an diesem Ort der Welt gibt.

Nachdem ich begonnen hatte, mich in meiner exegetischen Arbeit auf rabbinische Texte einzulassen, drängte sich mir alsbald das starke Empfinden auf, dass ich dafür besser Hebräisch können müsse, als ich es im Theologiestudium gelernt hatte. In dieser Zeit wurde mir die Einrichtung „Studium in Israel" bekannt. Das brachte mich auf den Gedanken, dass ich zumindest am Sommerulpan an der Hebräischen Universität in Jerusalem teilnehmen könnte. Das habe ich dann im Sommer 1991 getan, nachdem ich vorher im Wintersemester 1989/90 im Kurs bei Dieter Vetter mein Bibelhebräisch gründlich aufgefrischt hatte. Besonders förderlich war es für mich, dass in den Jerusalemer Sprachkurs wöchentlich zwei Seminarsitzungen integriert waren, in denen nach unterschiedlichen Wissenschaftsgebieten die Klassen neu zusammengesetzt waren. Ich hatte selbstverständlich das Gebiet „Judentumskunde" gewählt. In der zweiten Hälfte dieser Zeit in Jerusalem war ich regelmäßig zu Gast in der Synagoge *Emet VeEmuna*. Dass Gott, zu dem ich mit meinen Vorfahren durch die auf Jesus bezogene Verkündigung gekommen bin, der Gott Israels ist, hat sich mir hier tief eingeprägt. Unvergesslich sind mir auch die Begegnungen mit David Flusser und seiner Frau Hannah.

Durch Edna Brocke kam ich 1990 in die Arbeitsgemeinschaft Juden und Christen beim Deutschen Evangelischen Kirchentag und wurde 1992 ihr christlicher Vorsitzender und war es bis 2006. Das gab mir die Chance kontinuierlicher jüdischer Gesprächspartnerschaft in einem bestimmten Arbeitszusammenhang. Besonders wichtig wurden mir dabei mein jüdischer Mitvorsitzender Micha Brumlik und speziell für den exegetischen Bereich Chana Safrai. Solange sie an der Katholischen Universität Utrecht lehrte, haben wir uns 1993 bis 1997 dreimal im Jahr mit unseren Doktorandinnen und Doktoranden abwechselnd in Bochum und Utrecht getroffen und gemeinsam an rabbinischen Texten und ihrem möglichen Bezug zum Neuen Testament gearbeitet.

Wie außerordentlich hilfreich rabbinische Texte sein können, wurde mir zum ersten Mal Ende der 80er Jahre bewusst, als ich in einem Seminar über Auferstehung auf einen bestimmten Text stieß. Ich hatte es mir inzwischen zur Regel gemacht, bei „Billerbeck"[26] gefundene rabbinische Texte nur dann zu benutzen, wenn ich sie zuvor in ihrem eigenen Kontext gelesen habe. Zu Matthäus 22,28 führt Billerbeck einen kleinen Ausschnitt aus dem Traktat Sanhedrin des babylonischen Talmuds an (92b) mit dem Interesse, den neutestamentlichen Text in seiner Intention davon abzugrenzen. Als ich die Stelle im Zusammenhang, eine Auslegung der großartigen Vision von Ezechiel 37, las, war ich fasziniert. Die spannendsten Aussagen hatte Billerbeck ausgelassen, wodurch die tatsächlich zitierten ihren Kontext verloren hatten und relativ belanglos geworden waren.[27] Nach dem längeren Aufenthalt in Jerusalem hat sich mein Arbeitsalltag recht einschneidend verändert. Die Beschäftigung mit rabbinischen Texten nimmt seitdem einen breiten Raum ein. Im Gespräch mit ihnen sind besonders meine Auslegungen des Johannesevangeliums, des Römerbriefes und der Bergpredigt geschrieben.[28]

5. Zwischen Katheder und Kanzel: Perspektiven auf die Arbeit am Neuen Testament

Der Umzug von Bonn nach Bochum bedeutete für mich eine weitere Veränderung, nämlich die Verlagerung meiner ehrenamtlichen Tätigkeit vom parteipolitischen in den kirchlichen Bereich. Das hing mit unterschiedlichen Konstellationen in Bonn und Bochum sowohl in der Partei als auch in der Kirchengemeinde zusammen. In der letzten Bonner Zeit hatte ich begonnen, Ortsgemeinde für mich zu entdecken; in Bochum war ich sehr bald in sie eingebunden. Meine Predigttätigkeit bekam dort dadurch einen festen Rahmen, dass ich – weil ohne Examina – zum Laienprediger voziert wurde. Seitdem habe ich bis zum Erreichen des 70. Lebensjahres fast jeden Monat einen Gottesdienst gehalten, jeweils vorbereitet durch ein Gespräch mit Gemeindegliedern über den Predigttext.

Es zeigte sich, dass der Weg zwischen Katheder und Kanzel keine Einbahnstraße ist, sondern in beiden Richtungen verläuft. Besonders deutlich wurde mir, dass der Kanon im Raum der Kirche nicht hintergehbar ist, sondern ernst genommen werden muss – auch wissenschaftlich vom Exegeten. Von daher ist es mein primäres Interesse, die kanonisch überlieferten Texte

§ 2 Autobiographischer Rückblick 33

zu verstehen. Die Ergebnisse „textarchäologischer" Arbeit sind nicht dazu angetan, meine Skepsis zu zerstreuen, diese Arbeit könnte zum Verstehen der Texte Wesentliches beitragen.

Den Kanon ernst zu nehmen, heißt für mich gerade auch als Neutestamentler: die ganze Bibel wahrnehmen. Selbstverständlich gilt es dabei auch, den Eigenwert des Alten Testaments als jüdischer Bibel zu achten. Meine aus der Schulzeit ins Studium mitgenommene Sicht vom Neuen Testament als dem „eigentlich christlichen" Bibelteil habe ich gründlich verlernt. Eine wesentliche Lernerfahrung der letzten 25 Jahre ist für mich: Die meisten – wenn nicht alle – der im Neuen Testament gesammelten Schriften sind von Haus aus nicht „christlich", sondern jüdisch, entweder von Juden geschrieben oder von Nichtjuden, die als „Gottesverehrer" bzw. „Gottesfürchtige" im Kontext des Judentums lebten. Eine eigene christliche Identität war im ersten Jahrhundert und auch zu Beginn des zweiten noch nicht ausgebildet und begann erst langsam zu entstehen. Die Selbstverständlichkeit, mit der in der neutestamentlichen Wissenschaft von den an Jesus als Messias glaubenden Menschen in den frühen Gemeinden als den „ersten Christen" geredet wird, ist m.E. ein unreflektierter Anachronismus. Hat man sich die Frage: „Seit wann gibt es Christentum?" erst einmal bewusst gemacht, merkt man sehr schnell, dass sie gar nicht einfach zu beantworten ist.[29] Hier ist nach einer neuen Terminologie zu suchen, die den beobachtbaren Phänomenen vom Selbstverständnis der beteiligten Menschen her besser gerecht wird. Ich habe es mir deshalb abgewöhnt, Phänomene des ersten Jahrhunderts als „christlich" zu bezeichnen oder auf sie bezogen von „Christen" und „Christentum" zu reden. Die Autoren der neutestamentlichen Schriften hatten beim Schreiben selbstverständlich nicht das Bewusstsein, Teile einer Bibel zu verfassen. Sie besaßen eine Bibel, ihre jüdische Bibel, das, was zu ihrer Zeit als heilige Schrift im Gebrauch war. Nur mit ihrer Bibel konnten sie davon Zeugnis geben, dass in Jesus Gott begegnete. Daher ist die für uns zum Alten Testament gewordene jüdische Bibel der Sprachraum des von ihnen verkündigten Evangeliums. Deshalb ist das Neue Testament auf der Basis der jüdischen Bibel auszulegen. Zur Bibel gehört immer auch ihre Auslegung. Wenn also die neutestamentlichen Schriften in einem jüdischen Kontext entstanden sind, wie sollen sie dann angemessen verstanden werden können, wenn *nicht* in erster Linie dieser Kontext beachtet wird? Besonders wichtig ist das bei polemischen Texten, in denen sich Auseinandersetzungen widerspiegeln, wie das vor allem über weite Strecken im Johannes- und Matthäusevangelium der Fall ist. Das sich hier findende polemische Gegenüber ist nicht als Gegensatz von Judentum und Christentum zu stilisieren, sondern als innerjüdische Auseinandersetzung wahrzunehmen zwischen einer an Jesus als Messias glaubenden jüdischen Minderheit und der sich vom Lehrhaus in Javne her nach 70 unter pharisäisch-rabbinischer Führung neu konstituierenden jüdischen Mehrheit. Es zeigt sich dann, dass die Evangelisten jüdische Sprachmöglichkeiten wahrnehmen. Es käme aber auch darauf an, die in den Evangelien nur in polemischer Verzerrung begegnende Gegenseite von ihren eigenen Texten her genauso stark zu machen wie die in den Evangelien manifeste. Dabei kommt gerade dem rabbinischen Schrifttum besondere Bedeutung zu: Mit Ausnahme der authentischen Paulusbriefe sind wahrscheinlich alle anderen Schriften des Neuen Testaments in der Zeit nach 70 geschrieben, als sich das Judentum unter pharisäisch-rabbinischer Führung nach der Katastrophe des jüdisch-römischen Krieges mit der völligen Zerstörung Jerusalems und des Tempels neu konstituieren musste. Wie sich in Auseinandersetzung mit ihm und im Gegenüber zu ihm eine eigene Identität ausbildete, ist – so genau es geht – nachzuzeichnen. Das rabbinische Schrifttum dürfte auch für die Paulusexegese von größerer Bedeutung sein, als gemeinhin angenommen wird. Denn in es ist die pharisäische Tradition der Zeit vor 70 eingegangen, in der Paulus sich seinen eigenen Aussagen zufolge ausgezeichnet hatte, bevor er zum Glauben an Jesus als Messias kam.

Gegenüber einem möglichen rein literaturwissenschaftlichen Zugang zu den neutestamentlichen Schriften ist mir historische Arbeit unverzichtbar, um auf den Überlieferungsbruch aufmerksam zu machen, dass nämlich eine in jüdischem Kontext entstandene Tradition in einen nichtjüdischen Kontext übergegangen ist, dass die von Juden oder dem Judentum nahestehenden Menschen geschriebenen neutestamentlichen Schriften schließlich von einer nichtjüdischen Gemeinschaft rezipiert wurden, die ihre Identität in Antithese zum Judentum bestimmte. So muss heutige Auslegung die Unterschiedenheit der eigenen Situation von der Entstehungssituation der neutestamentlichen Schriften und deren Wirkungsgeschichte im Auslegungsvorgang mit reflektieren, will sie nicht traditionelle christliche Judenfeindschaft weiter transportieren.

So ist es das Ziel meiner exegetischen Arbeit geworden, das biblisch-jüdische Profil der neutestamentlichen Texte herauszuarbeiten – und es theologisch zu bedenken, was das für christliche Identität im Angesicht Israels bedeutet.

§ 3 Martin Luther und die Juden: Über theologische Judenfeindschaft als Geburtsfehler des Protestantismus

Die Evangelische Kirche in Deutschland begeht im Blick auf das fünfhundertjährige Reformationsjubiläum 2017 eine ganze Dekade der Vorbereitung, im Jahr 2013 unter dem Stichwort Toleranz. In dieser Hinsicht sind die Äußerungen Luthers über Juden und das Judentum und sein Verhältnis zu ihnen ein ausgesprochen beklemmendes und bedrückendes Thema. Es geht mir im Folgenden nicht darum, Martin Luther mit dem, was er über die Juden gesagt und geschrieben hat, auf die Anklagebank zu setzen und selbst den Richter zu spielen. Ihn anzuklagen, wäre angesichts der Brutalität einschlägiger Aussagen in dieser Sache und auch angesichts der unsäglichen Grobheit, in der er sie vorträgt, ein Leichtes. Andererseits will ich auch nicht als Apologet Luthers auftreten, indem ich etwa seine Zeitgebundenheit ins Feld führe sowie die Gefährdungen, in denen er sein Werk in der historischen Situation sah, oder indem ich einen angeblich judenfreundlichen „jungen Luther" gegen einen judenfeindlichen „alten Luther" ausspiele. Mein Interesse an diesem Thema besteht darin zu erkennen, in welcher Weise mit der in den Aussagen über die Juden zum Ausdruck kommenden Feindschaft theologische Grundaussagen der christlichen Tradition in ihrer Aufnahme und besonderen Ausprägung durch Luther verbunden sind. Das ist das in meinen Augen brennende theologische Problem: Es sind gerade zentrale theologische Sätze und Einsichten, die Luther vor aller Erfahrung und jenseits aller Erfahrung zu einem prinzipiellen Judenfeind machen. Was ich im Untertitel als These formuliert habe – theologische Judenfeindschaft als Geburtsfehler des Protestantismus –, gilt allerdings schon für das seit der ersten Hälfte des 2. Jahrhunderts im Gegensatz zum Judentum als eigene Identität entstehende Christentum im Ganzen. Dessen theologische Judenfeindschaft hat allerdings durch Luther eine spezifisch protestantische Zuspitzung erfahren. Für heute ergibt sich daraus m.E. die Aufgabe, christliche Theologie so zu formulieren, dass sie kein antijüdisches Potenzial mehr hat. Denn am Verhältnis zum Judentum entscheidet es sich, ob Christentum eine humane Religion ist oder nicht.

1. Das Wenige, das man feiern könnte und das doch keine Freude macht
Wenn man auch gute Gründe hat, das fünfhundertjährige Reformationsjubiläum zu feiern, so stellt sich doch im Blick auf das Thema „Luther und die

Juden" die berechtigte Frage: Gibt es da überhaupt etwas zu feiern? Ich sehe nur einen Punkt, der hervorgehoben werden könnte, nämlich Luthers Ratschläge über einen humanen Umgang mit den Juden in der Schrift von 1523: „Dass Jesus Christus ein geborener Jude sei". Hier stellt er zu Anfang auf kräftige Weise heraus, dass man die Juden schlecht behandelt hat: „Denn unsere Narren, die Päpste, Bischöfe, Sophisten und Mönche, die groben Eselsköpfe, sind bisher so mit den Juden verfahren, dass kein guter Christ hätte ein Jude werden mögen. Und wenn ich ein Jude gewesen wäre und hätte solche Tölpel und Knebler den Christenglauben regieren und lehren gesehen, so wäre ich eher eine Sau geworden als ein Christ. Denn sie sind mit den Juden umgegangen, als wären es Hunde und nicht Menschen."[30] Am Ende dieser Schrift bezeichnet Luther die Beschuldigung gegen die Juden, sie müssten „Christenblut haben", als „Narrenwerk" und beklagt, „dass man ihnen verbietet, unter uns zu arbeiten, zu hantieren und sonstige menschliche Gemeinschaft zu haben, womit man sie zum Wuchern treibt"; und er fragt: „Wie sollte sie das bessern?" Er fährt fort: „Will man ihnen helfen, so muss man [...] sie freundlich annehmen, sie mit uns Gewerbe treiben und arbeiten lassen, damit sie Grund finden und Raum gewinnen, bei und um uns zu sein."[31] Vorher hatte er die Apostel angeführt, „die auch Juden waren", und gemeint: „Wären sie mit uns Heiden so umgegangen wie wir Heiden mit den Juden, dann wäre kein einziger Heide Christ geworden." Und so folgert er: „Sind sie also mit uns Heiden so brüderlich umgegangen, so sollen auch wir mit den Juden brüderlich umgehen."[32] Das klingt gut. Aber schon diese Schrift von 1523 sowie auch noch frühere Schriften Luthers enthalten Widerhaken, die eine Verwirklichung dieser schönen Absichtserklärungen unmöglich machen.

Der erste Widerhaken ist das dominante missionarische Ziel. Luther hat die Juden von vornherein und in erster Linie als Objekte christlicher Mission im Blick. Sie als gleichgewichtige Gesprächspartner zu erkennen, ist ein für ihn unmöglicher Gedanke. Gleich zu Beginn dieser Schrift sagt er, er wolle aus der heiligen Schrift Gründe dafür angeben, „dass Christus ein Jude sei, von einer Jungfrau geboren". Ziel ist, „ob ich vielleicht auch etliche Juden zum Christenglauben reizen möchte".[33] Genau diesem Ziel ist auch der angeratene humane Umgang mit ihnen unterstellt: „Wenn man mit den Juden freundlich umginge und sie aus der heiligen Schrift genau unterwiese, hoffe ich, dass viele von ihnen rechte Christen würden."[34] Das wiederholt er in Variation am Ende: Durch anständigen Umgang mit ihnen und Unterrichtung aus der Schrift „möchten etliche von ihnen herbeikommen".[35] Und auch die Aufforderung, dass wir mit den Juden brüderlich umgehen sollen, hat das

§ 3 Martin Luther und die Juden: Geburtsfehler des Protestantismus 37

Ziel, „ob wir etliche bekehren möchten".[36] Ganz am Ende dieser Schrift merkt Luther an, dass er es mit dem Ausgeführten für „diesmal" sein Bewenden haben lassen will. Kurz vorher hatte er gemeint, es wäre „zum Anfang zu hart" gewesen, die Juden gleich damit zu konfrontieren, „dass wir unseren Jesus als einen Menschen und doch wahren Gott bekennen". So sollen die Juden „zunächst Milch saugen und vorerst diesen Menschen Jesus als den rechten Messias erkennen", bevor sie später „Wein trinken und auch lernen, wie er wahrhaftiger Gott sei".[37] Das ist also im Blick, wenn Luther im letzten Satz vor dem Gnadenwunsch sagt, dass er es an dieser Stelle „diesmal bleiben lassen" will, „bis ich sehe, was ich gewirkt habe".[38] D.h. wenn die „Milch" in seinem Sinn positive Wirkung zeigt, folgt der „Wein". Was aber, wenn nicht? Hier zeigt sich, dass der angemahnte humane Umgang mit den Juden von vornherein unter einer Befristung stand und unter der Bedingung, dass sich die Juden in nicht zu geringer Zahl als bekehrungswillig erweisen würden.[39]

Nun, Luther hat zur Kenntnis nehmen müssen, dass er in dieser Hinsicht – aufs Ganze gesehen – so gut wie nichts bewirkt hat. Gegen Anfang dieser Schrift hatte er mitgeteilt, „von frommen getauften Juden" gehört zu haben: „Wenn sie nicht zu unserer Zeit das Evangelium gehört hätten, wären sie unter dem christlichen Mantel ihr Leben lang Juden geblieben."[40] So hatte er die Hoffnung, durch die Wiederentdeckung des Evangeliums, der frohen Botschaft, in größerer Zahl Juden für den Glauben an Jesus Christus gewinnen zu können. Diese Hoffnung wurde enttäuscht. Die Juden wollten Juden bleiben und blieben es – abgesehen von wenigen Ausnahmen, die es auch vorher schon gab. Da der Rat zu einem humanen Umgang mit ihnen ganz von dem Ziel ihrer Konversion zu Jesus Christus geprägt war, ließ die enttäuschte Hoffnung den guten Rat vergessen. Der humane Umgang sollte kein Selbstzweck sein, sondern als Mittel zum Zweck funktionieren. Wurde der nicht erreicht, fiel auch die Humanität dahin.

Schon drei Jahre später, 1526, bei der Auslegung von Psalm 109, stellt Luther fest, die Juden seien so sehr verstockt, „dass sie schlechterdings nicht zu bekehren sind. Da ist alle Predigt verloren, alles Vermahnen, Drohen, Singen und Sagen".[41] In der Schrift „Vom Schem Hamphoras" aus dem Jahr 1543 heißt es heftiger, die Juden zu bekehren sei ebenso unmöglich, „wie den Teufel zu bekehren".[42] Dementsprechend werden sie geradezu verteufelt und es wird ihnen Menschlichkeit abgesprochen: „Summa, es sind junge Teufel, zur Hölle verdammt. Ist aber etwa noch etwas Menschliches in ihnen, dem mag solch Schreiben zunutze sein und zugute kommen. Vom ganzen Haufen mag hoffen, wer da will; ich habe da keine Hoffnung."[43] An späterer Stelle dieser Schrift meint er: „Falls es ein Menschenherz unter ihnen gibt, wird Gott es wohl finden. Mit den anderen verhält es sich nach dem Sprichwort: Verloren wie eines Juden Seele."[44] Das aber heißt: Den Juden als Juden wird das Menschsein abgesprochen; Juden, in denen Menschliches ist, werden nach seiner Überzeugung Christen. Damit ist überdeutlich, dass Luthers Mahnung zum humanen Umgang mit ihnen lediglich taktisch motiviert und nicht theologisch begründet war, wozu etwa die Aussage von der Gottebenbildlichkeit des Menschen am Anfang der Bibel getaugt hätte. Mit dieser Aussage argumentieren die von ihm so abschätzig angesehenen Rabbinen, dass – wer seinen Mitmenschen verachtet – wissen soll, wen er damit verachtet.[45]

Wie kommt Luther dazu, schon drei Jahre nach der Schrift von 1523 von der vollkommenen „Verstockung" der Juden auszugehen? In der Auslegung von Psalm 109 behauptet er mit einem allgemeinen „Wir", es „in täglicher Erfahrung" zu sehen, „wie steif und verstockt sie sind von Kind zu Kindeskindern; so giftig und hässlich können sie von Christus reden". Sie hielten ihn für einen Verbrecher, der zusammen mit anderen Verbrechern gekreuzigt worden sei. „Darum, wenn sie ihn nennen, so nennen sie ihn schmählich ‚Thola', d.h. den Erhängten."[46] Luther bezieht sich hier auf eine Begegnung mit drei Rabbinen, die er kurze Zeit vorher gehabt hat.[47] Es war wahrscheinlich seine einzige Begegnung mit Juden.[48] Osten-Sacken charakterisiert sie mit dem Wort, unter das Martin Buber das jahrhundertelange Gegenüber und Gegeneinander von Christentum und Judentum gestellt hatte, als „Vergegnung". Ich weiß aus eigener Erfahrung, wie wichtig für meine theologische Biographie die über viele Jahre gehenden Begegnungen und Gespräche mit Jüdinnen und Juden gewesen sind, wirkliche Gespräche, in denen der jeweils andere gehört und wahr-genommen wurde. Ich kann mir deshalb lebhaft vorstellen, wie verstörend es für Luther gewirkt haben muss, wenn er nur eine einzige missglückte Begegnung mit Juden hatte, in der völlig disparate Erwartungen aufeinander trafen. Seine Gesprächspartner hatten die Meinung, die Reformatoren könnten durch ihre Hinwendung zur hebräischen Sprache Proselyten werden.[49] Luther seinerseits versuchte vergeblich, sie mit seiner christologischen Schriftauslegung zu überzeugen. Immerhin gab er seinen Besuchern einen Empfehlungsbrief mit, „in dem er sich unter ausdrücklicher Berufung auf Christus dafür einsetzte, sie frei passieren zu lassen. Sie hätten diesen Brief Luthers Mitarbeiter Aurogallus gezeigt und abwehrend eingewandt: ‚Wenn nur der Thola, *id est, crucifixus Christus* nicht darinnen stünde' – für Luther ein Grund zu resümieren: ‚Die-

§ 3 Martin Luther und die Juden: Geburtsfehler des Protestantismus   39

se Taugenichtse und Plünderer sind keiner Nachsicht oder Barmherzigkeit wert'".⁵⁰

Die nur funktionale Bedeutung des ursprünglich angemahnten humanen Umgangs mit den Juden sowie Luthers tiefe Enttäuschung über die Erfolglosigkeit der in diesem Rahmen angestellten Versuche, Juden aus der heiligen Schrift von der Messianität Jesu zu überzeugen, spiegelt sich prägnant in einem einzigen Satz wider. Im Schreiben an Josel von Rosheim, den führenden Vertreter der Judenheit im Deutschen Reich, vom 11. Juni 1537 begründet er mit ihm, warum er dessen Bitte um Fürsprache beim Landesherrn zurückweist: „Denn von Herzen habe ich es ja gewollt und will es noch, dass man sich gegenüber den Juden freundlich verhalten sollte – in der Absicht, ob sie Gott einst gnädig ansehen und zu ihrem Messias bringen wollte; und nicht in der Absicht, dass sie durch meine Gunst und Förderung in ihrem Irrtum gestärkt und ärger werden sollten."⁵¹

Ein zweiter Widerhaken zeigt sich schon in der Überschrift: „Dass Jesus Christus ein *geborener* Jude sei". Dass Jesus als Jude gelebt und gewirkt hat, dass er als Jude gestorben ist, kommt nicht zum Zuge. Jesus und die Apostel sind bei Luther zwar als Juden wahrgenommen; sie haben jedoch nichts spezifisch Jüdisches. Aber immerhin kann Luther von daher die Juden im Vergleich zu uns „Heiden" hervorheben: „Und wenn wir uns noch so hoch rühmen, so sind wir dennoch Heiden und die Juden von dem Blut Christi. Wir sind Schwäger und Fremdlinge, sie sind Blutsfreunde, Vettern und Brüder unseres Herrn." Entsprechend hebt er mit Röm 3,2 hervor, dass ihnen „die heilige Schrift, das ist das Gesetz und die Propheten, anvertraut ist".⁵² Aber diese heilige Schrift entwindet er ihnen wieder; und das ist der dritte Widerhaken, der sich schon in der Schrift von 1523 am Umgang mit den in ihr zentralen Schriftbeweisen zeigt.

Zunächst führt er vier Schriftbeweise, dass Jesus der verheißene Messias sei. Die erste Verheißung dieser Art findet er schon in 1. Mose 3,15, wo Gott zur Schlange spricht: *Ich will Feindschaft legen zwischen dir und dem Weibe, zwischen deinem Samen und ihrem Samen; derselbe wird dir den Kopf zertreten, und du wirst ihm in die Ferse beißen.* Dieser Spruch sei „das allererste Evangelium auf Erden gewesen".⁵³ Das hätten „die Väter von Adam an gepredigt und getrieben"; sie also hatten danach schon den Glauben an Christus und waren daher schon „rechte Christen".⁵⁴ In dieser Weise versteht Luther auch die Abraham gegebene Verheißung in 1. Mose 22,18: *In deinem Samen sollen alle Heiden gesegnet werden.* Als dritten Spruch deutet er die Natanverheißung an David in 2. Samuel 7,12–14 und als vierten Spruch das Zeichen von Jes 7,14 (*... eine Jungfrau wird schwanger und wird* *einen Sohn gebären*" auf Jesus Christus. Er findet diese vier Sprüche „die allerklarsten".[55]

Im folgenden zweiten Teil seiner Schrift bespricht er weitere Bibelstellen mit derselben Intention. Das Problem dabei sind nicht so sehr die Deutungen selbst. Warum sollten das für Christen keine Verstehensmöglichkeiten sein? Das Problem ist die Exklusivität, mit der Luther sie vertritt, die nichts anderes gelten lässt. Er will der eigenen Einschätzung nach damit „auch gerne den Juden dienen [...], ob wir etliche von ihnen zu ihrem eigenen rechten Glauben bringen möchten, den ihre Väter gehabt haben".[56] D.h. Luther setzt mit der größten Selbstverständlichkeit voraus, dass die biblischen Autoren und alle wichtigen Gestalten in den biblischen Erzählungen ganz und gar auf Jesus Christus hin sprachen und lebten, ja selbst schon Christen waren, sodass eine Konversion von Juden nichts anderes wäre als Rückkehr zum Glauben ihrer biblischen Vorfahren, den sie mit ihrer Ignorierung Jesu verlassen hätten. Damit ist zugleich unterstellt, dass die Juden ihre eigene Bibel in keiner Weise verstehen und deshalb in einem Gespräch auch schlechterdings nichts Positives beitragen können und so von vornherein nicht als Gesprächspartner, sondern nur als zu überführende Objekte erscheinen. Damit ist aber auch deutlich, dass von solchen Voraussetzungen aus ein wirkliches Gespräch unmöglich ist. Da hier ein zentraler Punkt vorliegt, sei etwas breiter auf Luthers Stellung zum Alten Testament eingegangen.

2. *„ ... es muss alles in Christus und nichts außer ihm geschehen" –*
Luthers Umgang mit dem Alten Testament
In Bezug auf Luthers Stellung zum Alten Testament lassen sich drei Hauptlinien ausmachen. Die erste ist eben schon berührt worden: Das Alte Testament ist von Christus her zu verstehen; es ist in der Auslegung ganz und gar auf Christus hin auszurichten, als Verheißung auf ihn zu lesen. Zweitens wendet er die Unterscheidung von Gesetz und Evangelium auf das Verhältnis von Altem und Neuem Testament an und drittens findet er spezifisch Jüdisches vor, von dem er meint, dass es Christen nicht betreffe. So stellt er in der Schrift „Vom Schem Hamphoras" recht grundsätzlich fest: Wenn Juden Jesus als Messias annähmen, „würden sie das Alte Testament wohl fahren lassen mit Beschneidung, Priestertum, Fürstentum, Tempel, Jerusalem und allen Gesetzen, die sich darauf beziehen und dazu gehören". Dagegen würden sie das Neue Testament „fröhlich annehmen, auch für viel, viel heiliger halten, als das Alte Testament (für sie) gewesen ist".[57]

§ 3 Martin Luther und die Juden: Geburtsfehler des Protestantismus   41

Als ein entsprechendes Beispiel für Einzeltexte sei auf Luthers Umgang mit den zehn Geboten in seiner Schrift „Wider die Sabbather" eingegangen. Aus dem ersten Gebot nimmt er die Kennzeichnung Gottes als dessen heraus, „der dich aus dem Land Ägypten, aus dem Sklavenhaus, herausgeführt hat". Das, meint er, „müssen und können wir Heiden nicht brauchen. Denn wenn ich vor Gott käme und spräche: O HERR Gott, der du mich aus Ägypten, aus dem Elend geführt usw., da würde ich ja wie eine Sau in die Judenschule kommen. Denn solch ein Werk hat Gott an mir nicht getan" (WA 50,331$_{24-27}$; Walch XX 1853 Nr. 61). Das Herausführen Israels aus Ägypten als Werk Gottes so wahrzunehmen, dass damit auch diejenigen, an denen es getan wurde, respektvoll zu achten seien samt denen, die sich noch und immer wieder darauf beziehen, lag offenbar außerhalb Luthers Möglichkeiten. Beim Sabbatgebot interpretiert er das Heiligen als Lehren und Hören des Wortes Gottes, wohingegen die Juden das Feiern höher achteten. Er löst es vom siebten Tag; das sei „ein zeitlicher Zusatz und Schmuck" speziell für das Volk Israel, der mit dem Kommen des Messias Jesus nicht mehr gelte. „Darum geht uns Heiden der siebte Tag nichts an" (WA 50,332$_{21}$–333$_{15}$; Walch XX 1854–1855 Nr.64–66). Im Elterngebot schließlich „können wir Heiden das Stück nicht sagen: ‚auf dass du lange lebst im Land, das dir der HERR, dein Gott, gibt'" (WA 50,334$_{28-29}$; Walch XX 1857 Nr. 71).

Die für Luther grundlegende Unterscheidung von Gesetz und Evangelium bringt er in eine recht unmittelbare Verbindung mit der Unterscheidung zwischen dem Alten und dem Neuen Testament. So sagt er in seiner „Vorrede auf das Neue Testament" von 1522: „Wie das Alte Testament ein Buch ist, in dem Gottes Gesetz und Gebot [...] geschrieben sind, so ist das Neue Testament ein Buch, in dem das Evangelium und Gottes Verheißung [...] geschrieben sind".[58] Und in der „Vorrede auf das Alte Testament" von 1523 schreibt er: „So wisse nun, dass dieses Buch ein Gesetzbuch ist, das da lehrt, was man tun und lassen soll [...], gleichwie das Neue Testament ein Evangelium oder Gnadenbuch ist".[59] Zwar sieht Luther, dass das weder so noch so glatt aufgeht. Aber diese Beobachtung wird von ihm auf doppelte Weise neutralisiert, indem er einmal behauptet: „Doch wie des Neuen Testaments eigentliche Hauptlehre darin besteht, Gnade und Friede durch Vergebung der Sünden in Christus zu verkündigen, so besteht des Alten Testaments eigentliche Hauptlehre darin, Gesetze zu lehren und Sünde anzuzeigen und Gutes zu fordern". Und zum anderen legt er den Gnadencharakter des Alten Testaments auf die auf Christus gehende Verheißung fest: „Es gibt auch im Alten Testament neben den Gesetzen etliche Verheißungen und Gnadensprüche, womit die heiligen Väter und Propheten unter dem Gesetz im Glauben Christi, wie wir, erhalten sind".[60] Von Christus sagt Luther in der Vorrede zum Neuen Testament, dass er „freundlich lockt"; das Evangelium sei „eine Predigt von den Wohltaten Christi [...]. Mose aber in seinen Büchern treibt an, dringt, droht, schlägt und straft gräulich, denn er ist ein Gesetzesschreiber und Antreiber".⁶¹ Und wieder in der Vorrede zum Alten Testament: „Wer ein Gesetzesvolk regieren soll, der muss immer anhalten, immer antreiben und sich mit dem Volk, wie mit Eseln, herumschlagen. Denn kein Gesetzeswerk geht mit Lust und Liebe ab; es ist alles erzwungen und abgenötigt. Weil nun Mose ein Gesetzeslehrer ist, muss er mit seinem Antreiben anzeigen, wie Gesetzeswerke erzwungene Werke sind, und das Volk müde machen, bis es durch solches Antreiben seine Krankheit und Unlust zu Gottes Gesetz erkenne und nach der Gnade trachte". Mose lasse uns also „in der Sünde stecken".⁶² Dass solche Behauptungen und solcher Schematismus schon dem Text des Alten Testaments nicht gerecht werden, ist keine Frage. Sie werden auch der jüdischen Auslegung nicht gerecht.

Von der vornehmlichen Bestimmung des Alten Testaments als „Gesetz" her werden die Juden auf Werkgerechtigkeit festgelegt. Sie gelten Luther als die paradigmatischen „Werkheiligen". Das tritt besonders klar hervor in seiner Paulusdeutung. Schon in der Auslegung des Römerbriefes von 1515/16 typisiert er die Juden zu den „werkgerechten Menschen",⁶³ „den hochmütigen Menschen", den „Stolzen, wie wenn sie schon wahrhaftig, gerecht, weise, stark und unschuldig aus sich selbst heraus und vermöge ihrer eigenen Kräfte wären".⁶⁴ In Römer 8,3 streite Paulus „hauptsächlich gegen diejenigen, welche im sicheren Vertrauen auf ihre eigenen natürlichen Kräfte keine andere Hilfe für notwendig erachten, um zur Gerechtigkeit und zu guten Werken zu gelangen, als eben die Kenntnis des Gesetzes, wie die Juden und bis auf den heutigen Tag alle Hochmütigen".⁶⁵ Zu der Aussage von Römer 9,6: „Nicht als wäre Gottes Wort hinfällig geworden" bemerkt er, Paulus behandle diesen Gegenstand, um „das vermessene Pochen auf Verdienste bei den Juden zunichte zu machen".⁶⁶ Über dieses „Pochen auf Verdienste" führt er allerdings nichts an; das steht ihm einfach fest. Die dabei waltende Logik ist offenbar die: Wer sich nicht durch Jesus Christus rechtfertigen lässt, kann sich nur durch eigenes Tun rechtfertigen wollen.⁶⁷

Noch viel stärker als in der Auslegung des Römerbriefes begegnen die Juden als die typischen „Werkheiligen" in der des Galaterbriefes. Unter ihnen sei „die Raserei für die eigene Gerechtigkeit" so groß gewesen, „dass sie nach allen Propheten sogar selbst den Sohn Gottes, den ihnen verheißenen Messias, umbrachten, und zwar aus eben dem Grund, weil sie [die Propheten und der Sohn Gottes] lehrten, dass wir Menschen durch Gottes Gnade, nicht durch unsere Gerechtigkeit Gott gefallen".⁶⁸ Die jüdische Nicht-Akzeptanz Jesu als Messias ist hier nicht nur mit der traditionellen Unterstellung verbunden, dass die Juden Jesus umgebracht hätten, sondern das wird auch noch damit begründet, dass sie um der eigenen Gerechtigkeit willen die

Gnade ablehnten. Wie kommt Luther dazu? Sein einziger Anhaltspunkt ist, dass Jesus jüdischerseits als Messias nicht anerkannt wird. Für ihn aber ist die Erfahrung der Gnade Gottes in der Rechtfertigung exklusiv an Jesus gebunden. Deshalb projiziert er die Angriffe, die er von „altgläubiger" Seite auf seine Lehre erfährt, und die von daher bei ihm sich bildende Sicht auf seine Gegner in die Auslegung der Paulustexte. Wie er sich selbst zu Paulus in Entsprechung sieht, so „die Juden" als Gegner des Paulus in Entsprechung zu seinen eigenen Gegnern. Die Kennzeichnung des Judentums als einer Religion, die durch eigene Leistung Gerechtigkeit vor Gott erlangen will, ist also nicht gespeist von der Beobachtung jüdischen Lebens oder der Lektüre jüdischer Schriften; am Anfang dieser Kennzeichnung steht schlicht eine Projektion. Das ist die für den Protestantismus spezifische theologische Judenfeindschaft. Sie ergibt sich gerade von seinem Zentrum her, der Rechtfertigungslehre. „Die Juden" als Typen werden auf das negative Gegenteil dessen festgelegt, was einem selbst als das Positivste gilt.[69]

Diese Projektion, dass Luther die Juden ganz und gar in der Perspektive wahrnimmt und beschreibt, in der er die spätmittelalterliche katholische Kirche erfährt, erleidet und bekämpft, zeigt sich besonders deutlich, wenn er formuliert, dass die Zeugnisse der Apostelgeschichte uns trösten und aufrichten können „gegen die Papisten, unsere Juden".[70] Diese Perspektive lässt ihn den biblischen Begriff „Tora" nur in einem verengten Sinn als „Gesetz" begreifen. „Fasse also ‚das Werk des Gesetzes' einfach als Gegensatz zur Gnade auf. Alles, was nicht Gnade ist, das ist Gesetz, sei es ein Gerichts- oder ein Zeremonialgesetz oder auch der Dekalog".[71] „Das Gesetz" ist festgelegt auf „die menschliche Gerechtigkeit", auf das also, was Menschen tun können und was doch nicht „vor Gott gerecht" sein kann. Von daher erhält der „Unterschied […] zwischen dem Gesetz und Glauben, zwischen dem Gebot und dem Evangelium", den Luther für „die höchste Kunst in der Christenheit" erklärte,[72] eine Tendenz auf Entgegensetzung und Ausschluss, insbesondere gegenüber dem Judentum.

Die Projektion eigener negativer Erfahrungen auf die Juden zeigt sich an späterer Stelle noch einmal in aller Deutlichkeit, wenn Luther autobiographisch ausführt: „Früher waren unsere Herzen so von dem Mönchsleben gefangen genommen, dass wir es als den alleinigen Weg zum Heil einschätzten; jetzt urteilen wir darüber bei weitem anders. Derjenigen Dinge also, die wir vor dieser neuen Schöpfung als höchst heilig verehrten, schämen wir uns jetzt, wenn wir uns an sie erinnern. […] Als nämlich früher unser Sinn in papistischen Irrtümern und Finsternissen blind war, träumte er, Gott sei ein Kaufmann, der uns seine Gnade für unsere Werke und Verdienste verkaufe.

Nachdem jetzt das Licht des Evangeliums aufgegangen ist, hält er dafür, allein durch Glauben an Christus Gerechtigkeit für sich zu erlangen. Daher wirft er jetzt alle selbst erwählten Werke weg [...], lobt und preist Gott und rühmt sich allein im Vertrauen auf die Barmherzigkeit durch Christus und ist voll ausgelassener Freude."[73] Was Luther an den „Papisten" bekämpft, ist das, was er vorher als Mönch selbst getan und geglaubt hat – und das projiziert er in der Interpretation des Paulus auf die Juden. Von daher rührt die Unterstellung, bei den Juden sei Gott als Kaufmann vorgestellt, der seine Gnade gegen erbrachte Leistung verkauft, oder als Richter, der nach „Verdiensten" fragt.

Luther ignoriert also das am Alten Testament, was er für spezifisch jüdisch hält, wertet das in ihm Gebotene negativ als „Gesetz" ab, das die Juden zur Werkgerechtigkeit verführe, und nimmt positiv auf, was er als Verheißung in ihm erkennt, die auf Christus hinweise, ja ihn schon enthalte. Auf diesen dritten Punkt ist nun einzugehen und dabei herauszustellen, dass Luther ihn verabsolutiert und sich von daher entschieden gegen jedes Hören auf jüdische Auslegung wehrt. „Beherrschend ist in allen das Judentum betreffenden Schriften des Reformators nachzuweisen, ja in Gestalt seiner Schriftauslegung regelrecht zu *beweisen*, dass Jesus Christus der in der Schrift Alten Testaments angekündigte Messias ist."[74] Luther dekretiert: „Wir Christen haben den Sinn und das Verstehen der Bibel, weil wir das Neue Testament, d.h. Jesus Christus, haben, der im Alten Testament verheißen und danach gekommen ist und mit sich das Licht und das Verstehen der Schrift gebracht hat."[75] Da nun die Juden Jesus nicht als Messias akzeptieren, formuliert er an anderer Stelle kurz und bündig: „Die Juden verstehen die Bibel nicht, weil sie deren Gegenstand (*res*) nicht verstehen."[76] Und dieser Gegenstand, diese „Sache" ist nach Luther Jesus Christus. Die Konzentration seiner Auslegung des Alten Testaments auf Jesus Christus „hat unverkennbar die Art und Weise bestimmt, in der er die Juden als Feinde Christi ins Spiel bringt".[77] „Weil sie diesen Christus nicht annehmen, können sie nicht wissen noch verstehen, was Mose, die Propheten und die Psalmen sagen, was rechter Glaube ist, was die zehn Gebote wollen, was die Beispiele und Geschichten hergeben, sondern die Schrift muss ihnen sein (nach der Weissagung Jesaja 29) wie ein Brief demjenigen, der nicht lesen kann."[78] So wird ihnen die Ehrenbezeichnung „Israel" entzogen und selbst beansprucht: „Die Apostel und die anderen Jünger Christi, die aus den Juden kommen, waren das rechte Israel und haben auch des ganzen Volkes Israel Namen geerbt [...]. Darum ist der Name Israel hinfort bei den Aposteln geblieben und auf alle ihre Jünger vererbt, sodass nunmehr die heilige Christenheit und wir auch und alle, die dem Wort

§ 3 Martin Luther und die Juden: Geburtsfehler des Protestantismus 45

der Apostel glauben und ihre Jünger sind, Israel heißen." Als Ziel dieser Aussagen gibt Luther an: „Das sage ich darum, dass man sich an der Juden Auslegung nicht kehre."[79] Denn diese Ausleger sind „nicht Freunde, sondern Feinde der heiligen Schrift".[80] Wenn etwas im Alten Testament unverständlich ist, gilt: „Was wir Christen nicht erfassen oder verdeutlichen, das können sie auch nicht verstehen oder erklären; denn sie haben die Bedeutung oder den Sinn der heiligen Schrift nicht. Die heiligen Schriften aber ohne Glauben an Christus zu lesen, heißt in Finsternis zu wandeln; wie Christus sagt (Joh 8,12): ‚Ich bin das Licht der Welt.' Da die Juden dessen verlustig gegangen sind, ist es unmöglich, dass sie auch nur *eine* Stelle der Verheißung recht verstehen".[81] Man solle den Juden die Schrift wegnehmen als „öffentlichen Dieben". So wünscht Luther: „Gott gebe, dass unsere Theologen getrost Hebräisch studieren und die Bibel uns wieder heimholen von den mutwilligen Dieben."[82] Dass er Jesus Christus als Gegenstand des Alten Testaments absolut gesetzt hat, führt ihn also dazu, diejenigen als Diebe der hebräischen Bibel zu bezeichnen, die sie – während sie in der Kirche vergessen worden war – durch die Jahrhunderte bewahrten und von denen sie samt dem Erlernen der hebräischen Sprache im Zeitalter von Humanismus und Renaissance übernommen wurde.

Luther will aus dem Alten Testament nicht nur die Messianität Jesu beweisen, sondern er findet in ihm auch die Trinitätslehre. Darauf geht er ausdrücklich in der Schrift „Von den letzten Worten Davids" ein. „Die Lehre und der Glaube des Neuen Testaments", sagt er, dass nämlich „Jesus Christus von Nazaret, Davids und der Jungfrau Maria Sohn, rechter Mensch sei, Gottes natürlicher ewiger Sohn, mit dem Vater und Heiligen Geist, ein einziger Gott und drei unterschiedliche Personen", ergebe sich aus dem hebräischen Text von 2. Samuel 23,1–7 und dazu herangezogener Psalmen. Deshalb sollen Christen keinen anderen Sinn in diesem Text suchen, „sondern diesen als den einzigen, allein richtigen Sinn. […] Das Neue Testament kann nicht irren, also das Alte Testament auch nicht, wo es sich darauf reimt und dem Neuen entspricht."[83] Luther gesteht ein: „Es ist nicht eines jeden Sache, in der Schrift und im Psalter die göttlichen drei Personen als unterschiedene so zu bemerken und zu lesen. Denn wo fleischlicher Verstand über diese Worte kommt, der liest sie nacheinander daher, wie sie dastehen."[84] Zu anderer als seiner Lektüre meint er: „Ob nun die Raben und Juden dies alles anders deuten und unser Verständnis verachten, das ist recht. Gottes Feinde sollen Gottes Wort nicht sehen. Was sie aber hier über diesen Text ausspucken, ist nicht wert, dass eine Sau oder ein Esel es lesen sollten, wenn sie denn lesen könnten."[85] Zur Zeit ihrer Entstehung sollte die Trinitätslehre das

Zeugnis des Neuen Testaments, dass in Reden, Handeln und Erleiden Jesu kein Geringerer als Gott selbst zu Wort und Wirkung komme, im geistigen Kontext griechischer Ontologie zum Zuge bringen. Hier wird sie als Satzwahrheit zum Zwangsmittel, dem biblischen Text eben diese Satzwahrheit als einzigen Sinn abzupressen. Luther konterkariert damit sein eigenes Schriftprinzip (*sola scriptura*). Den von der Dogmatik her verstandenen Jesus Christus absolut zu setzen, hatte aber noch weitere Folgen.

3. Die Vorordnung der Christologie bei Luther und ihre verhängnisvollen Folgen

Von dem exklusiv christologischen Verständnis des Alten Testaments her erklärt sich die Schärfe der späteren Schriften „Von den Juden und ihren Lügen" und „Vom Schem Hamphoras", als Luther nicht mehr die „Bekehrung" der Juden erhofft. Wer Gott ist, wird von ihm ganz und gar von Jesus Christus her beschrieben. So ergibt sich geradezu zwangsläufig die Logik, dass diejenigen, die die hebräische Bibel als ihre heilige Schrift haben und gebrauchen, dennoch keine Ahnung von Gott haben, weil sie Jesus nicht anerkennen. Ja, sie werden von daher sogar zu Gottesleugnern und Feinden Gottes. „Wer nun Jesus von Nazaret, den Sohn der Jungfrau Maria, leugnet, lästert und flucht, der leugnet, lästert und flucht auch Gott, den Vater, selbst, der Himmel und Erde geschaffen hat. Solches tun aber die Juden".[86] Nebenbei sei angemerkt, dass das passive Verhalten der Juden, dass sie Jesus nicht akzeptieren, unter der Hand umgemünzt wird in ein höchst aktives negatives Handeln. Dabei ist Luther allerdings auch beeinflusst von Schriften jüdischer Konvertiten, die von jüdischen Schmähungen gegen Jesus berichten.[87] Zu diesen Schmähungen gehört auch, Jesus habe im Bunde mit dem Teufel seine Wunder gewirkt. Das empört Luther zutiefst: „Hier ist nicht allein Christus, unser HErr und der Vater in Christus, sondern Gott der Vater selbst in sich selbst, das ist in seiner göttlichen Majestät, ärger als Christus geschmäht und zum Teufel und aller Teufel Knecht gemacht."[88] Von der aufgezeigten Logik her formuliert Luther auch die folgende Argumentationskette: „Weil sie aber uns verfluchen, so verfluchen sie unsern HErrn auch. Verfluchen sie unsern HErrn, so verfluchen sie auch Gott, den Vater, Schöpfer des Himmels und der Erde."[89] Er identifiziert Gott und Christus in direkter Weise: „Christus, das ist Gott selbst."[90] Und noch einmal: Die Juden lästerten „den Sohn Gottes, d.h. Gott selbst, den Vater, Schöpfer des Himmels und der Erde."[91] Daraus ergibt sich dann zwingend, dass alles, was die Juden religiös tun – „ihr Lob, Dank, Gebet und Lehren" –, nichts anderes sei als

§ 3 Martin Luther und die Juden: Geburtsfehler des Protestantismus

„eitel Gotteslästern, Fluchen, Abgötterei".[92] Das aber heißt, dass nach dieser Logik gerade die Juden das erste Gebot verfehlen.

Eine solche Verfehlung des ersten Gebots kann jedoch nach Luther im christlichen Bereich nicht geduldet werden. Einmal „sind die Juden nicht durch Unwissen entschuldigt, weil Gott nun während 1500 Jahren solches hat predigen lassen, dass sie solches zu wissen schuldig sind".[93] Zum anderen: „Wir Christen aber wissen es, dass sie öffentlich Gott den Vater lästern und ihm fluchen, wenn sie diesen Jesus lästern und ihm fluchen. Wenn nun Gott jetzt oder am jüngsten Tag mit uns Christen so reden wird: Hörst du es, du bist ein Christ und hast gewusst, dass die Juden meinen Sohn und mich öffentlich gelästert und geflucht haben. Du aber hast ihnen Raum und Platz dazu gegeben, sie auch geschützt und geschirmt, damit sie es ungehindert und ungestraft tun möchten in deinem Land, Stadt und Haus. Sage mir, was wollen wir hier antworten?"[94] Die hier suggestiv gefragten Christen müssen dann entsprechend handeln, um nicht fremder Sünde teilhaftig zu werden.

Genau von dieser exklusiven Bestimmung Gottes von Jesus Christus, ja von der Identifizierung Jesu Christi als Gott her ergeben sich Luthers schlimme Ratschläge an die Fürsten, wie mit den Juden umzugehen sei, in seiner Schrift von 1542/43 „Wider die Juden und ihre Lügen". Er zählt sieben Punkte auf und erläutert sie ausführlich. Als erstes nennt er, „dass man ihre Synagoge oder Schule mit Feuer anstecke und, was nicht verbrennen will, mit Erde überhäufe und zuschütte, damit kein Mensch einen Stein oder Schlacke davon auf ewig sehe". Zweitens rät er, „dass man auch ihre Häuser ebenso zerbreche und zerstöre. Denn in ihnen treiben sie genau dasselbe, was sie in ihren Schulen treiben. Stattdessen mag man sie unter ein Dach oder in einen Stall tun – wie die Zigeuner –, damit sie wissen, sie seien nicht Herren in unserem Land." Drittens will er, „dass man ihnen alle ihre Gebetbücher und Talmude wegnehme, in denen solche Abgötterei, Lügen, Fluch und Lästerung gelehrt wird". Viertens, „dass man ihren Rabbinen bei Leib und Leben verbiete, weiterhin zu lehren". Fünftens soll ihnen „das Geleit und die Straße", also die Freizügigkeit ganz aufgehoben werden; „sie sollen daheim bleiben". Sechstens soll „man ihnen den Wucher" verbieten. Schließlich nennt er siebtens, „dass man den jungen starken Juden und Jüdinnen Flegel, Axt, Karst, Spaten, Rocken, Spindel in die Hand gebe und sie ihr Brot im Schweiß der Nase verdienen lasse"; man müsse „ihnen das faule Schelmenbein aus dem Rücken vertreiben". Bis hierhin hat Luther selbst die Aufzählung von eins bis sieben angeführt. Schließlich rät er – und das ist seine wesentliche Intention – zu der „allgemeinen Klugheit anderer Nationen wie Frankreich, Spanien, Böhmen usw.", nämlich mit den Juden abzurechnen, „was sie uns abgewuchert haben, und danach gütlich geteilt, sie aber immer zum Land hinausgetrieben. Denn, wie gehört, Gottes Zorn ist so groß über sie, dass sie durch die sanfte Barmherzigkeit nur ärger und ärger, durch scharfe Barmherzigkeit wenig besser werden. Darum immer weg mit ihnen."[95]

Diese Punkte zählt er auf und erläutert sie ausführlich. Schon die Länge der diesbezüglichen Ausführungen Luthers macht es unwahrscheinlich, dass hier nur eine einmalige Entgleisung, ein emotionaler Wutausbruch, vorliege. Etwas gekürzt und variiert gibt er diese Ratschläge in derselben Schrift an späterer Stelle ein zweites Mal und verweist schließlich noch ein drittes Mal auf sie.[96] Sein Hauptziel war die Vertreibung der Juden. Darauf will er „hinaus: Sollen wir von der Lästerung der Juden rein bleiben und ihrer nicht teilhaftig werden, so müssen wir geschieden sein und sie aus unserem Land vertrieben werden."[97] Luther ist skeptisch, ob „die scharfe Barmherzigkeit" hilft; wenn nicht, „so müssen wir sie wie die tollen Hunde hinausjagen".[98] Für die Vertreibung der Juden hat er sich in einem konkreten Fall noch kurz vor seinem Tod eingesetzt, indem er die Grafen von Mansfeld, in deren Gebiet es noch Juden gab, im Anschluss an seine aus Schwäche nicht zu Ende gebrachte letzte Predigt in Eisleben am 15. Februar 1546 eindringlich aufforderte, die Juden nicht länger zu dulden.[99] Es ist in aller Deutlichkeit wahrzunehmen, dass sich die Schärfe von Luthers Ratschlägen gerade aus der theologischen Begründung ergibt, aus der exklusiven Bestimmung Gottes von Jesus Christus her.[100] Da die Juden ihre Bibel, die bei den Christen zu ihrem Alten Testament geworden ist, nicht christologisch verstehen, werden sie in dieser Konstellation wegen des Bezugs auf dieselben heiligen Schriften zu den primären Gegnern. Theologische Judenfeindschaft ist hier mit Händen zu greifen.

Dabei zeigen sich auch geradezu antisemitische Stereotypen. Von den „jetzigen Juden" meint er, sie seien „ein Bodensatz aller losen Buben, aus aller Welt zusammengeflossen, die sich zusammengerottet und in die Länder hin und her zerstreut hätten – wie die Tartaren oder Zigeuner und dergleichen –, um die Leute zu beschweren mit Wucher, die Länder auszukundschaften und zu verraten, Wasser zu vergiften, zu brennen, Kinder zu stehlen und allerlei anderen Meuchelschaden zu tun".[101] So ist er jetzt auch bereit, die „Historien" über Brunnenvergiftung, Mord und Kinderraub zu glauben,[102] die er zwanzig Jahre zuvor noch als „Narrenwerk" abgetan hatte. Die Juden seien „diese 1400 Jahre unsere Plage, Pestilenz und alles Unglück gewesen und sind es noch. [...] Wir sind ihre Hauswirte. So rauben sie und saugen uns aus, liegen uns auf dem Halse, die faulen Schelme und müßigen

§ 3 Martin Luther und die Juden: Geburtsfehler des Protestantismus

Wänste, saufen, fressen, haben gute Tage in unserm Haus, fluchen zu Lohn unserm Herrn Christus, Kirchen, Fürsten und uns allen, drohen und wünschen uns ohne Unterlass den Tod und alles Unglück."[103]

Luthers Aussagen über die Juden sind sicherlich in ihre Zeit eingebunden. Aber seine schlimmen Ratschläge lassen sich damit nicht erklären oder gar entschuldigen. Das zeigt eine gänzlich andere Stellungnahme aus seiner Zeit, die gerade an eine ihm wichtige Unterscheidung anknüpft. Im Jahr 1530 stellte sich in der evangelischen Stadt Nürnberg die Frage, wie mit einem seit zwei Jahren gefangen gesetzten renitenten, aber nicht aufrührerischen Täuferprediger umzugehen sei, der in den Hungerstreik getreten war. Lazarus Spengler, an der Spitze der Stadtverwaltung, erbat ein Gutachten von dem Württemberger Reformator Johannes Brenz, das ein Vorgehen der Stadt gegen den Wiedertäufer bejahte. Dem widersprach ein in Nürnberg geschriebenes Gutachten, „ob eine weltliche Obrigkeit das Recht habe, in des Glaubens Sachen mit dem Schwert zu handeln", das auf den Kanzleischreiber Georg Frölich zurückgeführt wird.[104] Daraufhin schickte Spengler dieses Gutachten sowie einen an ihn gerichteten Brief von dessen Autor an Brenz und bat ihn erneut Stellung zu nehmen.[105] Frölichs Gutachten verdient es, nicht nur in einem „Jahr der Toleranz" nachdrücklich erinnert zu werden.

Es beginnt mit der Klage: „Es will das Würgen und Verjagen um des Glaubens willen kein Ende nehmen" (377_1). Auf die päpstlichen Obrigkeiten habe man keinen Einfluss. „Von den Obrigkeiten aber, die evangelisch, lutherisch, zwinglianisch sind und die sich vornehmen, Gottes Wort zu hören, ihm zu folgen und auch in keinem Stück dagegen zu handeln [...], von denen, sage ich, würde ich gerne hören, woher sie das Recht hätten, dass sie den Glauben meistern, nämlich diejenigen, die nicht desselben Glaubens wie sie sein wollen, entweder zu würgen oder ansonsten von Hab und Gut, Weib und Kindern zu verjagen und ihnen das Land zu verbieten" (378_{3-10}). Frölich orientiert sich dann an der Unterscheidung der beiden Reiche, einem weltlichen und einem geistlichen; in letzterem ist Christus König. „Des geistlichen Reiches Zepter ist das Wort Gottes. Ziel und Ende, wozu solches Zepter reizen und bewegen soll, ist, dass sich die Leute zu Gott bekehren und nach diesem Leben selig werden. Entsprechend ist des weltlichen Reiches Zepter das Schwert, sein Ziel und Ende, wohin es treiben und zwingen soll, ist, dass äußerlich Frieden erhalten werde" (379_{16}–380_2). „Wer nun mit weltlicher Gewalt den rechten Glauben und die rechte Lehre verteidigen und falschen Glauben und falsche Lehre vertreiben will, was tut der anderes, als das ganze Neue Testament samt den Propheten zu verspotten?" (381_{4-7}) Die weltliche Obrigkeit „soll und muss die Lehre vom Glauben, wie man zu Gott kommen und selig werden soll, allein dem König Christus anheimstellen, durch sein Zepter des göttlichen Worts zu urteilen und zu richten, ob sie recht oder falsch sei". Dagegen kommt ihr zu, gegen „äußerlichen Frevel" einzuschreiten, „durch den jemand an seinem Leib oder Gut beschädigt wird. In diesen Stücken schneidet das weltliche Schwert und darum hat Gott es eingesetzt. Aber zu zwingen, diesem oder jenem Glauben anzuhängen, dazu hat das Schwert doch keinen Nutzen und es muss zuletzt – man hänge oder ertränke – jedermann die Wahl gelassen werden, der nicht zum Himmel will, dass er in die Hölle zum Teufel oder seiner Mutter fahre" (382_{3-9}). „Entsteht aber ein Aufruhr oder will jemand einen anrichten, dass man es mit Worten oder Taten von ihm bemerkt, es sei gleich unter Christen, Wiedertäufern, Juden oder welcher Glaube es sei, so strafe man diejenigen, die es tun [...]. Aber (was) die anderen (betrifft), die schlicht ihres rechten oder falschen Glaubens leben und friedlich sind, lasse man unbehelligt und das Zepter des geistlichen Reichs, das Wort Gottes, unter ihnen regieren und fechten" (383_{20-26}). „Warum lässt man den Glauben nicht unter dem geistlichen Reich und seinem König Christus und enthält sich des Fangens, Würgens und Verjagens um der Lehre rechten oder falschen Glaubens willen?" (384_{20-22}) Wenn Öffentlichkeit erlaubt wäre, könnte man verbieten, sich im Winkel zu verstecken. „Wo man aber öffentliche Rede oder Lehre über den Glauben mit dem Schwert verwehrt, da treibt man die Leute gleichsam mit Gewalt in den Winkel" (385_{3-4}). Die Obrigkeit soll sagen: „Wir wollen es gerne dulden und zusehen, dass ihr Geister mit dem Wort fechtet, damit sich die rechte Lehre als bewährt erweise. Aber die Faust sollt ihr still halten; denn das ist unseres Amtes. Oder aber hebt euch zum Land hinaus!" (387_{9-12}) Als Beispiel für friedliches Zusammenleben wird angeführt: „Sind doch nun über hundert Jahre im Königreich Böhmen Juden und sonst noch dreierlei Glauben gewesen und haben dennoch ihrem König äußerlichen Frieden erhalten und Aufruhr um des Glaubens willen verhütet" (389_{7-9}). Wird den Obrigkeiten in Glaubenssachen das Schwert zugestanden, steht zu befürchten, dass die stärkste Obrigkeit die anderen ihren Glauben lehren will: „Das würde ein großes Blutvergießen geben, das auch der Teufel, wie man bisher aus einigen Anzeichen bemerkt hat, gar fleißig sucht und fördert" (390_{13-14}).

In seinem Brief führt Frölich aus: Im Blick auf das Visitieren, das Einsetzen von Predigern, das Erlassen zeremonieller Ordnungen will er, dass „ein jedes Häuflein – oder Gruppe – in seinem Glauben zu tun Macht haben soll, also dass es Christen, Juden, Wiedertäufern usw. – einem jeden Teil frei stehe, seine Lehre und Zeremonien, die er für recht hält und wodurch er zu Gott zu kommen erhofft, ungehindert zu treiben, doch an unterschiedlichen Orten, nämlich die Christen in ihren Kirchen und die Wiedertäufer und Juden jeder in seinen dazu verordneten Häusern oder Synagogen. Ich sage auch weiter, dass nicht allein die Obrigkeit in ihrem Glauben, sondern wiederum eine jede Gruppe, Juden, Wiedertäufer oder eine andere, ein jeder Teil in seinem Glauben Macht haben soll, die Prediger und Diener, die sie eingestellt hatten und die ihnen in ihrem Amt nicht gefielen, zu beurlauben und andere an ihrer Stelle aufzunehmen [...]. Aber so wenig die Juden oder Wiedertäufer der weltlichen Obrigkeit, die christlich wäre, dareinreden, wie sie ihren Gottesdienst verordne oder was sie für Lehrer dabei habe, so wenig soll auch die Obrigkeit den Juden oder Wiedertäufern mit Gewalt Eintrag tun, was sie für Prediger haben oder was sie für Zeremonien oder Lehre treiben. Allein das soll Amt der Obrigkeit sein: Wo man in ihrem Fürstentum oder Gebiet – sei es unter Juden, Christen oder Wiedertäufern – Gewalt und Frevel treiben würde, insofern eine Partei der anderen mit Gewalt in ihre Synagoge oder Kirche hineingehen, ihren Gottesdienst darin treiben und die andere Partei in ihrer Lehre oder ihren Zeremonien behindern oder stören würde – das soll die Obrigkeit nicht dulden, sondern strafen und Frieden schaffen" (402_8–403_7). Luther ist das Gutachten Frölichs zur Kenntnis gebracht worden.[106] Er hat indirekt darauf reagiert in seiner Auslegung von Psalm 82 und dabei das Recht weltlicher Obrigkeit stark herausgestrichen, in Glaubensdingen einzugreifen.[107]

4. 500 Jahre Reformation: Es gilt nicht nur zu feiern

Ich betone noch einmal: Im Blick auf Luther gibt es in diesem Punkt für uns nichts zu feiern. Bei Jubiläen wird gerne betont, dass es von dem, was und

§ 3 Martin Luther und die Juden: Geburtsfehler des Protestantismus

wer gefeiert wird, zu lernen gilt. Und das ist ja ganz unbestreitbar, dass wir in vielen Stücken von Luther und der Reformation immer wieder lernen können. Aber manchmal muss das Lernen so geschehen, dass man etwas *ver*lernt; und das ist mit Sicherheit hier der Fall. Luther selbst, würde er heute leben, müsste von seinen eigenen Voraussetzungen her an dieser Stelle umlernen. Außerordentlich oft hat er betont, dass die Juden schon seit 1500 Jahren außerhalb Jerusalems und ihres Landes im Elend lebten und „ihr Gesetz mit Jerusalem und allem jüdischen Reich so lange Zeit her in der Asche" liege.[108] Darin erkannte er „Gottes Zorn",[109] aus dem man schließen müsse, die Juden seien von Gott verworfen. Eine Rückkehr der Juden ins Land Israel erschien ihm als so irreal, dass er spottete, wenn sie ins Land gingen und nach Jerusalem kämen, den Tempel bauten, eigene Herrschaft gewönnen und ein Leben nach dem Gesetz aufrichteten, dann würde er sich alsbald auf die Fersen hinter ihnen her machen und auch ein Jude werden.[110] Nun, vielleicht würde er heute doch nicht gleich ein Jude werden, sondern sich mehr besinnen, anders über die Juden denken und ein anderes Verhältnis zu ihnen suchen.

Und ich hoffe, er würde dann auch das *solus Christus* dem *soli Deo gloria* unterstellen. Es wäre ernst zu machen mit der biblisch begründeten Vorordnung der Theologie vor der Christologie. Die heilige Schrift, die *ganze* heilige Schrift Alten und Neuen Testaments ist der nicht hintergehbare Kanon der Kirche – *sola scriptura*. Da wir eine Kirche aus vielen Völkern mit vielen unterschiedlichen Inkulturationen sind, ist der ständige Rückbezug auf die Schrift als ein wesentliches Moment der Einheit unabdingbar. Erst im Gebrauch, in der Auslegung kann sich die Schrift als Wort des lebendigen Gottes erweisen. Als die neutestamentlichen Autoren ihre Schriften verfassten, hatten sie schon eine Bibel, ihre jüdische Bibel, in der ihnen Gott, der Schöpfer des Himmels und der Erde, als Israels Gott bezeugt war. Diesen Gott und keinen anderen sahen sie in Jesus wirken, zuletzt und vor allem darin, dass er Jesus von den Toten aufgeweckt hat. Das brachten sie so zum Ausdruck, dass sie ihre Werke mit Wort und Geist ihrer Bibel schrieben. So ist die jüdische heilige Schrift der Raum des Evangeliums von Jesus Christus oder – um es zugespitzt mit dem Buchtitel von Frank Crüsemann auszudrücken – das Alte Testament der Wahrheitsraum des Neuen.[111] Die damit gegebene Vorordnung der Theologie vor der Christologie – dass also nicht erst von der Geschichte Jesu her erschlossen wird, wer Gott ist, sondern dass umgekehrt die Schrift die Geschichte Jesu als das Mitsein von Israels Gott erschließt – bedingt es, dass von Gott nicht abgesehen von Israel, nicht abgesehen vom jüdischen Zeugnis geredet werden darf.

Das führt zu einem weiteren Punkt, der hier zu lernen ist, nämlich die biblische Grundunterscheidung zwischen „dem Volk", also Israel, und „den Völkern", allen anderen, *wahr*zunehmen. Wir sind „Hinzugekommene", hinzugekommen zum Gott Israels. Das wird in einer christlichen Schrift der ersten Hälfte des 2. Jahrhunderts, dem sogenannten Barnabasbrief, entschieden abgelehnt (Barnabas 3,6). Aber das kann man auf biblischer Grundlage nur ablehnen, wenn man sich, wie es in dieser Schrift geschieht, selbst an die Stelle Israels setzt und so die besondere Partikularität Israels auflöst und sie universalisiert. Sich an die Stelle Israels zu setzen, haben wir inzwischen aus guten Gründen verlernt. So bleibt es dabei, dass wir Hinzugekommene sind. Als Hinzugekommene finden wir uns auch vor im Angesicht und in der Gegenwart Israels. Diese Situation fordert dazu heraus, die überlieferte christliche Theologie mit ihren judenfeindlichen Potenzialen so umzubauen, dass ihr diese Potenziale entzogen sind und entzogen bleiben.

§ 4 Theologie und Politik bei Karl Barth und Karl Ludwig Schmidt im Jahr 1933[112]

„‚Deutschland 1933' ist eine Angelegenheit, die den Historikern einer spätern Zeit noch einmal unendlich viel zu reden geben wird, gerade weil uns Zeitgenossen augenblicklich in der Hauptsache nur das Schweigen übrig bleibt." Das schrieb Karl Barth in einem Brief am 7. Oktober 1933. In diesem Jahr waren er und Karl Ludwig Schmidt befreundete Kollegen in der Evangelisch-Theologischen Fakultät der Universität Bonn, die seit dem Beginn ihrer gemeinsamen Zeit in Bonn im Frühjahr 1930 im ständigen Austausch miteinander standen. Sie wohnten nur wenige Minuten voneinander entfernt, gingen zusammen den gut halbstündigen Fußweg am Rhein entlang zu ihren Vorlesungen, machten nach Möglichkeit am Samstagvormittag einen gemeinsamen Ausritt, telefonierten viel miteinander und schrieben sich Briefe, letzteres vor allem in den Semesterferien, wenn Barth in der Schweiz war. Sie hatten gemeinsame theologische Grundüberzeugungen, dabei aber doch ein je eigenes Profil, auch bedingt durch ihre unterschiedlichen Fächer.

Die Freundschaft war nicht ohne Spannungen. Besonders vonseiten Barths zeigt sich in Briefen an Dritte immer wieder auch eine gewisse Distanz und manchmal ein ausgesprochenes Kopfschütteln über das Verhalten Schmidts. In den bewegten Wochen des Frühjahrs 1933 spricht Barth in einem Brief vom 21. April Schmidt direkt als einen Mann an, „der die Gewohnheit hat, einem in seinem Eifer immer gerade eine Nuance oder manchmal auch einige Nuancen zu nahe zu treten und der einen dadurch gelegentlich auch ärgerlich machen könnte, wenn man sich nicht durch die Erinnerung an den Humor und an die Dialektik des menschlichen Lebens immer wieder rechtzeitig davor bewahren könnte." Nachdem Barth von Schmidts Entlassung erfahren hat, schreibt er am 22. September 1933 an Charlotte von Kirschbaum: „Was gegen K. L. S(chmidt) zu sagen war und ist, tritt jetzt zurück. Das hat er nicht verdient. Und das tut mir aufrichtig leid. Ich kann mir Bonn ohne ihn doch gar nicht vorstellen."

Mit Gustav Hölscher im Alten, Karl Ludwig Schmidt im Neuen Testament, beide seit 1929 in Bonn, Karl Barth in der Systematischen Theologie und dem 1931 nach Bonn gekommenen Ernst Wolf in der Kirchengeschichte hatte die dortige Evangelisch-Theologische Fakultät für wenige Jahre ihre wahrscheinlich glanzvollste Zeit.[113] Lediglich in der Praktischen Theologie bot sie nach der gemeinsamen Einschätzung von Barth und Schmidt „das Loch im Westen"[114] – mit Emil Pfennigsdorf, der dann bei der Gleichschaltung „Fakultätsführer" wurde. Aus konservativer Sicht war die Bonner Fakultät der frühen 1930er Jahre eine „rote Fakultät". Nicht nur Barth und Schmidt, ihre bedeutendsten Professoren, waren Mitglieder der SPD, sondern auch der 1930 als Privatdozent aus der Schweiz gekommene und 1931 zum a.o. Professor gemachte Fritz Lieb. In einer Denkschrift über die Universität Bonn vom März 1933 werden Barth und Schmidt als „Sozialisten" bezeichnet. „Für Barth ist Staatliches und Nationales vom Teufel. K. L. Schmidt ist völlig charakterlos, Pazifist."[115] Von daher war klar, dass Schmidt und Barth seit dem Machtantritt Hitlers in ihren Stellungen gefährdet waren.

1. Skizze der Lebensdaten Karl Ludwig Schmidts
An seinem letzten Tag in Bonn, am 3. November 1933, trug sich Karl Ludwig Schmidt in das *Album Professorum* seiner Fakultät ein. „Nur die großen Etappen" gab er dabei an: „Geb. 5. II. 1891 in Frankfurt/Main als Sohn des Schuhmachers Anton Friedrich Schmidt. 1900–1909 Lessing-Gymnasium in meiner Vaterstadt. 1909–1913 Student der alten Philologie und Theologie in Marburg und in Berlin. 1913 Lic. theol. 1913–1921 Assistent am Neutestamentlichen Seminar der Universität Berlin. Zwischendurch 1915/16 Soldat in Königsberg i. Pr., in Russisch-Polen schwer verwundet, im Lazarett in Küstrin; EK II. Kl. 1916 1. theol. Examen in Berlin; 1917/18 Stadtvikar in Berlin; 1918 Habilitation in Berlin. 1921–1925 o. Prof. in Gießen. 1925 Orientreise. 1925–1929 o. Prof. in Jena. 1929–1933 o. Prof. in Bonn. – 1918 verheiratet mit Ursula v. Wegnern, Tochter des Staatsministers Martin v. Wegnern, in Bückeburg, Nachkommen von Martin Luther. – 5 Kinder. – Seit 1924 Mitglied der SPD. Am 15. Sept. 1933 auf Grund von § 4 des Gesetzes zur Wiederherstellung des Berufsbeamtentums aus dem Staatsdienst entlassen." Schmidt emigrierte in die Schweiz. Seine Familie blieb vorerst in Deutschland. Die Kinder wurden bei befreundeten Familien untergebracht. Schmidt lebte zunächst fast mittellos als Gast in Schweizer Pfarrhäusern. Ab Mai 1934 bekleidete er eine befristete, schlecht bezahlte Pfarrverweserstelle in Zürich-Seebach. Im November 1934 konnte er eine besser ausgestattete Pfarrverweserstelle im Kanton St. Gallen antreten und seine Familie nachkommen lassen. Zum Wintersemester 1935/36 erhielt er eine Professur für Neues Testament an der Universität Basel. 1952 erlitt er einen Schlaganfall, von dem er sich nicht wieder erholte. Er starb am 10. Januar 1956.

2. Skizze der Lebensdaten Karl Barths

Karl Barth wurde am 10. Mai 1886 in Basel geboren. 1889 zog die Familie nach Bern, als der Vater Johann Friedrich Barth dort Professor für Kirchengeschichte wurde. In Bern besuchte Karl Barth von 1892–1904 die Schule und begann dort auch das Studium der Theologie. Im Herbst 1906 wechselte er nach Berlin und kehrte im Sommer 1907 für ein Semester nach Bern zurück, in dem er allerdings weniger studierte, als vielmehr das Verbindungsleben in der „Zofingia" genoss. Anschließend ging er nach Tübingen, im Sommer 1908 nach Marburg, wo er Schüler Wilhelm Herrmanns wurde. Nach dem Examen im Herbst 1908 war er in Marburg für ein Jahr Mitarbeiter Martin Rades bei der Herausgabe der „Christlichen Welt", der Zeitschrift des liberalen Protestantismus. 1909 wurde er Hilfsprediger in der deutschsprachigen Gemeinde in Genf und war anschließend von 1911–1921 Pfarrer in dem Industriedorf Safenwil im Aargau. Dort wurde er mit Problemen der Arbeiterschaft konfrontiert. 1915 trat er in die sozialdemokratische Partei ein. In dieser Zeit brach er mit der liberalen Theologie seiner Lehrer, nicht zuletzt ausgelöst durch deren nationale Begeisterung am Beginn des Ersten Weltkriegs. In der Auslegung des paulinischen Römerbriefes suchte er nach einer Theologie, die sich auf nichts als das biblisch bezeugte Wort Gottes gründet. Sein 1919 dazu veröffentlichtes Werk brachte ihm 1921 den Ruf auf eine Honorarprofessur für reformierte Theologie in Göttingen ein. Die völlig umgearbeitete zweite Auflage von 1922 machte ihn zu einem außerordentlich bekannten Theologen. 1925 übernahm er eine Professur für Systematische Theologie in Münster, 1930 in Bonn. Als er im November 1934 den verlangten Treueid auf den „Führer" nur mit dem Zusatz: „soweit ich es als evangelischer Christ verantworten kann" abzulegen bereit war, wurde er vom Dienst suspendiert und schließlich trotz erfolgreicher Berufung im Dienststrafverfahren am 22. Juni 1935 in den Ruhestand versetzt. Noch im selben Monat erfolgte die Berufung an die Universität Basel. Dort lehrte er bis zum Ende des Wintersemesters 1961/62. Er starb in der Nacht vom 9. auf den 10. Januar 1968.

3. Einem faschistischen Regime keinerlei Loyalität erweisen – Karl Ludwig Schmidt 1933

Bei der Wahl am 12. März 1933 kandidierte Karl Ludwig Schmidt auf der Liste der SPD für die Bonner Stadtverordnetenversammlung. Dass ein Theologe der SPD angehörte und auch noch Bereitschaft zeigte, sich für sie aktiv politisch zu betätigen, war im stark rechts-affinen protestantischen Milieu der Weimarer Zeit äußerst ungewöhnlich. Wie kam Schmidt dazu und wie hat er sich bis 1933 politisch verhalten?

In Berlin war er 1918 zunächst der DDP beigetreten, wandte sich aber schon im Frühjahr 1920 wieder von ihr ab. Durch den befreundeten Kollegen Paul Tillich kam er in den von diesem 1920 gegründeten Kairos-Kreis, einen Gesprächszirkel, in dem sich etwa ein Dutzend Intellektuelle trafen, Referate über den Sozialismus hielten und debattierten. Das Wirken im Berliner Kairos-Kreis fand für Schmidt in Gießen eine Fortsetzung im dortigen Republikanischen Lehrerbund. In einem Aufruf dieses Bundes vom Februar 1922, von Schmidt mit unterzeichnet, heißt es: „Wir stehen auf dem Boden der durch die Weimarer Verfassung geschaffenen demokratischen und sozial gerichteten Republik. […] Wir wollen die heranwachsende Jugend zu sozialem Fühlen und Handeln, zu republikanischem Verantwortungsgefühl und zu demokratischer Achtung vor der freien Persönlichkeit und ihren Rechten erziehen." Die im Republikanischen Lehrerbund geknüpften Kontakte veranlassten Schmidt 1924 zum Eintritt in die SPD. „Erfahrungen aus seiner frühesten Kindheit, als er erleben musste, dass sein Vater (ein kleiner Frankfurter Handwerksmeister) wiederholt wegen nicht rechtzeitiger Bezahlung der Miete aufs Pflaster gesetzt wurde, haben ihm eine tiefe Sympathie für die Mühseligen und Beladenen unseres Volkes ins Leben mitgegeben."[116] In seiner Jenaer Zeit hatte er Auseinandersetzungen mit sozialdemokratischen „Freidenkern". Seit Mitte 1927 zog er sich frustriert vom Parteileben zurück, trat aber nicht aus, weil er es für wichtig hielt, dass es an der Universität auch Sozialdemokraten gab.

Sein wichtigstes Betätigungsfeld, auf dem er implizit und explizit auch politisch bzw. kirchenpolitisch wirkte, fand Schmidt in der Publizistik, genauer in der von ihm seit 1922 herausgegebenen Monatszeitschrift „Theologische Blätter". Seine dabei aus kritischem Verantwortungsbewusstsein hervorgehende kompromisslose Haltung kann an seinem Umgang mit dem „Fall Dehn" exemplifiziert werden.

Am 6. November 1928 hatte Günther Dehn, den Schmidt aus dem Berliner Kairos-Kreis kannte, in Magdeburg einen Vortrag über „Kirche und Völkerversöhnung" gehalten. Aus seinem Widerspruch gegen die Parallelisierung des kriegerischen „Heldentodes" mit dem christlichen Opfertod und der Infragestellung der Angemessenheit von Gefallenendenkmälern in Kirchen wurde der Vorwurf konstruiert, Dehn habe die Gefallenen „Mörder" genannt. Als er Ende 1930 einen Ruf auf eine Professur in Heidelberg erhielt, wurde an diese Vorgänge agitatorisch erinnert, woraufhin sechs von sieben Fakultätsmitgliedern Dehn ihr Vertrauen entzogen und dieser den Ruf ablehnte. Im Februar 1931 erhielt er einen weiteren Ruf nach Halle. Schmidt notierte dies in den Theologischen Blättern mit einem knappen Rückblick auf die Heidelberger und Magdeburger Vorgänge und vermerkte wenig später Dehns Beurlaubung für das Sommersemester 1931. Als Dehn zum Wintersemester endlich seinen Dienst antreten wollte, kam es zu Drohungen der „Deutschen Studentenschaft". Schmidt und Barth setzten eine Solidaritätsadresse auf, der sich drei weitere Kollegen anschlossen. Dehn hielt seine Lehrveranstaltungen unter beträchtlichen Störungen. Ende 1931 gab er eine kleine Schrift mit seinem Magdeburger Vortrag und Dokumenten über die anschließenden Auseinandersetzungen heraus. Schmidt wies in den Theologischen Blättern im Januar 1932 auf diese Publikation hin und zitierte aus Dehns Nachwort: „Vielleicht ist das, was sich in Halle und Heidelberg ereignet hat, nur ein Vorspiel kommender Ereignisse, wo ein rein machtpolitisch orientierter Staat, der von seiner Verantwortung Gott gegenüber nichts mehr weiß, von der Kirche entweder völligen Gehorsam verlangen oder sie für staatsgefährlich erklären wird. [...] Es ist ja einfach nicht wahr, daß diese fanatische, meinetwegen religiös gefärbte, tatsächlich aber von Gott gelöste Vaterlandsliebe dem Vaterland wirklich hilft. Im Gegenteil, sie wird das Vaterland ins Verderben führen". Auch in mehreren weiteren Heften des Jahres 1932 griff Schmidt den „Fall Dehn" auf und verband ihn mit Kritik an den immer krasseren rechtsprotestantischen Auswüchsen. Dass das nationale Pathos in der christlichen Bürgerlichkeit kirchlich-theologisches Denken und Handeln völlig dominierte, darin erblickte Schmidt die entscheidende Gefahr, weil damit Kirche und Theologie verraten würden. Dagegen wollte er theologisch und politisch angehen. Das bestimmte sein Handeln im Jahr 1933. An dieser Stelle lag auch, bei aller Übereinstimmung im Grundsätzlichen, der Unterschied zu Barth.

Am 12. März 1933 wurde Schmidt über den dritten Listenplatz der SPD in die Bonner Stadtverordnetenversammlung gewählt. Bis dahin hatte er nie bei einer Wahl kandidiert. Warum tat er es diesmal? In einem Brief an Martin Buber vom 23. Februar 1933 schrieb er: „Sie werden verstehen, daß ich mich mehr als je mit der leidigen Politik befasse. Ich kann mir nicht helfen: dieser ‚deutschen', dieser ‚nationalen' Regierung schäme ich mich als Deutscher und als evangelischer Christ. Während ich bis jetzt jeden Antrag der SPD, dieses oder jenes Mandat anzunehmen, abgelehnt habe, habe ich nun dieses Mal ein ganz bescheidenes Mandat angenommen: als mich vor wenigen Tagen die SPD-Leitung dringend bat, mich für die Stadtverordnetenwahl am 12. März aufstellen zu lassen, habe ich ja gesagt. [...] Gegenüber der offiziellen Parole des Evangelischen Bundes, daß sich jeder Evangelische für *diese* Regierung einzusetzen habe, gegenüber den Nazi-Anträgen, die ‚Religion' auf Berufsschulen obligatorisch zu machen usw. usw., wird man gerade um der recht verstandenen Kirche willen die Freiheit des Gewissens – schließlich handelt es sich hier doch nicht um einen liberalen Ladenhüter – betonen müssen."[117] Die Situation eines totalitär werdenden Staates unter einer zur Macht gekommenen rechten Regierung, mit der sich ein Großteil der nationalistisch verseuchten evangelischen Kirche verbunden fühlte, ließ es Schmidt geboten erscheinen, nicht nur theologisch zu arbeiten, sondern auch politisch zu handeln.

Als es aufgrund dieser Entscheidung zu Spannungen zwischen ihm und Barth kam, verteidigte sich Schmidt in einem Brief vom 24.–25. April: „Wir waren uns aber doch darin einig, daß man sich einer konkreten Aufgabe, die einem die eigene Partei in einer für sie besonders schweren Lage übertragen will, nicht ohne weiteres entziehen darf. Mein einziges ‚Pech' war, daß die Genossen an mich und nicht etwa an Sie dachten, obwohl ich mich ebensowenig wie Sie in Bonn jemals betätigt hatte."

Diesen Verpflichtungscharakter unterstrich Schmidt, wenn er im selben Brief als Reaktion auf eine Bemerkung Barths über das „Parteibüchlein" – eine Ausdrucksweise, die er Barths „Schweizer Idiom" zugutehielt – schrieb: „Und dieses Parteibuch mit seinen Verpflichtungen der Vergangenheit und vor allem der Zukunft gegenüber ist, äußerlich gesehen, ein dünnes Büchlein, aber potentiell für uns gerade um der Kirche willen eine Sache von starkem Gewicht, das es nicht zuläßt, auch nur ein Minimum von Loyalität einem faschistischen Régime gegenüber zu betonen. Wir schulden Gehorsam der Obrigkeit gegenüber. Aber die Kirche kann und darf dem Faschismus in seiner unabirrbaren Zwangsläufigkeit das Prädikat der Obrigkeit nicht ohne weiteres zuerkennen."

Der Zusammenhang der Verweigerung gegenüber einem totalitären Regime mit einer dezidiert kirchlich-theologischen Position tritt hier deutlich hervor. In einem Brief an Barth vom 4. Dezember 1933, schon aus der Schweiz nach Bonn geschickt, verstärkte Schmidt dessen Kritik an dem von Martin Niemöller gegründeten Pfarrernotbund. Trotz „aller Betonung von Lehre und Bekenntnis" verstecke sich da eine Mitarbeit mit dem herrschenden System „*hinter*, besser: *in* der üblichen reichsdeutschen nationalliberalen oder auch neukonservativen Bürgerlichkeit". Er exemplifizierte das an der eigenen Erfahrung: „Konkret-persönlich gesprochen [...] ist es doch so: keiner von diesen Notbündlern denkt etwa daran, zu mir zu halten, der ich zwar Sozialist war und bin, aber damit keine kirchlichen Belange verraten habe [...]. Im Gegenteil: ‚man' wird sich in strengster ‚Vaterlandsliebe',

§ 4 Karl Barth und Karl Ludwig Schmidt im Jahr 1933

besser: ‚Bürgerlichkeit' von mir distanzieren und sich mit den NSDAP- und sogar mit den DC-Leuten immer wieder solidarisch fühlen." Im selben Brief vermerkte Schmidt: „[...] zu ‚Pazifismus', ‚Demokratie' und auch ‚Sozialismus' hat die Kirche Jesu Christi eine stärkere Affinität als zu ‚Militarismus', ‚Staatsomnipotenz' usw. Das Betonen solcher Affinität zu profanen Entsprechungen ist keine theologia naturalis, sondern ein Betonen der Kirche der Völker, aller Völker, ein Betonen der sichtbaren Kirche als des corpus Christi, des fleischgewordenen Gotteswortes."[118]

Schmidts Bereitschaft, politisch aktiv zu werden, lag auch darin begründet, dass er glaubte, dem totalitären Staat gegenüber sei auch nicht die Spur von Loyalität erlaubt. Barth dagegen halte – so Schmidt in einem Brief vom 20. April – „offenbar das, was jetzt bei uns geschieht, für ein Hagelwetter, in das man nicht gerade hineinrennen soll. [...] M.E. ist schon recht viel, was gar nicht mehr gut zu machen ist, gründlich verhagelt worden." Schmidt warf Barth in einem Brief vom 15. April vor, „dass Sie [...] gegenüber dem neuen Kurs etwas verharmlosen, was nie und nimmer eine Verharmlosung verträgt, nämlich den Faschismus". Für sich selbst stellte er im Brief vom 24.–25. April kategorisch fest: „Eine Loyalitätserklärung auch nur bescheidensten Ausmaßes kann ich einem faschistischen Régime gegenüber nicht geben."

Im letzten Brief Schmidts an Barth aus dem Jahr 1933 vom 28. Dezember griff er diese Thematik noch einmal im Widerspruch gegen die von Barth gemachte Aussage auf: „Ich widerstehe einer heute beim Nationalsozialismus ihre Zuflucht suchenden Theologie, nicht der nationalsozialistischen Staats- und Gesellschaftsordnung."[119] Schmidt wandte sich vehement gegen die verneinte Aussage: „Dieser Ihr Satz ist m.E. theologisch und d.h. kirchlich falsch und als von einem Mitglied der SPD, aus der ja gerade Sie in eigener Weise nicht ausgetreten sind, gesprochen peinlich. Ein Theologe qua Beauftragter der Kirche Jesu Christi [...] kann und darf nicht sagen, daß er der ‚nationalsozialistischen Staats- und Gesellschaftsordnung nicht widerstehe'. Der ganz eindeutige, durch keine Dialektik aufzuhebende Grund für die Falschheit Ihres genannten Satzes und Ihrer im Bereich der großen ‚Gleichschaltung' abrutschenden Haltung liegt darin, dass es [...] zum Wesen der ‚nationalsozialistischen Staats- und Gesellschaftsordnung' gehört hat und weiter gehört, dass sie nur eine solche Theologie und Kirche kennt, die eben bei ihr ‚ihre Zuflucht sucht'." Deshalb war für Schmidt gerade auch *politischer* Widerstand gegen den Faschismus *theologisch* geboten.[120]

Die im ersten Drittel des Jahres 1933 gemachten Erfahrungen und die dabei gewonnenen Einsichten brachten Schmidt schon im April dazu, eine

Bekenntniskirche und die Einrichtung kirchlicher Fakultäten ins Auge zu fassen. Aus einer Kirche, „deren ‚Bekenntnis' nur das Volkstum ist", schrieb er am 24.–25. April an Barth, müsse man „austreten, womit man dann dem Faschismus in sehr eindeutiger Weise den Kampf ansagt, obwohl er das Régime übernommen hat. Ich hoffe von Herzen, dass Sie und ich uns trotz unsres notorischen Dissensus demnächst unterhalten über die jetzt akute Frage der Bekenntniskirche, von der aus allein noch eine Möglichkeit besteht, der drohenden Gleichschaltung und dem omnipotenten Staat etwas Wirkliches und Wirksames entgegenzusetzen. […] Solange es für mich in Deutschland Tag ist, werde ich hier nach Kräften mitarbeiten. Ich sehe mit Entsetzen, wessen die Deutschen fähig sind." Gegen Ende dieses Briefes sieht er sich „bestätigt in meinem alten Plan, um der recht verstandenen Freiheit der Theologie willen, die nun vom alles fressenden Staat bedroht ist, kirchliche Fakultäten einzurichten".

Mit der Wahl in die Bonner Stadtverordnetenversammlung wurde Schmidt sofort zur Zielscheibe heftiger Angriffe, vor allem vonseiten der Deutschen Christen. Das sei an zwei Beispielen verdeutlicht. Während Schmidt an Examensprüfungen in Koblenz teilnahm, schickte die nationalsozialistisch geleitete Fachschaft ihren Vorsitzenden zu ihm mit der Aufforderung, sein Mandat niederzulegen, da es eine „Provokation der breiten kirchlichen Öffentlichkeit" darstelle. Für die Niederrheinische Predigerkonferenz hatte Schmidt einen Vortrag zugesagt über das Thema: „Das Wort und die Wörter in der Bibel". NSDAP-Pfarrer drohten im Vorfeld, ihn nicht reden zu lassen, woraufhin der Vorstand die Veranstaltung absagte. Das gewonnene Stadtverordnetenmandat erwies sich alsbald als perspektivlos. Die neuen Machthaber dachten nicht daran, sich an parlamentarische Regeln zu halten. Durch Ausschluss von relevanter Ausschussarbeit wurden SPD-Stadtverordnete von der politischen Mitarbeit faktisch ferngehalten, woraufhin Schmidt sein Mandat am 21. April niederlegte.

Im März und April 1933 rechneten sowohl Schmidt als auch Barth mit ihrer Entlassung.[121] In dieser Situation versuchte Schmidt, ein gemeinsames Vorgehen von Professoren, die der SPD angehörten, zu erreichen. In einem Brief vom 26. März teilte er Barth mit, dass er sich mit Tillich „in dem schönen Weinnest Aßmannshausen" getroffen habe. „Er vertritt die These, daß unsereiner um seines Professorenberufs willen doch wohl die SPD aufgeben müsse. U.a. begründete er das damit, daß die SPD-Leitung selbst das wünsche!!!" Schmidt bezeichnete das als „nicht maßgebend". „Bei den anderen ‚Betroffenen' herrscht offenbar eine richtige Panik-Stimmung." Im selben Brief hielt er es für „gut, wenn noch vor Ostern [16./17. April] eine Zusam-

§ 4 Karl Barth und Karl Ludwig Schmidt im Jahr 1933   61

menkunft der Betroffenen wäre, am besten in Frankfurt/Main. Da dürfen Sie nicht fehlen." Zwei Tage später schrieb er an Barth aus Jena und schilderte die dortige Situation: „In Thüringen darf kein Beamter der SPD angehören. Daraufhin hat die Thüringer SPD die Genossen an der Universität Jena – ausgeschlossen. Die Genossen von der sog. universitas litterarum fügen sich. Nur der Ordinarius für Statistik Hemsberg macht das nicht mit. Ich besuche den Mann heute nachmittag." Anschließend war Schmidt in Halle, danach in Berlin. Von dort fasste er an Barth am 10. April die „Summa" seiner Gespräche zusammen: „[...] die allgemeine Lage ist so eindeutig, daß die besondere Lage für unsereiner automatisch eindeutig ist." An ein Treffen der „Betroffenen" vor Ostern war offenbar nicht mehr zu denken. So wollte Schmidt wenigstens mit Barth für Bonn eine Übereinkunft erreichen.

Zu diesem Zeitpunkt wusste er noch nicht, dass Barth bereits Anfang April im Blick auf seine Person einen genialen Alleingang unternommen hatte mit einem noch genauer zu besprechenden Brief an den NS-Kultusminister Bernhard Rust. Davon erfuhr Schmidt wenig später in Berlin durch seinen Lehrer Deissmann, der Verbindungen zum Ministerium hatte und von einer wahrscheinlich positiven Antwort auf Barths Brief zu berichten wusste. Kurz danach bekam Schmidt von Barth auch eine Kopie des Briefes an den Minister. Es scheint ihm erst allmählich klar geworden zu sein, dass sich ein gemeinsames Vorgehen durch Barths Brief erledigt hatte. So äußerte er sich am 10. April gegenüber Barth: „Ich schrieb Ihnen schon einige Male, daß ich gerne mit Ihnen einen gemeinsamen modus procedendi überlegen möchte. Durch Ihren Brief an den kommissarischen Kultusminister Rust, den Sie für sich allein in eigenster Sache geschrieben haben, ist diese Gemeinsamkeit zum mindesten in Frage gestellt. Sie betonen Rust gegenüber, daß Sie sich an den politischen Kämpfen nicht beteiligt hätten. Da ich das in bestimmten Zusammenhängen, wenn die SPD oder ein ähnlicher Verband mir eine Aufgabe übertrug, getan habe [...], bin ich durch ein solches Diktum Ihrerseits ganz ordentlich – abgeseilt." Schmidt fühlte die von ihm für selbstverständlich gehaltene Solidarität durch Barth verletzt.

Barths Antwort vom 18. April konnte Schmidt nicht überzeugen. Barth behauptete, er habe Schmidt gar nicht „abseilen" können, weil sie je auf einen anderen Berg gestiegen, also gar nicht zusammengeseilt gewesen seien. Das war angesichts der gemeinsamen SPD-Mitgliedschaft und der damit gegebenen gemeinsamen Bedrohung an derselben Fakultät wenig überzeugend. Schmidt betonte in seinen Briefen an Barth vom 20. und 24.–25. April die Selbstverständlichkeit der Solidarität, meinte aber schließlich, es käme ihm „nicht darauf an, Sie auch nur von ferne um eine Aktion der Solidarität zu bitten. Das ist vorbei. Gegenüber einem Einspänner, dessen besondere Kraft zu verkennen mir nicht einfällt, muß ich mich darauf beschränken, meinen Widerspruch zu den Akten zu geben."

Schmidt hatte die Größe, im weiteren Verlauf des Jahres die außerordentliche Bedeutung Barths für den Widerstand in der Kirche zu bemerken und anzuerkennen. Am 10. Oktober schrieb er ihm: „Sie wissen ja, daß ich in puncto Solidarität immer etwas anderer Meinung war als Sie. Aber ich sehe nun doch ein, daß es seinen rechten Sinn hat, wenn Sie ausharren, so lange es eben geht." Und am 4. Dezember merkte er an: „Jeder Tag, den Sie noch in Deutschland sind, ist ein Gewinn für Theologie und Kirche und letztlich auch das deutsche Volk".

Die fortgesetzten Attacken gegen Schmidt führten dazu, dass er am 29. April in einem Telegramm um Beurlaubung für das Sommersemester bat, die noch am selben Tag genehmigt wurde. Er hoffte, dadurch aus der Schusslinie zu kommen und im Wintersemester wieder lehren zu können. Die Beurlaubung sollte offiziell der wissenschaftlichen Arbeit dienen. An sie hat er sich allerdings nicht begeben. In Köln hatte er „einige Sitzungen zusammen mit SPD-Genossen und Gewerkschaftlern". Dann reiste er in politischer Aktivität „fünf Wochen lang in Deutschland herum" und nahm dabei in Berlin „an einer geheimen Zusammenkunft der religiösen Sozialisten" teil.[122] Gegenüber dem wohl wiederholten Rat Barths, einfach theologisch zu arbeiten, hatte er diesem bereits am 12. Februar geschrieben, was offenbar für ihn jetzt umso mehr galt: „Ist es nicht so, dass man wirklich nicht recht arbeiten, ich meine: in äußerer und innerer Ruhe arbeiten kann, wenn vorm Haus Leute stehen, die Bomben aufs Dach werfen?"

Eine weitere tiefe Enttäuschung hinsichtlich verweigerter Solidarität musste Schmidt Mitte Juni erleben. Am 15. Juni nahm er in einer Fakultätssitzung Stellung zu den – so das Sitzungsprotokoll – „über ihn verbreiteten Gerüchten und gegen ihn erhobene Vorwürfe". Anschließend verließ er als Beurlaubter das Sitzungszimmer. Ein von Wolf eingebrachter Antrag intendierte das einmütige Votum der Fakultät zur derzeitigen Zusammensetzung ihrer Dozentenschaft, wobei die Zugehörigkeit von Karl Ludwig Schmidt ausdrücklich erwähnt und die gegen ihn erhobenen Vorwürfe als haltlos zurückgewiesen wurden. Die Aussprache über diesen Antrag muss gezeigt haben, dass er keine Mehrheit finden würde, sodass es nicht einmal zu einer Abstimmung kam.[123] Noch einmal bitter war für Schmidt, dass er anschließend auch von der Rheinischen Kirche faktisch fallen gelassen wurde, als ihm mit Schreiben vom 30. Juni förmlich mitgeteilt wurde, seine Beteiligung am zweiten theologischen Examen erscheine „untunlich".

§ 4 Karl Barth und Karl Ludwig Schmidt im Jahr 1933   63

Anfang August 1933 wurden alle Beamten aufgefordert, binnen drei Tagen zu erklären, dass sie alle „Beziehungen zur landesverräterischen SPD und ihren Hilfs- und Ersatzorganisationen" gelöst hätten. Schmidt kam dem mit der Erklärung nach: „Ich habe jegliche Beziehungen zur SPD und ihren Hilfs- und Ersatzorganisationen gelöst." Aber das konnte ihn nicht mehr vor der Entlassung bewahren. Von ihr erfuhr er am 21. September durch einen Telefonanruf seiner Frau, als er sich bei seiner Schwester in Frankfurt aufhielt. Er war darauf eingestellt. Drei Tage später berichtete er Barth: „Meine Bücher und Zeitschriften und Akten sind tadellos geordnet. Wochenlang ist daran mit Hilfe von Freunden gearbeitet worden. Sie würden staunen über den Erfolg". Im Brief vom 10. Oktober an Barth rühmte er die Hilfe, die seiner Familie zuteilwurde: „Die Leute, die nicht von der Zunft der Redenden und Schreibenden sind, helfen einem in rührender Weise, auch wenn sie selbst in ganz anderer Not sitzen als unsereiner. Gestern brachte die SPD-Frau Seifert ein respektables Pilzgericht. Und heute dasselbe ein KPD-Mann – der Mann unserer früheren Aufwartefrau."

4. Sich als Mann der Kirche bewähren – Karl Barth 1933
Nachdem Karl Barth als Pfarrer in Safenwil von 1915 bis zu seiner Übersiedlung nach Deutschland 1921 Mitglied der Schweizer sozialdemokratischen Partei gewesen war, trat er der SPD erst in Bonn am 1. Mai 1931 bei – aus Protest gegen den sich immer stärker zeigenden politischen Ungeist. In einem Brief an Paul Tillich vom 2. April 1933 begründete er diesen Eintritt. Negativ hielt er fest: „Die Zugehörigkeit zur S.P.D. bedeutet für mich nicht das Bekenntnis zur Idee und Weltanschauung des Sozialismus." Positiv stellte er heraus: „Die Zugehörigkeit zur S.P.D. bedeutet für mich schlechterdings eine praktische politische Entscheidung. Vor die verschiedenen Möglichkeiten gestellt, die der Mensch in dieser Hinsicht hat, halte ich es rebus hic et nunc sic stantibus für richtig, die Partei 1. der Arbeiterklasse, 2. der Demokratie, 3. des Nicht-Militarismus und 4. einer bewußten, aber verständigen Bejahung des deutschen Volkes und Staates zu ergreifen. Diese Erfordernisse einer gesunden Politik sehe ich in der S.P.D und nur in ihr erfüllt. Und weil ich die Verantwortung für die Existenz dieser Partei nicht Anderen überlassen, sondern selber mitübernehmen will, darum bin ich ihr Mitglied. Ich könnte diese Entscheidung grundsätzlich auch in noch aktiveren Formen betätigen. Bis jetzt meinte ich, dazu weder das Zeug noch die Zeit noch den Ruf zu haben, und ich vermute bestimmt, daß es auch in Zukunft dabei bleiben wird. Ich könnte mich freilich auch nicht darauf festlegen, daß es durchaus dabei bleiben muß."

Obwohl Barth die politische Situation schon 1931 als bedrohlich einschätzte, schickte er unmittelbar nach der „Machtergreifung" beruhigende Statements in die Schweiz. So meinte er am Abend des 30. Januar, Hitler „würde, wenn er mehr Verstand hätte, heute Nacht gewiß sehr unruhig schlafen. […] Seid jedenfalls auch in dieser Hinsicht unsertwegen ruhig und unbesorgt. Die Nazis werden mir nichts tun." Diese Einschätzung änderte sich sehr bald. Dem Generalsuperintendenten Otto Dibelius, der die Predigt im Gottesdienst zur Eröffnung des Reichstags in Potsdam halten sollte, wies er in einem Brief vom 17. März „im Namen der heute mundtot Gemachten" auf eine Situation hin, die „eindeutig unter dem Aspekt von Gewaltherrschaft und Unterdrückung steht". Nach ihm befand sich, wie er in weiteren Briefen bemerkte, Deutschland „jetzt in einem Fiebertraum". Er sprach vom „völligen Irrsinn der politischen Verhältnisse in Deutschland", sah „eine Clique von offenkundig Wahnsinnigen am Regimente", klagte über das notorische Schweigen der Kirche „zu all den Brutalitäten, Kindereien und Geistlosigkeiten, deren Geschehen wir doch wirklich ohne Unterschied der Parteibrille jeden Tag jetzt konstatieren müssen", fragte: „,Rechtsstaat', ,Menschenwürde', ,Gedankenfreiheit', ,Post- und Telephongeheimnis', Möglichkeit eines aufrichtigen Wortes vor Unbekannten – du liebe Zeit, wo ist das Alles hingekommen?"

Während seines Aufenthalts in der Schweiz in den Semesterferien packte Barth sozusagen den Stier bei den Hörnern und schrieb, wie bereits erwähnt, am 2. April in eigener Sache offensiv an den kommissarischen preußischen Kultusminister Bernhard Rust. Unter Hinweis auf Nachrichten über die Verhaftung von Universitätsrektoren fragte er, „ob es der Absicht der Regierung entsprechen möchte, wenn ich meine Arbeit in Bonn zu Beginn des Sommersemesters wie gewohnt aufnehme und fortsetze". Er bekannte offen: „Ich gehöre aus praktisch-politischen Gründen der Sozialdemokratischen Partei an." Er fügte hinzu: „Mit meiner Lehrtätigkeit hat dies insofern nichts zu tun, als diese allein durch das Bekenntnis der evangelischen Kirche bestimmt und gebunden ist" und versicherte, „daß ich meinen theologischen Auftrag von jetzt an ebensowenig zur Bekämpfung des neuen politischen Systems wie bisher zur Unterstützung des alten mißbrauchen würde". Darüber hinaus gab er die hintergründig-ironische Loyalitätsbekundung ab, „daß ich der neuen Staatsform gegenüber auch als Bürger dieselbe Loyalität bewähren würde, die ich während der 12 Jahre, die ich an preußischen Universitäten zugebracht habe, meine politisch rechtsstehenden Kollegen der bisherigen Staatsform gegenüber bewähren sah." Schließlich beteuerte er: „Ich könnte aber auch eine Aufforderung zum Austritt aus der S.P.D. als Bedin-

§ 4 Karl Barth und Karl Ludwig Schmidt im Jahr 1933

gung der Fortsetzung meiner Lehrtätigkeit nicht annehmen, weil ich von der Verleugnung meiner politischen Gesinnung bzw. von der Unterlassung ihrer offenen Kenntlichmachung, die dieser Schritt bedeuten würde, weder für meine Zuhörer, noch für die Kirche, noch auch für das deutsche Volk etwas Gutes erwarten könnte." In der Antwort des Ministeriums vom 24. April wurde Barth beschieden, der Minister beabsichtige nicht, „die Vertreter der einen oder andern Richtung in ihrer Lehrtätigkeit in irgend einer Weise" zu beschränken. Gegenüber der Aufforderung seines Kollegen Goeters, aus der SPD auszutreten, stellte Barth in einem Brief vom 27. Mai klar, „daß für mich als entschiedenem Nicht-Faschisten solche Preisgabe oder Verleugnung schlechterdings nur eine Lumperei sein könnte, deren ich mich nicht schuldig machen darf". Barths Brief an Rust und die Antwort aus dem Ministerium versetzten ihn in die Lage, schlicht auf diese Korrespondenz zu verweisen, als im August die Beamten aufgefordert wurden, sich von der „landesverräterischen SPD" loszusagen.

Obwohl sein Verbleib auf dem Bonner Lehrstuhl so etwas abgesichert war, machte sich Barth keine Illusionen darüber, dass seine Existenz gefährdet blieb. Seine Devise lautete, „daß wir uns bei aller politischen Erregung [...] als Männer der *Kirche* betätigen und bewähren. Die Nazis müssen unzweideutig im *Unrecht* sein, wenn sie uns aus politischen Gründen an den Kragen gehen".[124] Er wollte „nur solange in Bonn bleiben, als ich meine dortige Tätigkeit ohne alle und jede Gleichschaltung für sinnvoll halten kann".[125] In dem Schreiben an Georg Merz, aus dem dieses Zitat stammt, ließ Barth einen deutlichen Unterschied zu Karl Ludwig Schmidt erkennen. Er betonte, er werde sich „nicht dem neuen politischen System – wohl aber dem System einer besonderen sachlichen Bindung der Kirche an dieses System direkt und indirekt bestimmt widersetzen". Im Blick auf die Ende Juni erfolgte Einsetzung August Jägers als Staatskommissar für die evangelische Kirche Preußens stellte er in einem weiteren Brief an Minister Rust vom 1. Juli fest: „[...] die Staatsregierung hat sich eine bestimmte Theologie, nämlich die der sog. ‚Deutschen Christen' zu eigen gemacht. Wenn dem so ist, so ist von jetzt ab der Widerspruch gegen die ‚Deutschen Christen' in Gefahr, als Widerspruch gegen die Staatsregierung verstanden zu werden." Demgegenüber berief er sich auf die ihm gegebene Erklärung vom April und hielt es für geboten, „innerhalb des theologischen Bereichs positiv und kritisch nach wie vor so vorzugehen, als ob es daselbst keine von der Staatsregierung bevorzugte und gewünschte theologische Richtung gebe".

Barth wollte sich also dezidiert als „Mann der Kirche" bewähren, sich ganz und gar auf die Theologie konzentrieren und nicht Politik treiben. Es versteht sich aber, dass sich eine derartige Konzentration, die sich um der eigenen Sache willen jedweder Gleichschaltung entzog und widersetzte, im Kontext des Jahres 1933 ganz von selbst auf indirekte Weise politisch auswirkte. Das zeigte sich besonders klar in Barths Schrift „Theologische Existenz heute!", die am 1. Juli 1933 erschien und bis zu ihrer Beschlagnahme im Juli 1934 eine Gesamtauflage von 37.000 Exemplaren erreichte. Barth war von verschiedenen Seiten bedrängt worden, ein „Wort zur Lage" zu sprechen. Er jedoch wollte „zur Sache" reden und tat es in der genannten Schrift. An ihrem Beginn bemerkte er, „das Entscheidende", was er zu sagen habe, bestünde „sehr unaktuell und ungreifbar einfach darin [...], daß ich mich bemühe, hier in Bonn mit meinen Studenten in Vorlesungen und Übungen nach wie vor und als wäre nichts geschehen – vielleicht in leise erhöhtem Ton, aber ohne direkte Bezugnahmen – Theologie und nur Theologie zu treiben". Es lohnt sich, den beiden Wendungen „als wäre nichts geschehen" sowie „Theologie und nur Theologie zu treiben" näher nachzugehen.

Der Halbsatz „als wäre nichts geschehen" war alles andere als unpolitisch. Barth hatte durchaus gesehen, dass sehr viel geschehen war, sehr viel Schlimmes. In einem Brief an Thurneysen vom 16.10.1933 blickte er zurück: „Wolkiger hat der Horizont im Großen und im Kleinen noch selten ausgesehen in den langen Zeiten unserer gemeinsamen Exerzitien und Feldzüge. Große böse Dinge sind geschehen auf Erden und mitten in unserem eigensten Bereich, und noch größere, bösere scheinen irgendwie im Heraufziehen. Die Christenheit und Theologenschaft hat sich auf der ganzen Linie als eine noch viel weichere, klebrigere und zweideutiger riechende Masse erwiesen, als wir es auch in den Tagen des größten aargauischen Zornes uns träumen ließen. Und mitten drin müssen wir offenbar noch immer am Leben sein und in bestimmten Abständen unsere Schüsse abgeben." Der Halbsatz „als wäre nichts geschehen" war ein Gegen-Satz zu der Flut kirchlicher Erklärungen aus dem Frühjahr 1933, die sich jeweils gleich zu Beginn beeilten, die geschehenen politischen Veränderungen freudig zu begrüßen.[126] Barth bezeichnete das als „sehr befremdlich" und kritisierte, damit sei sich die Kirche „wieder einmal untreu" geworden, indem sie „nicht bei ihrem Thema blieb". Bei dem Halbsatz „als wäre nichts geschehen" handelte es sich also um einen scharfen Widerspruch dazu, dass Theologen ganz untheologisch „zur Lage" redeten, sich dabei von dieser „Lage" die Sicht auf die eigene Sache vernebeln ließen und diese so verrieten, wobei sie sich zudem noch über die „Lage" täuschten.

§ 4 Karl Barth und Karl Ludwig Schmidt im Jahr 1933 67

Barth hat im selben Jahr die Wendung „als wäre nichts geschehen" in einem anderen Zusammenhang noch einmal aufgenommen. Nachdem Friedrich Gogarten, Mitherausgeber der Zeitschrift „Zwischen den Zeiten", Anfang August den „Deutschen Christen" beigetreten war, sah Barth keine Möglichkeit mehr die Zeitschrift fortzuführen. Er wollte „lieber gar nicht mehr gehört werden, als der Meinung Vorschub leisten, daß man fernerhin gemächlich mit dem einen Ohr mich und mit dem anderen Gogarten hören könne" (Abschied, Zwischen den Zeiten 11, 1933 [536–544], S. 541). Vorher hatte er in diesem seinen Abschied von „Zwischen den Zeiten" begründenden Beitrag mitgeteilt, dass „Schriftleiter und Verleger" die Zeitschrift fortführen wollten, weil sie meinten, „daß theologische Aufsätze auf der Basis jenes Stapelschen Satzes [von Barth auf S. 539 so referiert: ‚daß das Gesetz Gottes für uns identisch sei mit dem Nomos des deutschen Volkes'] fernerhin ruhig neben einem Aufsatz wie etwa dem von mir über das erste Gebot in Z.d.Z. stehen und gelesen werden könnten, kurz, daß, als wäre nichts geschehen, in Z.d.Z. alles so weitergehen könne wie bisher" (S. 540).

Die negative Wendung „als wäre nichts geschehen" ging einher mit der positiven Aussage, „Theologie und nur Theologie zu treiben".[127] Die Konzentration auf das theologische Arbeiten hatte Barth schon in vorangegangenen brieflichen Äußerungen angedeutet, in denen er sich dankbar zeigte, „Theologe zu sein und mit politisch so wertbeständigen Dingen zu tun zu haben". In einem Brief vom 24. Mai an den befreundeten Philosophen Heinrich Scholz stellte er fest: „Ach, wie lernt man heute die Menschen kennen, auch und gerade auf Deutschlands Universitäten! Und wie schön ist man nun erst recht genötigt, sich auf das Wesentliche zu besinnen und zu konzentrieren! Und wie automatisch angehalten, den Rücken nun erst recht steif zu halten!"

Was es in der Situation von 1933 hieß, „Theologie und nur Theologie zu treiben", wurde von Barth in seiner Schrift gleich auf den ersten Seiten in großer Klarheit und auch in rhetorischer Prägnanz entfaltet. Fünfmal begann er mit der Wendung: „In der Kirche ist man sich einig darüber, daß" und stellte jeweils Aspekte des „in den heiligen Schriften Alten und Neuen Testaments" bezeugten Wortes Gottes als des allein Bindenden und Verbindlichen heraus und schloss diesen Abschnitt mit dem Fazit: „Darüber ist man sich in der Kirche einig oder man ist nicht in der Kirche." Danach benannte er zweimal, worüber „wir als Prediger und Lehrer der Kirche" einig sind, nämlich diesem Wort Gottes zu dienen und daneben „kein Zweites [zu] kennen, sondern alles Zweite und Dritte, das uns auch bewegen mag und muß, in diesem Ersten eingeschlossen und aufgehoben, von ihm her gerichtet und gesegnet [zu] sehen". Auch hier zog er das Fazit: „Darüber sind wir uns einig oder wir sind nicht Prediger und Lehrer der Kirche." Demgegenüber kennzeichnete er in fünf Dass-Sätzen als „die kräftige, in allen möglichen Gestalten auftretende Versuchung dieser Zeit", die alleinige Bindung an das

Wort Gottes und das alleinige Vertrauen auf es aufzugeben und sich „unter dem stürmischen Eindruck gewisser ‚Mächte, Fürstentümer und Gewalten'"[128] von „der Macht anderer Ansprüche" imponieren oder auch einschüchtern zu lassen. Indem Barth von solcher Grundlegung aus „Theologie und nur Theologie" trieb, immunisierte er gegen die Ansprüche des totalen Staates und wirkte so politisch. Dagegen warf er dem Pfarrernotbund in einem Brief an Pfarrer Gerhard Jacobi vom 23. Dezember 1933 „Kirchenpolitik in einem üblen Sinn des Begriffs" vor: „Es wird da immer wieder geschielt nach dem Wohlwollen der Nazis; man will ‚kirchlich handeln' – aber man will sich dabei doch immer wieder ein Feigenblatt mit einem Hakenkreuz darauf verschaffen, statt mitten hindurch zu gehen und sich um Kompromittierung und Empfehlung in den Augen von Staat und Partei einen Deubel zu kümmern!"

Dass Barth bereit war, praktisch-politische Konsequenzen aus seiner theologischen Konzentration zu ziehen, sei für das Jahr 1933 an drei Beispielen aufgezeigt. Kurz vor dem 1. Mai waren ihm „böse Dinge" angedroht worden, „wenn unser Haus morgen nicht beflaggt sei". Er weigerte sich und brachte aus den folgenden Semesterferien eine Schweizerfahne mit, „zwei Meter lang und breit und wohl geeignet, in der Siebengebirgstraße alle Hakenkreuze zu überstrahlen."

Eine aggressive Aufforderung, der NS-Volkswohlfahrt beizutreten, wies Barth mit Schreiben vom 20. Oktober brüsk zurück, da es sich bei der NSV um die „Veranstaltung einer politischen Partei" handele, „der ich nicht angehöre". Er teilte mit, eine Spende von 50 Reichsmark überwiesen zu haben, da er bereit sei, „auch dem von der N.S. Volkswohlfahrt zu erreichenden Teil des deutschen Volkes zu helfen".

In den ersten Wochen des Wintersemesters wollten nationalsozialistische Studenten mehrfach den „deutschen Gruß" in Barths Vorlesung einführen, was er jeweils zu verhindern wusste. Am 14. Dezember befahl es ihm der Rektor. Barth teilte ihm am selben Tag schriftlich mit, „daß ich nicht in der Lage bin, den mir erteilten Befehl, betr. die Eröffnung meiner Vorlesung mit dem ‚deutschen Gruß', auszuführen", und kündigte eine Beschwerde beim Kultusminister an, die er zwei Tage später schrieb. In ihr bezeichnete er den „deutschen Gruß" als eine „Symbolhandlung der Anerkennung des Totalitätsanspruchs der Volkseinheit im Sinne des nationalsozialistischen Staats". In der Theologie gehe es aber „um die Verkündigung des Evangeliums. Auf diese Sache kann sich der Totalitätsanspruch der Volkseinheit nicht beziehen, sondern in ihr findet er seine sinngemäße Grenze, weil er hier auf einen andern, überlegenen Totalitätsanspruch stößt." Barth erklärte sein Verhalten jedoch nicht als für andere verbindlich. Seinem Sohn Markus, der kurz vor dem Abitur stand, riet er in einem Brief vom 11. September aus der Schweiz nach Bonn: „Hebe du zunächst deine Flosse zu dem bewußten Gruß!"

5. Schmidt und Barth über „die Judenfrage"
Noch vor Hitlers „Machtergreifung" führte Schmidt ein „Zwiegespräch im Jüdischen Lehrhaus in Stuttgart am 14. Januar 1933" mit Martin Buber über „Kirche, Staat, Volk, Judentum".[129] In ihm erwies er seinem Gesprächspartner großen Respekt und zeigte eine in menschlicher Hinsicht entgegenkommende Haltung gegenüber dem Judentum. In theologischer Hinsicht blieb er jedoch im traditionellen Antijudaismus der Kirche befangen, indem er die Messianität Jesu als einzig relevante Frage zwischen Judentum und Kirche bezeichnete und deren Verneinung durch das Judentum als Verstockung erklärte, indem er die Kirche als „wahres Israel" behauptete und im Judentum nur ein „fleischliches Israel" erkannte und indem er sich zur *missio* an seine jüdische Hörerschaft geradezu gezwungen sah. Er gestand ein, dass diese Sendung „den einigermaßen peinlichen Geschmack eines bewußten Angriffs haben (mag)", und rechtfertigte ihn damit, dass er „ja gerade eine Bemühung um Sie als Juden" bedeute. Wenige Tage vor dem Zwiegespräch hatte Schmidt den ersten Teil seines Redebeitrags an Buber geschickt und in einem Begleitbrief geschrieben: „Sie ersehen aus diesen Darlegungen, von welchem Standpunkt aus ich sprechen muß. Ich tue das einem Menschen und Denker wie Ihnen gegenüber mit Scheu und Scham. [...] Gegenüber Ihrer Erfahrung, die Sie als Mensch und doch wohl gerade als Jude haben, komme ich mir vor wie ein kleiner Sendling aus dem Beruf heraus, in den ich hineingestellt bin. [...] Wirklich konkretes Judentum gehört zu den großen geistigen Bewegungen, mit denen wir uns auseinanderzusetzen haben. Aber eigentlich ist solches Judentum keine bloß geistige Bewegung, sondern ein gewaltiges genus per se."[130] Im Rückblick auf das Gespräch schrieb Schmidt an Buber am 28.1.1933: „Abgesehen von dem Kern der Auseinandersetzung – da ist Freud und auch Leid in eigener Weise gemischt – kann ich jedenfalls für mich manche schöne Früchte voller Dankbarkeit verbuchen. Unsere lange Unterhaltung in Ihrem Heim zu Heppenheim war für mich ein ordentliches Studium, bei dem ich viel gelernt zu haben glaube. Und im D-Zug, dann im Stuttgarter Hotel und schließlich bei der öffentlichen Auseinandersetzung ist alles noch intensiver geworden."[131] Im September 1933 veröffentlichte Schmidt das „Zwiegespräch".[132] Schon 1924 hatte er eine einfühlsame Darstellung des Chassidismus nach Buber gegeben.[133]

1933 gab er Buber Gelegenheit, in einem offenen Brief an Gerhard Kittel „eine souveräne Antwort auf die tief blamable Schrift dieses konservativen Tübinger Neutestamentlers" über „Die Judenfrage" zu geben.[134] Als Kittel in der 2. Auflage in einem Nachwort sich mit Buber auseinanderzusetzen versuchte, bot Schmidt ihm erneut Raum für eine Stellungnahme.[135] Bei aller Befangenheit in traditionellen kirchlichen Denkmustern gegenüber dem Judentum erwies sich Schmidt doch als offen für das Judentum als ein der christlichen Theologie gestelltes Problem und zeigte als Publizist konkrete Solidarität.

Im Brief an Barth vom 24./25. April 1933 stellte Schmidt eine wichtige Frage, die allerdings weder von ihm noch von Barth beantwortet wurde: „Im übrigen aber sollten wir Universitätsprofessoren uns aber allen Ernstes überlegen, ob wir uns nicht mit den jüdischen Kollegen, die nun als Juden abgesetzt werden, solidarisch erklären müssen." In einem zuvor stattgefundenen Gespräch mit dem Bonner Rektor war Schmidt von diesem nahegelegt worden, er solle sich „so verhalten wie die Kollegen, die jüdisches Blut haben".[136]

Auch für Barth bildete „die Judenfrage" ein wahrgenommenes, aber offen gebliebenes Problem. Theologisch blieb er einerseits befangen in der kirchlichen Tradition, wenn er ganz selbstverständlich die Substitutionstheorie teilte, dass „an die Stelle des alttestamentlichen Bundesvolkes [...] die christliche Kirche aus und in allen Völkern" getreten sei,[137] und wenn er nachsprach, das jüdische Volk habe „Christus gekreuzigt".[138] In einem Brief an den jüdischen Religionshistoriker Hans-Joachim Schoeps führte er jedoch den Gedanken, „die Synagoge" sei „aufgehoben in Christus" so weiter: „Gerade darum und darin wird sie [die christliche Kirche und Theologie] mit dem, was heute noch als Synagoge [...] lebt, für alle Zeiten verbunden sein – in einer Gemeinschaft, wie sie zwischen keinen zwei anderen ‚Religionen' möglich ist."[139] Gegenüber einer Studentin, die zwischen dem bei Barth Gehörten und ihrer nationalsozialistischen, antisemitischen Gesinnung hin und her gerissen wurde, erklärte er: „die Judenfrage ist sicher theologisch betrachtet der Exponent des ganzen Geschehens unserer Zeit. Aber gerade in der Judenfrage könnte ich mit gutem Gewissen nicht den kleinsten Schritt mittun mit dem Nationalsozialismus. Wenn irgendwo, so meine ich, müßte man hier das Halt! hören und die Grenze sehen, über die hinaus man eigentlich nur unter ‚Verrat' am Evangelium [...] oder eben in seiner Unkenntnis weiter gehen kann."[140] Nach ihm trug „die vorgegebene Wirklichkeit (also der heute herrschende Antisemitismus) [...] von Anfang an und immer mehr den Charakter eines infernalischen Unrechts".[141] In einer seiner Anmerkungen zum Entwurf des Betheler Bekenntnisses fragte er im Oktober: „Ist die *bürgerliche* Behandlung, die man den Juden im heutigen Deutschland systematisch zuteil werden läßt, eine solche zu der ‚wir' nichts zu bemerken haben? Die ‚wir', weil sie von der ‚Obrigkeit' verfügt ist, als gottgewollt hinnehmen und mitmachen?"[142] In einer Predigt am 10. Dezember ließ Barth eine Antwort anklingen, allerdings in recht zurückhaltender Weise. Er sah in der jüdischen Existenz einen lebendigen Beweis für Gottes freies Erwählen und fuhr fort: „Es könnte wohl sein, daß man sich [...] gegen den Gott der freien Gnade wehrt, wenn man sich allzu leidenschaftlich gegen die Juden wehrt."[143]

Nach den erhaltenen Briefen wurde Barth im Jahr 1933 zweimal aufgefordert, beide Male von Frauen, öffentlich zu dem Stellung zu nehmen, was an Juden geschah. Bereits am 18. April hatte Elisabeth Schmitz, eine Lehrerin, erschüttert darüber, wie „schwer die Folgen der Judenverfolgung" von ihr im „engsten Freundeskreis" erlebt wurden, und erzürnt über die Lauheit kirchlicher Äußerungen, Barth gefragt, ob er als der Theologe, „dessen Stimme in Deutschland am meisten gehört wird", nicht etwas unternehmen könne, „daß die Gewissen wach werden und erschrecken".[144] Barth antwortete am 2. Mai, dass er sich auch selbst frage, „ob ich nicht das Wort ergreifen möchte", stellte dann aber eher taktische Überlegungen an. Er meinte, die Veröffentlichung eines solchen „Pronuciamento" in der von ihm mit herausgegebenen Zeitschrift „Zwischen den Zeiten" „würde das sofortige Verbot der betr. Nummer zur Folge haben und mich vermutlich um meine Stellung bringen, bevor und ohne daß ich gehört worden wäre". So hielt er fest: „Ich halte vorläufig das, was ich in dieser meiner Arbeit im Sinne einer sich selbst besser verstehenden Kirche tun kann, für wichtiger als das, was ich mit einem öffentlichen Votum, dessen Resonanz zum vornherein so gefährdet ist, ausrichten könnte."[145] Zunächst ähnlich reagierte er auf die im Brief vom 17. November geäußerte Hoffnung von Maria Ambrosius, einer Christin „nicht rein arischer Abstammung", auf ein „gemeinschaftliches Vorgehen" in der Kirche, dass „alle ihre Mitglieder nicht nur die gleichen Rechte innerhalb der Kirche, sondern auch im bürgerlichen Leben genießen".[146] Barth erklärte „ein gemeinschaftliches Vorgehen von Theologen in dieser Sache" für „leider unmöglich" angesichts dessen, „wie unerbittlich die Nationalsozialisten [...] gerade in der Judenfrage keine Konzession zu machen entschlossen sind. Irgend ein Vorgehen in der von Ihnen gewünschten Richtung würde nur den Erfolg haben, daß uns auch unsre legitime Bewegungsfreiheit in dem uns angewiesenen Bezirk der Kirche genommen wird." Etwas weiter stellte er grundsätzlich fest: „Die Judenfrage ist [...] auf dem

Boden der Kirche nur eine Teilfrage in dem uns heute auferlegten Kampfe" und meinte, „mit Rücksicht auf die eigentümliche Sachlichkeit des kirchlichen Kampfes streng auf dem Boden unserer Aufgabe bleiben" zu müssen.[147] Ähnlich hatte er sich schon gegenüber dem judenchristlichen Pfarrer Hans Ehrenberg in einem Brief vom 13. November geäußert: „[...] mein Hauptproblem in der gegenwärtigen Krise ist das der natürlichen Theologie und nicht, oder eben nur in diesem Rahmen, die Judenfrage."[148] Dass er so argumentieren konnte, dürfte gerade in „der *christologischen Konzentration,* in der Barth theologisch in den kirchlichen und politischen Widerstand eintritt", begründet sein. Wolf Krötke, von dem dieses Zitat stammt,[149] hatte entsprechend kurz vorher, Barth aufnehmend, die Wendung gebracht: „Gott, der in der Geschichte Jesu Christi zur Welt gekommen ist" – wobei ausgeblendet ist, dass nach dem biblischen Zeugnis Gott schon längst, wenn man so formulieren möchte, in Israel zur Welt gekommen war und auch weiter in ihr ist. Darf man heute noch in der Weise Barths über die „Judenfrage" als „nur eine Teilfrage" argumentieren, nachdem etliche deutsche Landeskirchen das Verhältnis der Kirche zu Israel in ihre Grundordnungen eingeschrieben und damit deutlich gemacht haben, dass dieses Verhältnis den Kern christlicher Identität betrifft?[150]

6. Nach Kriegsende: Keine Rückkehr von Barth und Schmidt nach Bonn
Die Bonner Evangelisch-Theologische Fakultät war durch Entlassungen, Versetzungen und Neuberufungen bis zur Jahreswende 1935/36 restlos „braun" geworden. Alle Professoren waren Parteimitglieder – bis auf eine Ausnahme, den Neutestamentler Ethelbert Stauffer, der anstelle Karl Ludwig Schmidts berufen worden war. Stauffer lag als „Deutscher Christ" aber dennoch „auf Linie". Als nach Kriegsende das Universitätsleben wieder aufgebaut werden sollte, wurde er für die Evangelisch-Theologische Fakultät als erster Dekan beauftragt. Er war nicht nur der einzige Nicht-Parteigenosse, sondern hatte im Januar 1943 eine Absetzbewegung gemacht, indem er einen öffentlichen Vortrag über „Augustus und Cleopatra" mit Anspielungen auf die eigene Zeitgeschichte hielt. Das brachte ihm die – folgenlos gebliebene – Aufhebung der Uk-Stellung, ein Vortragsverbot und einen Verweis ein. In 1945/46 geschriebenen Lebensläufen stilisierte er sich daraufhin als Widerständler und Opfer.[151] Stauffers Partner für den Wiederaufbau der Fakultät auf Seiten der Rheinischen Kirche war Generalsuperintendent Stoltenhoff, der am 1. Mai 1933 in einem Rundbrief an die rheinischen Pfarrer „die Abwehr der ‚bolschewistischen Gefahr'" begrüßt und dazu ermuntert hatte, den „nationalen Umbruch" „von Herzen" zu bejahen und Kontakte zu den Deut-

§ 4 Karl Barth und Karl Ludwig Schmidt im Jahr 1933   73

schen Christen aufzunehmen.[152] Karl Ludwig Schmidt hatte er noch während dessen Urlaubssemester eiskalt fallen gelassen. Das waren nicht gerade gute Voraussetzungen für eine Restitution von Karl Barth und Karl Ludwig Schmidt in Bonn.

Als Barth im Sommer 1945 während einer Deutschlandreise auch Bonn besuchte, „bat ihn niemand, an die alte Wirkungsstätte zurückzukehren". Bemühungen um eine Rückkehr gingen später von Männern der Bekennenden Kirche aus. Sie wurde Barth auch ermöglicht. Er beließ es aber bei zwei Gastsemestern im Sommer 1946 und 1947 und entschied sich um der Weiterarbeit an der „Kirchlichen Dogmatik" willen für ein Verbleiben in Basel.[153]

Karl Ludwig Schmidt sah sich der eigenartigen Situation gegenüber, dass ausgerechnet derjenige, der seine Stelle eingenommen hatte und sie weiter besetzt hielt, als Dekan vorgab, seine Restitution zu betreiben. Die Wiederherstellung des Rechtszustandes vor 1933 hätte dessen eigenes Abtreten bedeutet. Auch der Rektor Konen war für diese Wiederherstellung alles andere als hilfreich. Nach einer Schmidt gegebenen Mitteilung „arbeitet der alte Zentrumsmann Konen […] mit Stauffer […] schön zusammen. Beide haben mir geschrieben, wie sehr sie sich nach meiner Bonner Epiphanie sehnten. Beide fürchten aber doch auch, daß ich wirklich komme."[154] Schmidt wäre gerne nach Bonn zurückgekehrt, aber faktisch wurde seine Rückkehr hintertrieben. „Als Schmidt Anfang 1947 zu der Meinung kam, dass sich unter dem Einfluss der CDU die Reaktion in Deutschland durchsetzte und Steigbügelhalter wie Nutznießer des Nationalsozialismus im Amt blieben, was für ihn mit Stauffer beispielhaft belegt war, empfand er so große Enttäuschung, dass er weder in Bonn noch sonst in Deutschland einen Lehrstuhl annehmen wollte."[155] So blieb auch er in Basel.

Gegenüber dem bis weit in die „Bekennende Kirche" hinein reichenden Chor derjenigen, die „Deutschlands Erwachen" 1933 „mit einem freudigen Ja" begrüßten, waren Karl Barth und Karl Ludwig Schmidt mit ihren Reaktionen und Aktionen in diesem denkwürdigen Jahr zwei gewiss unterschiedlich leuchtende, aber doch in gleicher Weise höchst respektable Gestalten, die es wert sind, erinnert zu werden.

II. Christlich-theologische Grundaussagen in Rückbesinnung auf die Bibel verstehen

Der Besprechung einzelner Themen in diesem Teil müssen einige Überlegungen vorangestellt werden. Zunächst sei noch einmal herausgestellt, dass das Neue Testament nicht die „eigentlich christliche" Bibel ist. Die Herstellung und Verbreitung isolierter Neuer Testamente – und gar Neuer Testamente mit Psalmen – halte ich für eine Verleitung zum Missbrauch der Bibel. Ohne das Alte Testament hängt das Neue Testament in der Luft. Das Alte Testament ist auch nicht bloßes Vorspiel und bloße Vorbereitung für das Neue Testament; es bildet vielmehr die Basis. Das mag man sich an einer Binsenweisheit klarmachen. Als die neutestamentlichen Autoren ihre Schriften verfassten, gab es noch kein Neues Testament und sie hatten auch nicht das Bewusstsein, Teile eines Neuen Testamentes zu schreiben, und so gab es für sie auch kein „Altes Testament". Aber sie hatten gleichwohl eine „Bibel", nämlich diejenigen Schriften im Judentum ihrer Zeit, die als „heilige Schriften" im Gebrauch waren. Sie bildeten die selbstverständliche Voraussetzung ihres Schreibens. Auf dieser Grundlage, nur aufgrund ihrer jüdischen Bibel und mit ihr konnten etwa die Evangelisten die Geschichte Jesu als Geschichte des Mitseins Gottes darstellen. Daher gilt: Die jüdische Bibel, die „heilige Schrift" des Judentums ist der Raum des Evangeliums.[156]

Weiter sei in diesem Zusammenhang daran erinnert, dass es zurzeit der Abfassung der neutestamentlichen Schriften – jedenfalls der meisten von ihnen – noch kein „Christentum" gab, es sich bei ihnen also um von Haus aus jüdische Schriften handelt, die dann ab dem 2. Jahrhundert in einem zunehmend nichtjüdischen Kontext rezipiert wurden.[157] Mit dem sozialen Aufstieg des Christentums in der griechisch sprechenden Welt musste das neutestamentliche Zeugnis, dass der eine Gott darin begegnet, was Jesus gesagt, getan und erlitten hat, im Kontext platonischer Ontologie zum Ausdruck gebracht werden. Dabei konnte es nicht ausbleiben, dass der Begriff „Sein" bzw. „Wesen" (*ousía*) eine zentrale Rolle spielte. Unter dieser Voraussetzung musste dann Wesensgleichheit von „Vater" und „Sohn" ausgesagt werden, sollte zum Ausdruck kommen, dass wirklich Gott in Jesus begegnet. In diesem Denkhorizont wurden in der Alten Kirche die Trinitätslehre und die Zwei-Naturen-Lehre ausgebildet. Aber platonische Philosophie ist schon lange nicht mehr der uns bestimmende Denkhorizont. Man kann sich in ihn hineinversetzen und versuchen, die Denkbewegungen bei der Formulierung der altkirchlichen Bekenntnisse nachzuvollziehen. Auch das gehört zum Annehmen der eigenen Geschichte – und nicht das besinnungslose Wegwerfen unverstandener Tradition. Aber müssen wir mit der Brille der in diesem Kontext formulierten Deutung des neutestamentlichen Zeugnisses die biblischen Texte lesen, um im Neuen Testament Ansätze und Implikationen etwa der Trinitätslehre finden zu wollen? Oder käme es nicht vielmehr darauf an, die starr gewordenen dogmatischen Formeln von den biblischen Aussagen her wieder zu verflüssigen, indem wir diese in dem ihnen ursprünglichen jüdischen Kontext zu verstehen suchen?

§ 5 Neues Testament und dreieiniger Gott: Trinitarisch von Gott reden im Angesicht Israels

1. Einleitendes zur Fragestellung
Die Feststellung, dass es im Neuen Testament keine Trinitätslehre gibt, wird niemanden überraschen. Ebenso klar ist allerdings, dass die Ausbildung dieser Lehre in der Alten Kirche unter Bezug auf das biblische Reden von Gott erfolgte. Diejenigen, die die Trinitätslehre ausformulierten, wollten damit, wie eben erwähnt, in ihrem geistigen Kontext, der von griechischer Ontologie und Metaphysik gebildet wurde, das biblische Zeugnis von Gott angemessen zum Zuge bringen. Von daher hat christliches Reden von Gott sein Spezifikum darin, dass es trinitarisch erfolgt. Warum muss das so sein? Muss es wirklich sein? Ist es tatsächlich biblisch begründet oder überhaupt biblisch begründbar? Ich will nun nicht so vorgehen, dass ich die von den Kirchenvätern beigebrachten Bibelstellen und deren Verwendung durch sie kritisch überprüfe. Ich werde schlicht neutestamentliche Texte auslegen, die Gott und Jesus sowie Jesus und den Geist oder auch Gott, Jesus und den Geist in Relation zueinander darstellen und nach dem Verständnis dieser Relationen fragen. Bei der Auslegung werde ich auf den Bezug der Texte auf die jüdische Bibel und ihre Einbindung in den jüdischen Kontext achten.

Zur Orientierung gebe ich vorab meine These: Bei Gott, wie er im christlichen Glaubensbekenntnis bekannt wird, geht es um den in der Bibel bezeugten Gott Israels. Zu diesem Gott stehen wir als Nichtjuden in keiner unmittelbaren Beziehung, sondern in einer durch Jesus vermittelten. Aber auch Jesus als dieser Vermittler ist uns nicht zuhanden, sondern entzogen. Wir sind darauf angewiesen, dass er sich in der geistvollen und geistesgegenwärtigen Erinnerung seiner Worte und seiner Geschichte als lebendig erweist. Wir reden also in der Weise trinitarisch, dass wir zum Vater gekommen sind, zu ihm beten in Lob, Dank und Klage durch den Sohn kraft des heiligen Geistes. Diese Sätze gilt es nun zu entfalten.

Zuvor sei in einem Exkurs dieser Zugangsweise eine ganz andere am Beispiel eines Beitrags von Hans-Joachim Eckstein gegenübergestellt. Er sucht „die Anfänge trinitarischer Rede von Gott im Neuen Testament" (Kyrios, S. 3–33). Bei einer solchen Suche besteht die Gefahr, der Eckstein m.E. auch weithin erlegen ist, dass die in einem völlig anderen Kontext gewonnenen Einsichten der altkirchlichen Trinitätslehre in die Texte des Neuen Testaments hineingelesen werden. Das zeigt sich am deutlichsten am Gebrauch des Begriffes „Wesen", wenn etwa zu Johannes 1,1–2 gesagt wird, „der Sohn" (!) sei *eines Wesens* mit dem Vater" (S. 18), die Bezeichnung Jesu als „Sohn Gottes" diene der Hervorhebung „der einmaligen Zugehörigkeit zu Gott und der unvergleichlichen Teilhabe an seinem Wesen und seiner Vollmacht" (S. 17). „Wesen" oder „Sein" als mögliche Übersetzungen des griechischen Wortes *ousía* sind keine biblischen Begriffe. Im biblischen und mischnischen Hebräisch gibt es dafür kein Wort. Im Neuen Testament und in der Septuaginta, der vorchristlichen jüdischen Übersetzung der hebräischen Bibel ins Griechische, begegnet das Wort *ousía* nur je zweimal in der Bedeutung „Habe", „Vermögen" (Lukas 15,12.13; Tobit 14,13; 3. Makkabäer 3,28). Außerhalb des Denkhorizontes platonischer Ontologie taugen weder der Begriff „Wesen" noch der Begriff „Subordination" bzw. dessen Verneinung für das Verhältnis von Vater und Sohn dazu, neutestamentliche Texte zu erschließen. Nur wenn man diese dogmatischen Traditionen in sie einträgt, kann vom „Bekenntnis zu dem Mensch gewordenen Sohn Gottes" die Rede sein, „der als der gekreuzigte und von Gott auferweckte Jesus von Nazareth unweigerlich als eine zweite Person im Gegenüber zum Vater verstanden wird" (S. 29). Und nur von daher kann man sie dann auch vom Judentum abheben, weil man jüdisch „nicht von einer zweiten ‚Person' in Gott sprechen" würde (S. 12). Nur so gelesen, kann „für die alttestamentlich-jüdische Gottesvorstellung […] Unbegreifliches" konstatiert werden (S. 6). Und so wird dann auch formuliert, dass „das wahre Verständnis von Christus bei den neutestamentlichen Verfassern nicht von einzelnen alttestamentlich-jüdischen Überlieferungen her begrenzt" werde, „sondern umgekehrt wird der Reichtum der Tradition gerade von der Vollendung des Offenbarungsprozesses in Christus her […] verstanden" (S. 24). Demgegenüber ist festzuhalten: Die jüdische Bibel – und von ihr ausgehende Überlieferungen – bildeten für die neutestamentlichen Autoren keine zu überschreitende Grenze, sondern sie waren die entscheidende Voraussetzung und Quelle, um sich die Bedeutung Jesu und gerade auch seines Endes, das von außen betrachtet nur als Scheitern wahrgenommen werden konnte, zu erschließen und das Mitsein Gottes mit Jesus bis zu seinem Tod am Kreuz anderen zu bezeugen. Ich stimme Eckstein darin zu, es gehe im Neuen Testament um „die Gewissheit, dass es die Glaubenden ‚in Christus Jesus' mit *Gott selbst* zu tun haben" (S. 18). Aber diese Gewissheit wird nicht mit der Behauptung gewonnen, dass Jesus „eines Wesens" mit Gott sei, sondern dass von der Schrift her Gottes Mitsein mit ihm bezeugt wird. Von daher ist auch der Untertitel von Ecksteins Buch zu hinterfragen, insofern er von einer „christologischen Theologie" spricht. Eine solche Theologie beschreibt Gott von Jesus Christus her und sie wird das tendenziell exklusiv tun. Der heiligen Schrift Alten Testaments kommt dann nur sekundäre Bedeutung zu und das Judentum bleibt theologisch gänzlich außen vor. Das wird schlaglichtartig daran deutlich, wenn Eckstein zustimmend Gese zitiert: „Das Neue Testament an sich ist unverständlich, das Alte Testament an sich ist mißverständlich" (S. 13 Anm. 29). Da Juden ihre heilige Schrift selbstverständlich ohne das Neue Testament lesen, heißt das in der Konsequenz, dass sie diese notwendig missverstehen. Da die neutestamentlichen Autoren die Bedeutung Jesu mit ihrer heiligen Schrift herausstellen, diese den Sprachraum bildet, in dem sie sprechen, reden sie, wenn sie von Jesus erzählen und ihn verkündigen, von vornherein von dem in Israel bezeugten und bekannten Gott und ist also ihre „Christologie" eine dezidiert von der Schrift bestimmte „theologische Christologie".

2. Das Verhältnis Jesu zu Gott

Ich nehme meinen Ausgangspunkt von Johannes 14,1. Dort heißt es in paralleler Formulierung: *Glaubt an Gott und glaubt an mich!* Diese Aufforderung meint kein Nebeneinander auf unterschiedliche Personen bezogener Glaubensweisen. Wer auf Jesus vertraut, an ihn glaubt, setzt auf den in ihm präsenten Gott Israels. Das sprachliche Nebeneinander des Vertrauens auf Gott und des Vertrauens auf Jesus hat eine biblische Analogie in 2. Mose 14,31. Dort wird vom Volk Israel nach der Erfahrung der Rettung am Schilfmeer gesagt: *Und sie glaubten an den Ewigen und an Mose, seinen Knecht.* Am Beginn des Verses hieß es: *Da sah Israel die starke Hand, was der Ewige an Ägypten getan hatte.* Dass sie in dem hier erzählten Geschehen „die starke Hand" Gottes erblickten, ist schon Ausdruck ihres Glaubens. In schier ausweglosen Situation hatten sie auf das Wort des Mose als Wort Gottes gehört, durchs Meer zu gehen, und Rettung erfahren. Der Glaube an Mose ist nichts anderes als der Glaube an den durch ihn handelnden Gott.

In der Aufnahme von 2. Mose 14,31 im Midrasch wird das so aufgenommen: „*Und sie glaubten an den Ewigen und an Mose, seinen Knecht.* Wenn sie an Mose glaubten, um wie viel mehr an den Ewigen. Das ist gekommen, um dich zu lehren, dass alle, die an den treuen Hirten glauben, [so sind,] als ob sie an das Wort dessen glaubten, der sprach, und es ward die Welt. Analog verhält es sich bei dem Wort: *Und das Volk redete gegen Gott und gegen Mose* (4. Mose 21,5). Wenn sie gegen Gott redeten, um wie viel mehr gegen Mose. Aber das ist gekommen, um dich zu lehren, dass alle, die gegen den treuen Hirten reden, [so sind,] als ob sie gegen den reden, der sprach, und es ward die Welt".[158]

Diese Erfahrung Israels vom rettenden Glauben steht hinter der doppelten Aufforderung von Johannes 14,1: *Glaubt an Gott, und glaubt an mich.* Im Blick auf Jesus hat sich die Erfahrung vom rettenden Glauben in dem Bekenntnis verdichtet, dass Gott ihn von den Toten auferweckt hat. Dieses Bekenntnis bezeugt „die starke Hand" Gottes; sie ließ die Hinrichtung Jesu nicht das Letzte sein, was über ihn zu sagen ist. Johannes bezeugt so den Gott Israels als im Kreuzestod Jesu in tiefste Erniedrigung mitgehenden und sie überwindenden Gott. An ihm macht sich der Glaube fest; auf ihn wird das Vertrauen gesetzt.

Die Aussage Jesu in Johannes 12,44 bringt das noch pointierter zum Ausdruck: *Wer an mich glaubt, glaubt nicht an mich, sondern an den, der mich geschickt hat.* Es geht nicht um einen isolierten Glauben an Jesus, um eine für sich stehende Christologie, sondern um die Wahrnahme des in Jesus präsenten Gottes. Wenn exklusiv zu reden ist, dann nur so, dass sich der auf

Jesus blickende Glaube ausschließlich an Gott selbst festmacht, den er hier als wirkend erkennt. Wer an Jesus glaubt, glaubt nicht an ihn, sondern an Gott. Johannes nimmt hier nicht ohne Grund einmal mehr die Botenvorstellung auf, indem Jesus von Gott als dem spricht, der ihn gesandt hat. Der Bote ist nicht identisch mit dem, der ihn sendet; aber in der Ausführung des Auftrags steht er an dessen Stelle. Die Unterschiedenheit zwischen dem Boten und dem, der ihn sendet, die Unterschiedenheit zwischen Gott und Jesus, lässt sich in Johannes 12,44 schlaglichtartig daran verdeutlichen, dass die Aussage dieses Verses schlechterdings nicht umkehrbar ist. Jesus könnte nicht sagen: „Wer an den glaubt, der mich gesandt hat, glaubt nicht an den, der mich gesandt hat, sondern an mich." Noch einmal: Es geht bei den Beziehungsaussagen zwischen Gott und Jesus darum herauszustellen, dass auf Gott selbst sein Vertrauen setzt, wer sich auf Jesus einlässt. Dass, wer an Jesus glaubt, nicht an ihn, sondern an Gott glaubt, ist also keinesfalls darin begründet, wie ein Kommentator schrieb, dass „kein wesenhafter Unterschied zwischen ihnen besteht".[159] Johannes spekuliert nicht über das „Wesen".

Das wird gerade auch an der Stelle deutlich, die gerne dafür angeführt wird: *Ich und der Vater sind eins* (Johannes 10,30).[160] So lautet die übliche Übersetzung, die dem griechischen Wortlaut folgt. Eine dem Sinn entsprechende Übersetzung müsste lauten: *Ich und der Vater wirken zusammen*. Dieser Sinn ergibt sich einmal von einer sprachlich genau entsprechenden Parallele her. In 1. Korinther 3,4–9 stellt Paulus sich und Apollos als Menschen nebeneinander, die in der korinthischen Gemeinde gewirkt haben: *Ich habe gepflanzt, Apollos hat begossen; Gott aber hat es wachsen lassen. Daher gilt weder, der pflanzt, etwas, noch der, der begießt, sondern der wachsen lässt: Gott* (V. 6–7). Eine genau dem griechischen Wortlaut folgende Übersetzung des anschließenden ersten Satzes von V. 8 müsste lauten: *Wer pflanzt und wer begießt sind eins*. So aber formuliert nur die an keiner Stelle Wörtlichkeit scheuende und darum manchmal Unsinn produzierende Elberfelder Übersetzung. Die Einheitsübersetzung etwa hat an dieser Stelle: *Wer pflanzt und wer begießt: beide arbeiten am gleichen Werk*. Warum sie in Johannes 10,30 nicht so übersetzt, liegt auf der Hand. Aber es handelt sich an beiden Stellen um die identische Formulierung. Auch der Kontext von Johannes 10,30 verlangt den Sinn des gemeinsamen Wirkens. Im unmittelbar Vorangehenden hatte Jesus von den Seinen als solchen gesprochen, die auf seine Stimme hören und denen er Leben gibt, und fuhr dann fort: *Und sie gehen nie und nimmer verloren und niemand wird sie aus meiner Hand rauben. Was mein Vater mir gegeben hat, ist größer als alles, und niemand*

§ 5 Trinitarisch von Gott reden im Angesicht Israels

kann es aus der Hand des Vaters rauben (Johannes 10,28–29). Hier ist es geradezu terminologisch zum Ausdruck gebracht, dass Jesus und der Vater Hand in Hand zusammenarbeiten. Die danach ausgesprochene Einheit ist somit von vornherein als eine funktionale gekennzeichnet, eben als ein gemeinsames Wirken bzw. präziser, da mit der Aussage vom Vater, der Jesus gibt, dessen Vorordnung herausgestellt ist: als ein Wirken des Vaters durch Jesus. Der danach von Jesu Gegnern vorgebrachte Vorwurf, er mache sich Gott gleich, gilt als ein Missverständnis. Der Evangelist lässt es Jesus unter Berufung auf eine Bibelstelle zurückweisen. Er zitiert als „eure Tora" die Aussage aus Psalm 82,6: *Ich habe gesagt: Götter seid ihr* und betont, dass *die Schrift doch nicht aufgelöst werden darf*. Daran wird deutlich, dass die Formulierung „*eure* Tora" keine Distanzierung meinen kann. Aus der zitierten Psalmstelle folgert Jesus: *Wenn er jene Götter nannte, an die das Wort Gottes erging [...], dürft ihr dann dem, den der Vater geheiligt und in die Welt gesandt hat, sagen: Du lästerst, weil ich gesprochen habe: Sohn Gottes bin ich?* (Johannes 10,34–36) Das Verständnis von Psalm 82,6 als eine den Israeliten gegebene Bezeichnung als Götter, weil Gott seine Worte an sie gerichtet hat, findet sich auch in der jüdischen Tradition in einem späten Midrasch.[161] Johannes versucht hier also, die Bedeutung Jesu „grundlegend auf derselben Ebene mit der Bedeutung Israels" verständlich zu machen.[162] Wenn also schon alle Adressaten des Gotteswortes „Götter" genannt werden, um wie viel weniger verdient dann Jesus aufgrund seines Anspruchs, Sohn Gottes zu sein, die Anklage der Lästerung, da er doch von Gott geheiligt und in die Welt gesandt worden ist! Dass jetzt für Jesus der Titel „Sohn Gottes" gebraucht wird, könnte durch die nicht mitzitierte, aber doch mitgemeinte und mitgehörte Fortsetzung des Psalmverses bedingt sein: *und Söhne des Höchsten ihr alle*. Zugleich liegt ein Rückbezug auf den zu Beginn des Abschnitts in V. 24 eingebrachten Messiastitel vor, mit dem er zusammengehört. Die Folgerichtigkeit des Schlusses hängt an der Aussage, dass Gott Jesus „geheiligt und in die Welt gesandt" habe. Das Sendungsmotiv unterstreicht wieder, dass Jesus in der Autorität des Sendenden auftritt. Heiligung von Gott her ist, biblisch verstanden, Beschlagnahme vonseiten Gottes, verbunden mit einer Beauftragung. Von daher versteht Johannes den für Jesus erhobenen Anspruch: In dem, was Jesus sagt und tut, begegnet Gott selbst. In dieser Weise gilt, dass er und der Vater zusammenarbeiten, „eins sind", dass er „Sohn Gottes" ist. Es geht nicht um die Vergötzung eines Menschen, sondern um die Präsenz Gottes in Jesus. Die Möglichkeit, so von Jesus zu reden, hat Johannes von der Schrift her aufgezeigt. Aber ob der in seinem

Schluss für Jesus erhobene Anspruch, dass Gott selbst in ihm präsent ist, zu Recht besteht, lässt sich außerhalb des Glaubens nicht erweisen.

Dass Gott in Jesus zu Wort und Wirkung kommt, stellt Johannes gleich am Beginn seines Evangeliums mit dem Prolog heraus. Er erinnert dort an den Anfang seiner Bibel, indem er mit denselben beiden Worten beginnt: „Am Anfang" und damit fortfährt, dass er von „dem Wort" spricht, durch das „alles geworden ist". Er nimmt hier auf, was im Schöpfungsbericht in 1. Mose 1 immer wieder in dem Schema begegnet: *Und Gott sprach ... Und so geschah es*. Doch zeigt sich auch gleich eine Verschiebung: Aus dem schöpferischen Sprechen Gottes ist „das Wort" geworden, das – gleichsam ein eigenes handelndes Subjekt – „bei Gott" ist: *Am Anfang war das Wort und das Wort war bei Gott und gottgleich war das Wort. Das war am Anfang bei Gott* (Johannes 1,1–2). Johannes rückt Gott und „das Wort" ganz eng zusammen, aber er identifiziert sie nicht; das Wort ist ja, wie zweimal gesagt wird, „bei Gott", also nicht selbst Gott. Die Differenz wird auch dadurch festgehalten, dass bei der Charakterisierung des Wortes mit dem Begriff „Gott" der Artikel weggelassen wird, der sonst im Griechischen steht. Das wird in den üblichen Übersetzungen verwischt, wenn es einfach heißt: „und Gott war das Wort". Um die Differenz kenntlich zu machen, habe ich an dieser Stelle mit „gottgleich" übersetzt. Gewiss hat Johannes – zumindest perspektivisch – von vornherein Jesus im Blick. Aber er könnte sein Evangelium nicht mit dem Satz beginnen: „Am Anfang war Jesus." Diesen Namen nennt er erst in V. 17; von dieser Person kann er erst reden, nachdem er in V. 14 formuliert hat: *Und das Wort ward Fleisch*. Johannes redet präzis von der Fleischwerdung des Wortes und gebraucht nicht die kirchlich beliebt gewordene Redeweise von der „Menschwerdung Gottes", die ganz unbiblisch ist. Sein Reden im Prolog intendiert nicht, den bestimmten Menschen Jesus, der eine bestimmte Geschichte mit einem bestimmten Ende gehabt hat, zu einem präexistenten Himmelswesen zu mythisieren. Es geht ihm vielmehr darum, die Selbigkeit des Sprechens Gottes in der Schöpfung und in der als Neuschöpfung geglaubten Geschichte Jesu herauszustellen. Gott, der in Jesus zu Wort und Wirkung kommt, ist kein anderer als der, den der Anfang der jüdischen Bibel als Schöpfer von Himmel und Erde bezeugt.

Von einer Vergottung Jesu kann auch an einer anderen Stelle keine Rede sein, die neben dem Johannesprolog für die spätere dogmatische Entwicklung wichtig geworden ist: Philipper 2,6–11. In diesem Text wird zunächst ein Weg Jesu nach ganz unten gezeichnet, in dem er selbst das Subjekt ist. Mit dem Tod am Kreuz erreicht er in V. 8 seinen absoluten Tiefpunkt, der jedoch von Gott gewendet wird. In V. 9–11 ist Gott der allein Handelnde.

§ 5 Trinitarisch von Gott reden im Angesicht Israels 83

Sein Handeln wird mit „deshalb" eingeführt, also mit dem Weg Jesu nach ganz unten begründet, wie das auch in Jesaja 53,12 in Bezug auf den Gottesknecht der Fall ist: *Deshalb hat Gott ihn überaus hoch erhoben.* Derjenige, der die tiefste Erniedrigung auf sich genommen hat, erfährt die denkbar höchste Erhöhung. Doch handelt es sich bei dieser Aufwärtsbewegung nicht um eine Karriere im Sinne sozialen Aufstiegs, nicht um den „Weg nach oben". Das zeigt schon die grammatische Beobachtung, dass Jesus nicht Subjekt dieses Weges ist, sondern ausschließlich Objekt des Handelns Gottes.

Die Erhöhung Jesu wird nur mit einem einzigen Aspekt deutlich gemacht: *... und ihm den Namen verliehen, der über jeden Namen erhaben ist.* Im biblischen Kontext kann dieser Name nur der Name Gottes selbst sein, *groß und Ehrfurcht gebietend, heilig ist er* (Psalm 99,3). Der Name Gottes wird im Judentum schon seit vorchristlicher Zeit nicht ausgesprochen, sondern umschrieben, um nicht einmal mit der namentlichen Benennung Gottes dessen Einzigkeit anzutasten.[163] In allen biblischen Zitaten im Neuen Testament, in denen der Gottesname begegnet, steht an dieser Stelle *kýrios* („Herr"). Das spricht neben anderen Beobachtungen dafür, dass auch schon im hellenistischen Judentum der Gottesname so ausgesprochen, wenn auch nicht immer so geschrieben wurde. Diese Aussprache dürfte ihrerseits darauf gründen, dass damals schon im hebräischen Sprachbereich das Tetragramm mit *adonáj* (wörtlich: „meine Herren") ausgesprochen wurde, was auch im heutigen Judentum bei der Lesung des Bibeltextes und in Gebeten als eine Möglichkeit gebraucht wird.

Vielleicht ermöglichte es gerade diese Praxis des Umschreibens, davon zu reden, dass Gott seinen Namen jemand anderem verleiht. Im Midrasch zu Klagelieder 1,16 wird der Satz ausgelegt: *Fern ist mir ja, wer mich tröstet* (*menachem*; eine der Messiasbezeichnungen), *wer meine Kehle erquickt.* Daran schließt sich die Frage an: „Was ist der Name des königlichen Gesalbten (des Königs Messias)?" Rabbi Abba bar Kahana antwortet: „Der Ewige (*adonaj*) ist sein Name. Denn es ist gesagt (Jeremia 23,6): *Und das ist sein Name, den er ihm geben wird: Der Ewige (adonaj), unsere Gerechtigkeit.*"[164] Im Bibeltext Jeremia 23,5–6 erhält der Nachkomme Davids nicht den Namen Gottes. Der ihm gegebene Name ist im Hebräischen ein Nominalsatz: *Der Ewige (ist) unsere Gerechtigkeit.* Er bringt programmatisch zum Ausdruck, wofür Gott einsteht und wofür dieser Nachkomme Davids sorgen soll: für Recht und Gerechtigkeit auf Erden bzw. im Lande, damit Israel nicht mehr bedrängt wird, sondern sicher leben kann. In der Rezeption durch Rabbi Abba bar Kahana wird dem königlichen Gesalbten ausdrücklich der

Gottesname verliehen, aber damit wird er nicht zum Gott gemacht. Was schon der Bibeltext sagt, stellt die Verleihung des Namens Gottes an den königlichen Gesalbten noch stärker heraus. Sie bedeutet eine Beauftragung, Gott in dem zu repräsentieren, wofür er einsteht, Gottes mit „Recht und Gerechtigkeit" zum Ausdruck gebrachten heilvollen Willen zum Zuge zu bringen.

Eine andere Stelle betont ausdrücklich, dass der mit dem Namen Gottes Belegte nicht mit Gott verwechselt werden darf. Im babylonischen Talmud heißt es: „Ein gewisser Häretiker sagte zu Rav Idit: ‚Es steht geschrieben (2. Mose 24,1): *Und er sagte zu Mose: Steige zum Ewigen hinauf!* Steige zu mir hinauf, müsste es heißen.' Er sagte zu ihm: ‚Das ist Metatron (der das sagte), dessen Name wie der Name seines Herrn ist. Denn es steht geschrieben (2. Mose 23,21): *Ja, mein Name ist in ihm.*'"[165] Nach 2. Mose 23,20–22 verspricht Gott Mose für Israel, dass er einen Boten vor ihnen her schicken werde, der sie beschützen und ans Ziel bringen soll. Im Blick auf diesen Boten versichert Gott: *Mein Name ist in ihm.* D.h.: Der Bote ist nicht Gott; es besteht keine Identität. Aber Gott repräsentiert sich in ihm; der Bote tut, was Gottes Sache ist. Mit diesem Boten identifiziert Rav Idit im Midrasch Metatron, eins der höchsten bzw. das höchste Engelwesen. Über diese Brücke lässt er ihn „den Namen seines Herrn", also „Adonaj", tragen. Auf die Folgerung seines Gesprächspartners: „Also sollten wir ihm dienen?" antwortet er zunächst mit einem Satz aus 2. Mose 23,21: „Sei nicht widerspenstig (*tamér*) gegen ihn!" Unmittelbar anschließend fährt er, indem er die Konsonanten anders vokalisiert, interpretierend fort: „Verwechsle (*tamír*) mich nicht mit ihm!" Die Unterscheidung ist unbedingt zu beachten.

Auch Jesus, der nach Philipper 2,9 den Namen Gottes verliehen bekommt und von dem vorher in V. 5 als dem „Gesalbten" geredet war, wird damit nicht mit Gott verwechselt. In der Fortsetzung des Textes wird als erstes Ziel der Verleihung des Gottesnamens angegeben: ... *damit im Namen Jesu jedes Knie sich beuge – der Himmlischen, Irdischen und Unterirdischen – und jede Zunge bekenne: „Herr ist Jesus, der Gesalbte".* Es ist von vornherein mit zu bedenken, dass noch ein zweites und letztes Ziel folgt. Das Bekenntnis gegenüber Jesus geschieht „zur Ehre Gottes, des Vaters". Gott und Jesus stehen in einer bestimmten Relation zueinander. Jesus ist nicht mit Gott gleichgesetzt, nicht mit Gott verwechselt. Gottes erhöhendes Handeln am bis zum Kreuzestod erniedrigten Jesus, das sich in der Verleihung seines erhabenen Namens ausdrückt, intendiert weiteste Anerkennung und erweist sich so als Mittel, dass Gott selbst die Ehre gegeben wird. Das Bekenntnis

§ 5 Trinitarisch von Gott reden im Angesicht Israels 85

gegenüber Jesus wird zum Vehikel umfassender Anerkenntnis des einen Gottes: *Soli Deo gloria!*

In der Formulierung von V. 10–11 spielt Paulus Jesaja 45,23 ein. Dort ist die Anerkenntnis aller Gott gegenüber intendiert, in der Rezeption durch Paulus an dieser Stelle sollen alle Jesus anerkennen, Jesus aber als den, dem der Name Gottes verliehen worden ist und der damit Gott repräsentiert. In Römer 14,11 zitiert Paulus Jesaja 45,23 als Bekenntnis gegenüber Gott. Aber auch dort ist im vorangehenden Kontext vom Herrsein des Gesalbten Jesus die Rede (V. 9). Beide Male ist die Christologie der Theologie zugeordnet.

Mit dem umfassenden Bekenntnis ist ein Ziel angegeben, nicht ein allgemein beobachtbarer Tatbestand festgestellt. Auf alle Fälle jedoch stimmt die Gemeinde in dieses Bekenntnis ein: *Herr ist Jesus, der Gesalbte.* In ihm ist einmal der Jesus gegebene Name Gottes, wie er in der griechisch-jüdischen Tradition ausgesprochen wird, ausdrücklich genannt: *kyrios* („Herr"). Zum anderen hat das Bekenntnis die Form der Akklamation, mit der die Akklamierenden die Macht des Akklamierten anerkennen und sich ihm unterstellen und mit ihm dem, dessen Name ihm verliehen wurde. Was als umfassendes Ziel angegeben wird, gilt bereits „im Gesalbten": im Bereich, in dem Jesus als endzeitlicher Messiaskönig jetzt schon herrscht, in der Gemeinde.

Dieses Sein „im Gesalbten" ist der Ermöglichungsgrund für das am Anfang des Kapitels geforderte Verhalten, einander durch Demut für vorzüglicher zu halten als sich selbst. Für dieses Verhalten ist Jesus, wie er in V. 6–11 gezeichnet wird, zugleich Urbild und Vorbild. Deshalb setzt Paulus bei dieser Darstellung Jesu nicht bei der Erhöhung vom Tiefpunkt her an, sondern beschreibt zuvor seine Demut. Seine Herrschaft ist nicht die eines Menschen, der zum Gott gemacht worden ist – wie bei römischen Kaisern –, nicht die Herrschaft eines Aufsteigers, den der harte „Weg nach oben" verhärtet und deformiert hätte. Es ist die Herrschaft eines „Absteigers", der sich auf dem Weg nach ganz unten den Geringsten solidarisch gemacht hat. Dieser Weg nach ganz unten, der seinen Zielpunkt in der am Kreuz Jesu sichtbar gewordenen Ohnmachtsexistenz hat, wird nicht als ihn treffendes Schicksal dargestellt, sondern als bewusst vollzogene Demut beschrieben. Wie bei der Erhöhung wird auch hier der denkbar größte Abstand durchmessen. Der Tiefpunkt der Abwärtsbewegung ist am Schluss mit dem Tod am Kreuz angegeben (V. 8c). Er ist schon kurz nach dem Beginn im Blick, wenn davon die Rede ist, dass Jesus „die Gestalt eines Sklaven" annahm (V. 7b). Jesus war kein Sklave, aber mit dem Sklaventod am Kreuz nahm er „die Gestalt", „die Erscheinungsweise" eines Sklaven an. Der größtmögliche

Abstand dazu wird gleich am Anfang in V. 6 genannt: „in der Gestalt", „in der Erscheinungsweise Gottes". Das wird im selben Vers aufgenommen mit der Wendung – ich übersetze wörtlich –: „das Sein gleichwie Gott". Bei der Interpretation dieser Aussagen wie des gesamten Zusammenhangs Philipper 2,6–11 wirkt eine über die Jahrhunderte geübte Auslegungsgeschichte von den Kirchenvätern an bis in die Gegenwart nach. Sie erkennt hier den präexistenten Sohn Gottes als zweite Person der Trinität, die sich in Jesus inkarniert, Mensch wird. Aber von Menschwerdung wird in diesem Abschnitt nicht gesprochen. Es ist zu beachten, dass der Text im Blick auf das Verhältnis Jesu zu Gott als auch auf das zu (anderen) Menschen keine Identifizierungen vornimmt, sondern sozusagen in Annäherungen formuliert. Er war „in der Gestalt Gottes", „gleichwie Gott", nahm „die Gestalt eines Sklaven" an, gelangte „in den Zustand der Gleichheit mit (allen anderen) Menschen", wurde in seiner „Erscheinungsweise wie (irgend)ein Mensch" angetroffen. Diese eigenartige Ausdrucksweise verbietet die Annahme, hier würden Aussagen über das „Wesen" Jesu getroffen; es geht um sein Verhältnis zu Gott und den anderen Menschen.

Was Paulus hier meint,[166] erschließt sich von den Ausführungen her, die er in Römer 5,12–21 macht. In diesem Abschnitt werden „der eine Mensch", nämlich „Adam" als der erste Mensch, und „der eine Mensch Jesus, der Gesalbte", einander gegenübergestellt. Der erste wird durch „Übertretung" gekennzeichnet. Durch ihn kam die Sünde in die Welt und durch die Sünde der Tod, der auf alle Menschen übergriff. Diese finden sich bereits in einer durch Verfehlung bestimmten Geschichte vor und machen sie sich durch eigenes Verfehlen zu eigen. Der „eine Mensch Jesus, der Gesalbte", ist demgegenüber durch „Gehorsam", durch das unbedingte Hören auf Gott, geprägt, wobei Paulus auch hier, wie der vorangehende Abschnitt Römer 5,1–11 deutlich macht, an den Gehorsam „bis zum Tod" denkt.

Der Gedanke, dass der Tod durch die Sünde in die Welt kam, setzt die Vorstellung voraus, dass er ohne die Sünde nicht gekommen wäre. Sie wird in der rabbinischen Tradition ausdrücklich ausgesprochen. Von Rabbi Jehuda (um 150) heißt es: „Wenn dir ein Mensch sagt: ‚Wenn der erste Mensch nicht gesündigt und von jenem Baum gegessen hätte, würde er leben und auf immer am Leben bleiben', dann sage du ihm: ‚Das war schon (der Fall) bei Elija, der nicht sündigte: Er lebt und bleibt am Leben auf immer.'"[167] Von dieser Vorstellung her werden die Ausführungen des Paulus in Philipper 2,6–8 verständlich: Als der unbedingt Gott Gehorsame, der nicht gesündigt hat, hatte Jesus „Leben auf immer", „ewiges Leben". Das ist inhaltlich gemeint, wenn von ihm als dem die Rede ist, der „in der Gestalt", „in der Da-

§ 5 Trinitarisch von Gott reden im Angesicht Israels   87

seinsweise Gottes" war; das ist bei dem „Sein gleichwie Gott" im Blick, das er nicht „wie eine Beute" festhielt. Von diesem Reichtum ewigen Lebens „machte er sich leer" – so lautet der Anfang von V. 7 wörtlich übersetzt – und „erniedrigte sich" (V. 8) bis zum Sklaventod am Kreuz.[168] So gelangte er *in den Zustand der Gleichheit mit allen anderen Menschen und wurde in seiner Erscheinungsweise wie irgendein Mensch angetroffen* (V. 7c.d), in dem er das Todesschicksal mit ihnen teilte. Die umständlich erscheinende Ausdrucksweise – wörtlich: „in Gleichheit der Menschen", „der Erscheinungsweise nach wie ein Mensch" – hält die Differenz fest, dass sich für ihn, der Gott gehorsam war und nicht gesündigt hatte, das Todesschicksal nicht als Folge von Verhängnis und eigener Schuld zugleich ergab, sondern bewusst vollzogene Entscheidung war. Auf dem Weg nach ganz unten ist Jesus durchgängig selbst handelndes Subjekt, auf dem anschließenden Weg nach ganz oben ausschließlich Objekt des Handelns Gottes. Im Glauben an dieses Handeln Gottes wird es begründet sein, dass von Jesu Leben am Beginn des Weges nach unten von einem „in der Daseinsweise Gottes", einem „Sein gleichwie Gott" geredet wird.

Eine Zuordnung von Jesus zu Gott, die der von Philipper 2,6–11 entspricht, findet sich auch in 1. Korinther 8,6. Gegenüber dem, was in der Welt vorgefunden wird, dass nämlich viele Gottheiten verehrt werden und es folglich viele Götter und Herren, Herrinnen und Göttinnen gibt, betont Paulus, was „für uns" gilt:

Ein *Gott, der Vater,*
   aus dem alles ist und wir zu ihm hin,
und ein *Herr, Jesus, der Gesalbte,*
   durch den alles ist und wir durch ihn.

Hierzu verweise ich auf meine Ausführungen in: Jesus, S. 71–73. Ein völlig anderer Zugang findet sich etwa bei Otfried Hofius, „Einer ist Gott – Einer ist Herr". Erwägungen zu Struktur und Aussage des Bekenntnisses 1Kor 8,6, in: Ders., Paulusstudien II, Tübingen 2002, S. 167–180; Ders:, Christus als Schöpfungsmittler und Erlösungsmittler. Das Bekenntnis 1Kor 8,6 im Kontext der paulinischen Theologie, ebd. S. 181–192. Er nimmt den neutestamentlichen Text in der Perspektive der altkirchlichen Trinitätslehre wahr und so bleibt es nicht aus, dass er diese durch jenen bestätigen lässt. Obwohl nach diesem Text das Bekenntnis zu dem *einen* Gott als Vater durch den folgenden Relativsatz deutlich macht, dass sich Gottes Vaterschaft – zumindest zuerst und zunächst – auf „alles" und auf „uns", die Gemeinde, bezieht, behauptet Hofius, es spreche „sehr bestimmt von Gott als *dem Vater Jesu Christi*" (177) bzw. „dezidiert" (185), ja sogar „ausdrücklich" (188), was nach dem vorliegenden Wortlaut ganz und gar nicht der Fall ist. Aber dadurch gewinnt Hofius die Möglichkeit, von Jesus als „Sohn" und dann von „Vater" und „Sohn" im Sinne der späteren kirchlichen Lehre zu reden. Dabei gebraucht er eine Terminologie, die dem

Neuen Testament völlig fremd ist. Die das *Schma Jisrael* (5. Mose 6,4) aufnehmende Rede von dem *einen* Gott in 1. Korinther 8,4 werde in V. 6 „in der Differenziertheit des *einen* Vaters und des *einen* Sohnes" aufgenommen. Das bedeute: „Der ‚Vater' Jesu Christi und der ‚Sohn' dieses Vaters sind [...] der ‚*eine Gott*', neben dem es keinen anderen Gott gibt" (186; vgl. 179). Diese Bestimmung hat zur Folge, dass der *eine* Gott, in der Bibel als Israels Gott bezeugt, von Israel gelöst und exklusiv christologisch bestimmt ist. Aus dem biblischen Reden von Gott, das von Gottes Mitgehen mit seinem Volk Israel und – in den Evangelien – mit dem einen Juden Jesus erzählt und von Gottes Mitsein mit seiner Welt, wird herausgesprungen und aus dem sich zu diesem Gott und seinem Messias Jesus bekennenden Text werden ontologische Aussagen deduziert. Hier werde „das Gottsein Jesu Christi ausgesagt", und zwar „präzise im Sinne einer Seinsaussage" (179). Das Bekenntnis weise „selbstverständlich noch nicht die begriffliche Klarheit späterer dogmatischer Distinktionen auf. Gleichwohl ist in ihm in der Sache genau das intendiert, was das Dogma der Kirche dann auf den Begriff bringen wird: die *innergöttliche* Unterscheidung zwischen dem Vater und dem Sohn – unter der Prämisse, daß beide *eines Wesens* und *gleich ewig* sind" (187). Demgegenüber sei auf die Auslegung von 1. Korinther 8 im Kommentar von Luise Schottroff hingewiesen (Korinth, S. 143– 156). Sie arbeitet sehr stark die Funktion der paulinischen Aussagen in ihrem situativen Kontext heraus und stellt mit Recht fest: „Ein Denken in Beziehungs- und Machtverhältnissen ist der biblischen Tradition insgesamt angemessener als eine kontextlose Aussage über Sein und Wesen der Gottheiten" (152–153). Allerdings verstehe ich nicht ihre Verneinung von „Hoheitschristologie". Sie muss ja keineswegs bedeuten, dass von Jesus Göttlichkeit behauptet wird. Aber dass Paulus außerordentlich „hoch" von Jesus als dem Gesalbten redet, liegt doch auf der Hand. Schon terminologisch ist die Aussage von Philipper 2,9, dass Gott ihn „über die Maßen erhöht hat", nicht zu überbieten. Und wenn der Messias Jesus in 1. Korinther 8,6 als der *eine* Herr bekannt wird, der allen anderen „Herren" (und „Herrinnen") gegenübersteht, seien es vergöttlichte Menschen oder auch Besitzer und Besitzerinnen von Sklavinnen und Sklaven, ist das „Hoheitschristologie". Hier halte ich schon die Übersetzung von Schottroff für unterbestimmt: „Und so ist Jesus Christus für uns ein Befreier." Ich wiederhole: Das Bekenntnis zu dem *einen* Gott, dem Vater, und zu dem *einen* Herrn, dem Messias Jesus, ist eine Neufassung des jüdischen Grundbekenntnisses, des *Schma Jisrael* aus 5. Mose 6,4 – „der Ewige ist unser Gott, der Ewige ist einzig" – in veränderter Situation, nämlich unter der Bedingung, dass durch die auf Jesus als Messias bezogene Verkündigung Gemeinden entstanden sind, in denen Menschen aus Israel und aus der Völkerwelt sich als neue Schöpfung erfuhren und begriffen.

3. *Das Verhältnis zwischen Jesus und dem heiligen Geist*
Wenn die Gottesbeziehung als durch Jesus vermittelt gilt, wie vermittelt sie sich dann? Dazu nur eine kurze Anmerkung mit einem einzigen neutesta-

mentlichen Text. Jesus, wie er als jüdischer Mensch des 1. Jahrhunderts gelebt hat, ist uns entzogen. Wir können nicht mit ihm kommunizieren, wie Menschen damals mit ihm kommuniziert haben und wie wir mit anderen Menschen in unserer Zeit kommunizieren. Er ist am Kreuz hingerichtet worden und gestorben. Nach der über ihn bezeugten Auferweckung ist er nicht in derselben Weise da, wie er es vorher war. Er begegnet nicht im persönlichen Gegenüber, sondern im ihn bezeugenden Wort. Dass er sich uns darin als lebendig erschließt, dazu bedarf es des Geistes. In Johannes 14,26 verheißt der Abschied nehmende Jesus seinen Schülern am Vorabend seines Todes: *Der Beistand aber, der heilige Geist, den der Vater in meinem Namen schicken wird, der wird euch alles lehren und euch an alles erinnern, was ich zu euch sprach.* Die Belehrung des Geistes besteht nicht in etwas Neuem, sondern in der Erinnerung. Die Erinnerung an Jesus erhält aber ihren spezifischen Charakter durch das Zeugnis von seiner Auferweckung. Weil Jesus nicht ein ein für allemal Gewesener ist und bleibt, kann so an ihn erinnert werden, dass er sich beim Erinnern in der Gemeinde als lebendig erweist, dass in ihrer Gegenwart sein damaliges Wort schöpferisch neu gesprochen wird. Die Rede vom Geist als Beistand ist daher Ausdruck des Vertrauens darauf, dass Jesus sich im Zeugnis seiner Schülerschaft und im Zeugnis von deren Schülerinnen und Schülern schon selbst zu Gehör und in Erinnerung bringen wird. Der Geist ist die Kraft solcher lebendigen Erinnerung, des je neuen Begreifens Jesu. Er ist die Kraft der Wiederholung, des Wieder-Holens im erinnernden Zeugnis.

4. *Die Relation Vater, Sohn und heiliger Geist*
Bevor ich hierzu einzelne Texte bespreche, will ich die Notwendigkeit und den Zusammenhang des Redens von Gott, Jesus und dem heiligen Geist von dem im Neuen Testament widergespiegelten Geschehensablauf her erläutern, der zum Hinzukommen von Menschen aus den Völkern führte. Damit verdeutliche ich zugleich meine These, dass wir als Nichtjuden gerade deshalb in bestimmter Weise von Gott trinitarisch reden müssen, weil es um den einen und einzigen Gott Israels geht. Jesus hat als Jude im jüdischen Volk gewirkt; er ist als „König der Juden" hingerichtet worden. Es waren Juden und Jüdinnen, die bezeugten, „dass Gott ihn von den Toten auferweckt hat". Das war natürlich nicht verstanden im Sinne eines Zurückholens in das Leben vor dem Tod, das dann den Tod noch einmal vor sich hätte. Es war verstanden als eine Auferweckung zum Leben, das den Tod ein für allemal hinter sich hat. Und das nicht als ein Einzelfall. Paulus sagt in 1. Korinther 15,20 von Jesus als dem Gesalbten, dass er „auferweckt ist als Erstlingsgabe

der Entschlafenen". Mit dem Wort „Erstlingsgabe" ist ein Begriff der Opfersprache aufgenommen. Gott als dem Eigentümer des Landes Israel kommt rechtens auch sein Ertrag zu. Dieser Anspruch wird mit dem Darbringen der Erstlingsgabe abgegolten (vgl. 2. Mose 23,19). Sie repräsentiert daher das Ganze, von dem sie genommen ist. Gilt der auferweckte Jesus als Erstlingsgabe der Toten, ist das nicht nur zeitlich zu verstehen, dass eben Jesus als Erster von den Toten auferweckt worden sei. Vielmehr ist hier ein ursächlicher Zusammenhang vorausgesetzt, insofern die Auferweckung Jesu die Auferweckung aller zu ihm Gehörigen einschließt. Im folgenden Text von 1. Korinther 15,21–28 reißt Paulus einen umfassenden Horizont auf. Hier wird die Auferweckung Jesu zum Unterpfand auf „das Ende", an dem alle widergöttliche Macht und Herrschaft zerbrechen wird und Gott sichtbar zu alleiniger Herrschaft gelangt. Mit der Erwartung der Endzeit ist traditionell die Erwartung der Gabe von Gottes Geist verbunden. Das ist besonders eindrücklich in Joel 3 beschrieben. Nicht von ungefähr wird dieser Text in der Petrusrede in Apostelgeschichte 2,17–21 zitiert – im Anschluss an die Erzählung (2,1–13), in der Lukas die Begabung mit dem Geist Gottes anschaulich ins Bild setzt. Ebenso anschaulich stellt die Erzählung vom Hauptmann Kornelius in Apostelgeschichte 10 dar, dass dieser Geist auch Menschen aus den Völkern ergriff. Während Petrus noch von Jesus verkündigte, heißt es dort, *kam der heilige Geist über alle, die seine Rede hörten. Alle an Jesus Glaubenden aus dem Volk der Beschneidung, die mit Petrus gekommen waren, konnten es nicht fassen, dass die Gabe des heiligen Geistes auch auf Menschen aus den Völkern ausgegossen war. Sie hörten nämlich, wie sie verzückt in der Sprache des Himmels stammelten und Gott priesen. Da antwortete Petrus: „Darf denn jemand das Wasser der Taufe denen verwehren, die genauso wie wir den heiligen Geist empfangen haben?"* (Apostelgeschichte 10,44–47) Weil Gott selbst durch seinen Geist in der Verkündigung von Jesus als dem Gesalbten Menschen aus den Völkern herbeiruft, darf man ihm nicht in den Arm fallen und sagen: „Halt, nicht zu schnell! Diese Menschen müssen doch erst noch durch Beschneidung und/oder Tauchbad zu Juden und Jüdinnen gemacht werden!" Nein, Gottes in der Verkündigung von Jesus zum Zuge kommender Geist bewirkt es, dass sie ohne solche Integration in Israel doch ganz dazugehören.

Ich fasse das so zusammen: Das Reden der christlichen Völkerkirche von Gott muss deshalb zugleich von Jesus und dem heiligen Geist in bestimmter Zuordnung erfolgen, weil es um Israels Gott geht, der durch den Geist in der auf Jesus bezogenen messianischen Verkündigung auch nach Menschen aus den Völkern gegriffen hat und greift. Als Christinnen und

§ 5 Trinitarisch von Gott reden im Angesicht Israels   91

Christen bekennen wir uns zu dem einen und einzigen Gott als dem Gott Israels; wir tun es durch Jesus kraft des heiligen Geistes.

In 1. Korinther 12,3–13 handelt Paulus über die unterschiedlichen Begabungen in der Gemeinde. Vorausgesetzt ist, dass alle in der Gemeinde je spezifisch begabt sind, weil sie alle den Geist empfangen haben (V. 13). Es geht Paulus darum, mit der Betonung der Gleichrangigkeit der unterschiedlichen Begabungen den Konkurrenzkampf zu unterbinden und so die Einheit der Gemeinde zu wahren. Er beginnt in V. 4 mit der Feststellung: *Es gibt unterschiedliche Gnadengaben; aber es ist derselbe Geist.* Hieran könnte die Aussage von V. 7 unmittelbar anschließen: „Jedem und jeder zeigt sich der Geist zum Nutzen aller." Und auch im Folgenden ist bis V. 11 immer wieder vom Geist als Quelle der Begabungen die Rede. In V. 5–6 aber nimmt Paulus die Aussage von den unterschiedlichen Gnadengaben noch zweimal mit hier nur gleichsinnig verstehbaren Begriffen auf, verbindet sie aber mit „dem Herrn", also Jesus, und mit Gott: *Es gibt unterschiedliche Dienste; aber es ist derselbe Herr. Es gibt unterschiedliche Tätigkeiten; aber es ist derselbe Gott, der alles in allen tätigt.* Paulus setzt ein bei der Erfahrung der Gemeinde, deren Angehörige sich als begabt entdecken und diese ihre jeweiligen Fähigkeiten als geistgewirkt begreifen. Aber es kommt ihm offenbar darauf an, diesen Geist zu verorten. Er wirkt in der Gemeinde, die sich Jesus als ihrem Herrn unterstellt hat. Gerade erst in V. 3 hatte Paulus die Akklamation „Herr ist Jesus" zitiert. Aber Jesus steht nicht für sich; er verweist seinerseits auf Gott, den er repräsentiert. So ist es überhaupt nicht zufällig, dass es bei diesem dritten Glied, bei Gott, überschießend heißt: „der alles in allen tätigt".

Am Schluss des zweiten Korintherbriefes, in 2. Korinther 13,13, wünscht Paulus der Gemeinde: *Die Freundlichkeit des Gesalbten Jesus, des Herrn, und die Liebe Gottes und die Teilhabe am heiligen Geist sei mit euch allen!* Dass hier kein Nebeneinander vorliegt, sondern ein Ineinander, wird sofort deutlich, wenn man danach fragt, wie denn die Gemeinde die Dinge konkret erfährt, die mit den drei im Genitiv Benannten verbunden sind. Die Liebe Gottes erschließt sich ja darin, dass Gott im Gesalbten Jesus seine Freundlichkeit, seine Gnade erwiesen hat; und diese Freundlichkeit erfährt die Gemeinde, indem sie sich Jesus als ihrem Herrn unterstellt. Das wird sie aber nur tun, wenn der vom Zeugnis über Jesus ausgehende Geist sie ergreift und sie dahin drängt.

Die in unserem Zusammenhang eindrücklichste Stelle ist die Schlussszene des Matthäusevangeliums (Matthäus 28,16–20). Um die hier sich findende Wendung vom „Namen des Vaters und des Sohnes und des heiligen

Geistes" angemessen zu verstehen, muss jetzt dieser Text nicht in allen Einzelheiten besprochen werden. Aber es ist doch nötig, auf einige Aspekte in ihm zu achten. Er beginnt in V. 16 mit dem Satz: *Die elf Schüler gingen nach Galiläa auf den Berg, den ihnen Jesus angewiesen hatte.* Die Zahl „elf" erinnert an dieser Stelle daran, dass es eigentlich zwölf sein müssten. Einer, Judas, ist inzwischen aus dem Kreis der Zwölf ausgeschieden. „Zwölf" aber ist keine beliebige Zahl, sondern steht für die zwölf Stämme Israels. So sagte Jesus nach Matthäus 19,28 seinen Schülern, dass sie auf zwölf Thronen sitzen und die zwölf Stämme Israels richten würden. Auch wenn es also in der in Matthäus 28,16 vorgestellten Situation nur elf Schüler sind, erinnern sie doch an die zwölf und gelten als Repräsentanz des endzeitlich restituierten Israel. Die so verstandenen Schüler werden in V. 19 an „alle Völker" verwiesen. Diese Gegenüberstellung macht es wahrscheinlich, dass die Wendung „alle Völker" im biblischen Sinn begriffen ist. Da gibt es die Grundunterscheidung zwischen „dem Volk", nämlich Israel als dem Volk, mit dem Gott einen Bund geschlossen und mit dem er deshalb eine besondere Geschichte hat, in der er als Israels Gott erkennbar wird, und „den Völkern", allen anderen Völkern.[169] An diese also werden am Schluss des Matthäusevangeliums die Israel repräsentierenden Schüler Jesu verwiesen. Und zwar sollen sie das, was Jesus ihnen geboten hat, die Völker lehren. Aber wie können diejenigen lehren, die doch selbst noch Schüler sind? Nach der Apostelgeschichte war „Schülerinnen"/„Schüler" eine der Selbstbezeichnungen der auf Jesus bezogenen Gemeinschaft. Das machte sie also nach eigenem Verständnis aus, in der Schule Jesu zu sein. In dieser Schule lernt man nie aus, sondern bleibt Schülerin und Schüler, Lernender und Lernende. Aber noch einmal: Wie kann man dann lehren? Bevor Jesus sie in V. 20 zum Lehren auffordert, hatte er am Beginn von V. 19 gesagt – und jetzt zitiere ich die in meinen Augen an dieser Stelle geniale Übersetzung der „Bibel in gerechter Sprache": *Macht euch auf den Weg und lasst alle Völker mitlernen!* Wer selbst noch Schüler ist und also nicht aufhört zu lernen, kann andere nur so lehren, dass er sie mitlernen lässt. Das hier gebrauchte griechische Verb hat denselben Stamm wie das griechische Wort für „Schüler".

Vertraut geworden ist die Übersetzung: *Macht zu Jüngern alle Völker.* Wolfgang Reinbold hat sie gründlich in Frage gestellt: „Gehet hin und machet zu Jüngern alle Völker"? Zur Übersetzung und Interpretation von Mt 28,19f, Zeitschrift für Theologie und Kirche 109, 2012, S. 176–205. Luther hatte übersetzt: „Lehret alle Völker". Erst die Revision des Neuen Testaments von 1956 führte die Wendung „Macht zu Jüngern" in die Lutherbibel ein (179–181). Reinbold zeigt, dass diese Wiedergabe eine lange und starke Tradition hat, zuerst 1538 belegt bei Heinrich Bullinger: *disci-*

§ 5 Trinitarisch von Gott reden im Angesicht Israels 93

pulos facite – „macht zu Schülern" (185), was vom 18. Jahrhundert an zunehmend als „christianisieren" verstanden wurde (187–189). Er macht weiter deutlich, dass das hier gebrauchte griechische Verb *mathetéuein* eine Bildung des 1. Jahrhunderts ist und nirgends zweifelsfrei die Bedeutung „zum Schüler machen" hat (191), dass es im Aktiv zunächst heißt: „Schüler sein, lernen, in die Schule gehen" (192, im Passiv: „als ein Schüler behandelt werden – unterrichtet werden, belehrt werden" (193). „Im transitiven Aktiv mit Akkusativergänzung hat das Wort die Grundbedeutung: [...] ‚sich mit einem Schüler intensiv beschäftigen' = ‚unterrichten, lehren'." Es handle sich um „christliche Sondersprache", zurückgehend auf das hebräische *liméd* – „lehren" (195). So umschreibt er die Aufforderung von Matthäus 28,19 mit: „Nehmt sie als Schüler an, nehmt sie auf in eure Klasse" und schlägt als mögliche Übersetzungen vor: „Lehrt alle Völker, unterrichtet alle Völker, unterweist alle Völker, nehmt alle Völker als Schüler an" (199). Die Übersetzung der Bibel in gerechter Sprache: *Lasst alle Völker mitlernen!* vermag demgegenüber noch zum Ausdruck zu bringen, dass diejenigen, die lehren, selbst Schüler sind und also immer auch Lernende bleiben.

Für das Verständnis der gleich zu besprechenden Wendung kam es mir darauf an herauszustellen, dass bei „allen Völkern" die nichtjüdische Welt im Blick ist. Und da heißt es nun weiter in V. 19b: „Tauft sie auf den Namen des Vaters und des Sohnes und des heiligen Geistes!" An anderen Stellen ist vom Taufen „auf den Namen Jesu" oder „im Namen Jesu" die Rede, der dabei als „Herr" oder „Gesalbter" gekennzeichnet wird (Apostelgeschichte 8,16; 10,48; 19,5). Indirekt ist davon gesprochen, wenn Paulus es in 1. Korinther 1,13.15 energisch verneint, die von ihm in Korinth Getauften seien auf seinen Namen getauft worden. Das Taufen „auf den Namen" meint eine Übereignung an die damit genannte Person, weist ein in eine bestimmte Zugehörigkeit. Wird Jesus dabei als „Herr" bezeichnet, ist die Unterstellung unter seine Herrschaft betont; wird er „Gesalbter" genannt, ist die Eingliederung in den „Leib des Gesalbten" hervorgehoben, in die „messianische Verkörperung", wie *sóma christóu* (meist als „Leib Christi" übersetzt) am prägnantesten wiederzugeben ist. Was ist demgegenüber gesagt, wenn in Matthäus 28,19 vom Taufen „auf den Namen des Vaters und des Sohnes und des heiligen Geistes" geredet wird? Es wird von einem Namen gesprochen, aber es wird kein Name genannt. „Vater" und „Sohn" sind keine Namen, sondern metaphorische Bezeichnungen. Auch „heiliger Geist" ist kein Name, sondern Bezeichnung des Geistes Gottes.[170] Die Metapher „Vater" für Gott ist in biblisch-jüdischer Tradition geläufig; sie kennzeichnet vor allem Gottes beschützendes und fürsorgliches Handeln. Die Metapher „Sohn" wird selbstverständlich nie von Gott gebraucht, von Menschen in Beziehung auf Gott als Vater ausgesagt, wird damit eine besonders enge Beziehung, verbunden mit einer Beauftragung, zum Ausdruck gebracht. Noch einmal: Es wird von einem Namen gesprochen, der Name wird jedoch nicht genannt und dabei ist Gott im Blick. Dieser Zusammenhang erklärt sich nur aus der jüdischen Tradition, nämlich der Tradition, dass der in der Bibel bezeugte Gott zwar einen Namen hat, dieser Name aber nicht ausgesprochen, sondern umschrieben wird. Namen haben die Funktion, Exemplare derselben Gattung voneinander unterscheiden zu können. Würde man Gott mit seinem Namen bezeichnen, täte man so, als müsste man ihn von anderen Göttern unterscheiden, als gäbe es andere Götter. Aber Gott ist ja nur der Eine. Deshalb wird der Name Gottes im Judentum schon lange vor Jesu Zeit nicht mehr ausgesprochen, sondern umschrieben.

Die in Matthäus 28,19 vorliegende spezifische Umschreibung „der Vater und der Sohn und der heilige Geist" wird durchsichtig und verständlich vom Kontext. Nach ihm werden die Israel repräsentierenden Schüler Jesu aufgefordert, dieses Taufen an den Völkern der Welt zu vollziehen. Damit werden diese dem als „Vater" bezeichneten Gott Israels zugeeignet. Sie kommen zur Taufe, weil Jesu Schüler sie in dessen Schule haben mitlernen lassen. Der wird hier als „der Sohn" bezeichnet, der zum „Vater" in einer engen Beziehung steht und von ihm messianisch beauftragt ist. Ihren Entschluss, sich taufen zu lassen, verstehen sie nicht als eigene Willkür, sondern als Wirkung des in der Schule Jesu Gelernten, die sie als Geist Gottes, als „den heiligen Geist" erkennen. Nach dem in der kirchlichen Tradition sogenannten Taufbefehl kommen also die Völker der Welt zum Vater durch den Sohn kraft des heiligen Geistes.[171] In dieser Weise verstehe ich auch die Anrufung am Beginn des christlichen Gottesdienstes: „Im Namen des Vaters und des Sohnes und des heiligen Geistes!" Auch hier wird der Name nicht ausgesprochen, sondern umschrieben. Der nicht ausgesprochene Name verweist auf Israels Gott; ihm unterstellen wir uns durch Jesus kraft des heiligen Geistes.

5. Ein letzter Punkt: die Einheit Gottes – nicht am Anfang, sondern am Ende

Die völlige Einheit Gottes ist biblisch-jüdisch und auch neutestamentlich nicht ein gegebenes Faktum, sondern das endzeitliche Ziel. Gott hat sozusagen seine Einheit noch nicht erreicht, sondern hat teil an der Zerrissenheit seiner Schöpfung und Welt. Dass alles Gott Feindliche schließlich beseitigt und die Welt in allen ihren Bereichen dem einen Gott in offenbarer Weise zugeordnet sei, ist nach Paulus das endzeitliche Ziel des messianischen Wirkens Jesu: *Wenn ihm* (Gott) *aber alles untergeordnet worden ist, dann wird sich auch er, der Sohn, dem unterordnen, der ihm alles untergeordnet hat,*

§ 5 Trinitarisch von Gott reden im Angesicht Israels 95

damit Gott sei alles in allem (1. Korinther 15,28). Die Auferweckung Jesu von den Toten zielt nach dem Textabschnitt 1. Korinther 15,20–28 „auf die uneingeschränkte und unangefochtene Herrschaft Gottes über alle Menschen und Mächte".[172] Das messianische Werk Jesu vollendet sich darin, dass es keinen Bereich der Schöpfung mehr gibt, der sich nicht auch von sich aus auf Gott bezöge, dass keinerlei Götzendienst mehr geübt wird.

In 1. Korinther 15,28 hat Paulus der Sache nach Sacharja 14,9 aufgenommen: *Und der Ewige wird König sein über die ganze Erde. An jenem Tag wird der Ewige einzig sein und einzig sein Name.* Mit seiner Aussage entspricht Paulus der jüdischen Auslegung dieses Verses. Sie verbindet an einer Stelle das *Schma Jisrael* (5. Mose 6,4) mit Sacharja 14,9: „*Der Ewige ist unser Gott*: über uns; *der Ewige ist einzig*: über alle, die in die Welt kommen. *Der Ewige ist unser Gott*: in dieser Weltzeit; *der Ewige ist einzig*: für die kommende Weltzeit. Und so sagt sie (die Schrift): *Und der Ewige wird König sein über die ganze Erde. An jenem Tag wird der Ewige einzig sein und einzig sein Name*".[173] Nach einer anderen Stelle kommt die Aussage von Sacharja 14,9 dann zum Zuge, wenn nicht nur alle Völker den Ewigen anbeten, sondern auch die ganze Schöpfung.[174] Ohne Bezug auf Sacharja 14,9 wird dasselbe in einer Auslegung von 2. Mose 15,11 zum Ausdruck gebracht: „Als die Israeliten sahen, dass Pharao und sein Heer im Schilfmeer zugrunde gegangen war, die Herrschaft der Ägypter aufgehört hatte und an deren Götzendienst Gericht vollzogen worden war, öffneten sie ihren Mund und sprachen alle zusammen: *Wer ist wie Du unter den Göttern?* (2. Mose 15,11) Und nicht nur die Israeliten allein sangen ein Lied, sondern auch die Völker. Als sie hörten, dass Pharao und Ägypten im Meer zugrunde gegangen war, die Herrschaft der Ägypter aufgehört hatte und an deren Götzendienst Gericht vollzogen worden war, sagten sie alle zusammen ihrem Götzendienst ab, öffneten alle zusammen ihren Mund, brachten der Höhe (= Gott) Lobpreis dar und sprachen: *Wer ist wie Du unter den Göttern usw.?* Und so findest du, dass in der Zukunft die Völker der Welt ihrem Götzendienst absagen. Denn es ist gesagt: *Der Ewige ist meine Macht und meine Burg, meine Zuflucht am Tag der Not* usw. [nämlich: *Zu Dir werden Völker kommen von den Enden der Erde und sprechen: Nur Trug erwarben unsere Väter, Nichtiges, das nichts hilft.*] *Kann denn ein Mensch sich Götter machen usw.?'* (Jeremia 16,19–20) Und sie (die Schrift) sagt: *An jenem Tag wird der Mensch fortwerfen* usw. [nämlich: *seine Silber- und Goldgötzen, die man ihm gemacht hat*] (Jesaja 2,20). Und sie sagt: *... zu kommen in die Felsenklüfte* usw. (Jesaja 2,21). Und was steht danach geschrieben? *Und die Götzen werden insgesamt verschwinden* (Jesaja 2,18)".[175] Da die Rettung am

Schilfmeer archetypisch für die endzeitliche Rettung ist, wird das für die Endzeit Erhoffte – die Völker der Welt sagen dem Götzendienst ab – schon in das Geschehen am Schilfmeer zurückprojiziert, sodass es sich hier schon zeichenhaft abbildet. Mit dem Verschwinden des Götzendienstes wird Gottes Wille sich umfassend durchsetzen und damit auch seine Einheit erst ans Ziel gelangen.

Ich habe versucht zu zeigen, dass es in der christlichen Kirche vom Neuen Testament her notwendig ist, auf eine sehr bestimmte Weise von Gott trinitarisch zu reden – vom Neuen Testament her in seiner Verbindung mit dem Alten Testament, der jüdischen Bibel, und in seinem Zusammenhang mit der jüdischen Tradition. Ich habe hier nur die im Neuen Testament sich zeigenden Relationen zwischen Gott, dem als Herrn und Messias geglaubten Jesus und dem heiligen Geist nachgezeichnet. Für eine weitergehende inhaltliche Ausführung will ich nur die Perspektive nennen. Anzusetzen wäre m.E. bei der zuletzt besprochenen Stelle, der spezifisch neutestamentlichen Umschreibung des Namens Gottes als „der Vater und der Sohn und der heilige Geist". Wie die jüdische Bibel den Namen Gottes nicht begrifflich definiert, sondern ihn auslegt und entfaltet, indem sie die Geschichte Gottes mit seinem Volk Israel in der Welt erzählt, so legt das Neue Testament den mit Vater, Sohn und Geist umschriebenen Namen Gottes aus, indem es die Geschichte Gottes mit Jesus in seinem Volk Israel und ihre Wirkung für die Welt erzählt. Daran müsste eine heutige Rezeption der altkirchlichen Trinitätslehre so anschließen, dass es den kritischen Maßstab bildet. Das würde „die Enthellenisierung der Trinitätstheologie" bedeuten, wie sie Hans Ehrenberg schon nach dem 1. Weltkrieg gefordert hatte.[176] Wird der Bezug auf das mit dem Alten Testament verbundene und im Zusammenhang der jüdischen Tradition stehende Neue Testament gewahrt, tritt die Verbundenheit der christlichen Kirche mit Israel gerade auch im trinitarischen Reden von Gott ganz von selbst hervor. Entzieht sich das trinitarische Reden von Gott der konkreten Verbundenheit mit Israel, werden die dabei gemachten Bezüge auf das Neue Testament zu bloßen Belegstellen einer israelvergessenen und deshalb abstrakt bleibenden Gotteslehre.

§ 6 Wunder und Auferstehung[177]

In seinem Buch „Jesus und seine Zeit" referiert Wolfgang Stegemann ein Gespräch des Schriftstellers Peter Bichsel mit einem balinesischen Hindu.[178] Der Mann aus dem Westen will von seinem Gesprächspartner wissen, ob er glaube, dass eine bestimmte Geschichte aus den heiligen Büchern der Hindus wahr sei. Nach einigen Gesprächsgängen fragt der Hindu zurück: „Willst du wissen, ob die Geschichte wahr ist, oder nur, ob sie stattgefunden hat?" Ihm ist es völlig gleichgültig, ob die Hauptperson der Geschichte tatsächlich gelebt hat oder nicht. Die gestellte Doppelfrage ließe sich bei vielen Geschichten diskutieren, wobei der erste Punkt der weitaus interessantere und relevantere ist. Bei biblischen Texten wird die Sache etwas komplizierter und auch spannender, da sie sich in der jüdischen Bibel, im Alten Testament, auf ein Volk beziehen, das tatsächlich existiert hat und weiter existiert, und im Neuen Testament auf einen Menschen aus diesem Volk, der tatsächlich existiert hat und als lebendig gegenwärtig geglaubt wird. So macht es die Besonderheit biblischen Erzählens aus, Gott und bestimmte – höchst partikulare – Geschichte zusammenzudenken. Deshalb geht es nicht um die bloße Wiedergabe von Fakten, da im theologischen Erzählen der Faktizität ihre Eigenmächtigkeit und Absolutheit bestritten wird.

Das sei an den Evangelien etwas weiter erläutert. Man kann sie literarisch in die antike Gattung des *bios* bzw. der *vita* einordnen, hat dabei aber nicht viel gewonnen. Denn an entscheidender Stelle entsprechen sie dieser Gattung gerade nicht. An ihrem Ende nämlich sprechen sie nach dem Tod des „Helden" nicht zusammenfassend von dessen Lebensleistung und deren Nachwirkungen, sondern bezeugen Jesus als von Gott Auferweckten und damit lebendig Gegenwärtigen.[179] *Dieses* Ende, das zugleich ein Anfang ist, bestimmt schon die Anfänge der Erzählung und dann auch deren gesamte Durchführung. Dass Gott Jesus von den Toten auferweckt hat, eine Aussage, die sich der Überprüfbarkeit in der menschlichen Erfahrungswelt entzieht und also analogielos ist und daher auch historisch nicht verifiziert werden kann, ist der Konstruktionspunkt der Evangelisten. Von ihm aus entwerfen sie die Geschichte Jesu als Geschichte des Mitseins Gottes. Da sie Gott aus ihrer jüdischen Bibel kennen, tun sie es so, dass sie mit dieser Bibel erzählen. Daher sind sie nicht an historischer Faktizität interessiert. Dass Jesus als Mensch unter Menschen gelebt, dass er als Jude in seinem Volk gewirkt hat, wird einfach vorausgesetzt. Sie interessiert, was Gott mit dieser Geschichte zu tun hat, und so wird das Faktische im fiktionalen Erzählen immer wieder transzendiert. Ich will darauf an zwei Punkten eingehen, einmal hinsichtlich des Zeugnisses von der Auferweckung Jesu und zuvor hinsichtlich des Erzählens von Wundern.

1. Wundergeschichten: erzählen über die Realität hinaus

Im Blick auf die Wundergeschichten der Evangelien wird oft danach gefragt, was denn historisch tatsächlich geschehen sei. In diesem Fall bildet das historisch Vorstellbare notwendig den Rahmen, innerhalb dessen eine Antwort gesucht wird. Aus diesem Rahmen fallen dann Erzählungen wie die von Jesu Seewandel von vornherein heraus. Bei anderen erweist sich, was als „historischer Kern" herausgefunden wird, als banal, wenn etwa das Speisungswunder auf ein symbolisches Mahl Jesu mit vielen Menschen zurückgehen soll. Das Erzählen von Wundern in den Evangelien respektiert nicht die Grenzen des historisch Vorstellbaren, weil es nicht absonderliche vergangene Ereignisse berichten, sondern Gottes Wirken bezeugen will, das unsere Möglichkeiten übersteigt. Deshalb ist dieses Erzählen in jedem Sinn des Wortes „sagenhaft".

In den Wundergeschichten der Evangelien – wie überhaupt in denen der Bibel und auch in den rabbinischen – geht es in der Regel um Befreiung aus elementarer Not. Es ist kein Zufall, dass die Erzählung von der wunderbaren Speisung, die sich signifikant vom Märchen über das Schlaraffenland unterscheidet, sechsmal begegnet. Welche Menschen erzählen sich solche Geschichten, in denen von wenig Brot und noch weniger Fisch alle satt wurden, zumindest bei einem Fest Wein im Überfluss da ist, körperliche Behinderungen behoben werden, die zum Betteln zwingen, oder in denen man aus Seenot gerettet wird? Kaum sind es wohl solche, die im Überfluss leben, eher auch nicht solche, die ihr Auskommen haben. Vielmehr sind es doch wohl Menschen, die mit dem und unter dem Existenzminimum leben müssen oder ihren Unterhalt in gefahrvoller Arbeit verdienen. Dazu findet sich ein Hinweis bei Theißen/Merz, wenn von Jesu Wundern gesagt wird, sie enthielten „einen Protest gegen menschliche Not. Sie sprechen eher aller bisherigen Erfahrung ihre Gültigkeit ab als menschlicher Not das Recht, beseitigt zu werden. Wo immer man diese Geschichten erzählt, wird man sich nicht damit abfinden, daß es für zu viele zu wenig Brot gibt, daß es für viele Kranke keine Heilung gibt, daß es für viele Gestörte keine Heimat in unserer Welt gibt! Wo immer man diese Geschichten erzählt, wird man sich von aussichtslos Erkrankten nicht abwenden. Die Wundergeschichten sind immer

§ 6 Wunder und Auferstehung 99

auch ‚von unten' als ein Protest gegen menschliches Leid zu lesen."[180] Das leisten die Erzählungen, wie sie in den Evangelien stehen – und das vermag gerade nicht, was als „historisch" rekonstruiert wird. Im fiktionalen Erzählen der biblischen und rabbinischen Wundergeschichten wird die oft genug als niederschmetternd erfahrene Wirklichkeit überschritten. Man lässt sich im Erzählen nicht länger in sie einsperren und in der Resignation festhalten. Diese Wundergeschichten ziehen in die erfahrene Wirklichkeit eine andere Dimension von Wirklichkeit ein, die Wirklichkeit Gottes. Sie sind Vertrauens- und Hoffnungsgeschichten, mit denen man sich nicht mit der Wirklichkeit, wie sie nun einmal sei, abfindet, weil man schon Bewahrung und Hilfe erlebt hat und auf solche Bewahrung und Hilfe von Gott her weiter setzt. Der sich als unveränderlich aufdrängenden Realität wird damit die Totalität bestritten. Diese Wundergeschichten sind nicht *fantasy*. Sie machen sich fest an bestimmter Geschichte und bestimmten Personen. Indem sie von heilvoller Veränderung erzählen, bewirken sie auch solche Veränderung – wenn auch noch so fragmentarisch.

2. Das größte Wunder: Auferstehung der Toten – Auferweckung Jesu
Bestreitet also das Erzählen von Wundergeschichten der Realität die Totalität, so gilt das für die Rede von der Auferstehung in noch einmal zugespitzter Weise. Zu den gewissesten Erfahrungen gehört es, dass jedes Leben mit dem Tod endet. Die Rede von der Auferstehung bestreitet selbst dem Tod die Totalität. Die Grundaussage des Neuen Testaments, dass Gott den am Kreuz hingerichteten Jesus von den Toten auferweckt hat, widerspricht allgemein menschlicher Erfahrung. Man kann Toten noch so gut zureden, sie noch so laut anrufen, sie werden nicht wach und stehen nicht auf. Dementsprechend schreibt die schon lange vor der Zeit Jesu im Judentum aufgekommene Hoffnung auf Auferstehung diese auch Gott zu, dem Schöpfer, der aus dem Tod heraus neue Schöpfung schafft. So gilt im Neuen Testament die Aussage von der schon geschehenen Auferweckung Jesu als Beginn endzeitlicher Neuschöpfung. Seine Auferweckung ist nicht als Rückkehr in das Leben zu verstehen, wie es vor seinem Tod war, sodass ihm der Tod noch einmal bevorstünde, sondern als Auferweckung zum Leben, das den Tod ein für allemal hinter sich hat. Da wir ein solches Leben aus unserer Erfahrung nicht kennen, entzieht sich die Aussage von der Auferweckung Jesu objektiver Nachprüfbarkeit und macht sich angreifbar; und so hat es auch immer wieder Angriffe gegeben.

Der Aufklärer Hermann Samuel Reimarus hat sehr klar gesehen, dass „das gantze System der Apostel auf das Factum der Auferstehung Jesu gebauet" ist. Deshalb erwartet er „billig sehr starke und unwiedersprechliche Beweise davon, weil das gantze Christenthum auf diesem einen Facto beruhet". Er fordert also für die Aussage von der Auferweckung Jesu eine Beweisführung, wie sie in historischer Wissenschaft für jedes beliebige historische Faktum erwartet wird. So argumentiert er: Wollte Gott wirklich Jesus „vom Tode erwecken: warum sollte er es nicht bey hellem Tage, vor aller Augen, zu einer gesetzten Stunde, nach vorgängiger Einladung aller Ungläubigen, besonders des hohen Rahts und der Eltesten der Juden, gethan haben?"[181] Reimarus nimmt hier auf, was schon der älteste literarisch überlieferte Christenbestreiter, Kelsos, im 2. Jh. ausgeführt hatte.[182]

Reimarus hat das Verdienst, in aller Klarheit aufgezeigt zu haben, dass, wer die Ostergeschichten am Schluss der Evangelien historisch liest, sich in einem unauflöslichen Wust von Widersprüchen verheddert. Er nimmt eine unerbittliche Zeugenbefragung vor: „Wer, und wie viele haben ihn bey oder nach seiner Auferstehung gesehen? wie oft ist er erschienen? wo hat man ihn gesehen? was hat er bey jeder Gelegenheit gesagt oder gethan? was ist endlich aus ihm geworden?" Unter diesen Fragen prüft er die Texte und stellt als Ergebnis fest: „Wir sehen also, daß die wenigen Zeugen der Auferstehung Jesu in keiner eintzigen vorgegebenen Erscheinung unter sich selbst einig sind, wem? wie vielen? wie oft? wo? auf was Art, er erschienen sey? und was endlich aus ihm geworden?"[183] Dieses Verfahren der Prüfung der Texte ist dann noch einmal in großer Gründlichkeit von David Friedrich Strauß durchgeführt worden.[184] Daran gemessen sind alle folgenden Versuche, die Ostergeschichten der Evangelien historisch zu harmonisieren, nichts als ebenso kurzbeinige wie vergebliche Apologetik.

3. Die Rede von der Auferweckung als „wirkliches Gleichnis"
Diese fiktionalen Erzählungen sind aber ebenfalls nicht *fantasy*. Sie beziehen sich auf einen bestimmten Menschen mit einer bestimmten Geschichte, an deren Ende die Hinrichtung an einem römischen Kreuz stand. Wenn von diesem Menschen für die Zeit nach seinem Tod etwas gesagt wird, was sich historischer Verifizierbarkeit entzieht, dass er nämlich ein nicht mehr vom Tod begrenztes Leben lebt, wird auch hier eine andere Dimension von Wirklichkeit eingezogen, insofern auf die Wirklichkeit des biblisch bezeugten Gottes gesetzt wird. Aber wie kann davon geredet werden?

Dafür ist mir eine rabbinische Auslegung von Ezechiel 37 hilfreich geworden, die im Traktat Sanhedrin des babylonischen Talmuds im Kontext ausführlicher Debatten über die Auferstehung der Toten überliefert wird. In Ezechiel 37 steht die großartige Vision von der Unzahl vertrockneter Kno-

§ 6 Wunder und Auferstehung

chen, die aufgrund von Gott gebotenen prophetischen Redens mit Fleisch, Sehnen und Haut überkleidet werden und in die schließlich Geistkraft kommt, sodass sie sich „auf die Füße stellen". Den Exilierten in Babylon wird damit Mut gemacht: Sie werden wieder „lebendig" werden und zurückkehren. Die Rückkehr ins Land Israel wird hier nicht als zweiter Exodus, als erneuter Auszug aus der Sklaverei Ägyptens beschrieben, sondern als neue Schöpfung, als Leben aus den Toten. Daher ist es fast selbstverständlich, dass dieser Text immer wieder in Erörterungen über die Auferstehung herangezogen wurde. In der genannten Überlieferung geschieht das so: „Rabbi Elieser sagte: ‚Die Toten, die Ezechiel lebendig gemacht hat, stellten sich auf ihre Füße, sangen ein Lied und starben. Und was für ein Lied sangen sie? Der Ewige tötet in Gerechtigkeit und macht lebendig in Erbarmen.' Rabbi Jehoschua sagte: ‚Dieses Lied sangen sie: *Der Ewige tötet und macht lebendig, führt hinab in die Unterwelt und führt herauf*' (1. Samuel 2,6). Rabbi Jehuda sagte: ‚Ein wirkliches Gleichnis war es.' Da sagte zu ihm Rabbi Nechemja: ‚Wenn wirklich, wieso ein Gleichnis? Und wenn ein Gleichnis, wieso wirklich? In Wirklichkeit war es nur ein Gleichnis.' Rabbi Elieser, der Sohn des Rabbi Josse des Galiläers, sagte: ‚Die Toten, die Ezechiel lebendig gemacht hat, zogen hinauf in das Land Israel, nahmen Frauen und zeugten Söhne und Töchter.' Da stellte sich Rabbi Jehuda ben Bathyra auf seine Füße und sagte: ‚Ich bin von den Kindern ihrer Kinder; und das sind die Gebetsriemen, die mir mein Großvater von ihnen hinterlassen hat'."[185] Ich gehe hier im Wesentlichen nur auf die Aussage des Rabbi Jehuda ein, die die Dimensionen der beiden vorangehenden Beiträge kenntlich macht: „Ein wirkliches Gleichnis war es." Der hebräische Text besteht nur aus drei Worten: *emét maschál hajá*. Man könnte auch übersetzen: „Eine wahre Geschichte war es", „eine wahre Erzählung". Gleichnis, Vergleich, Erzählung, Dichtung, Sprichwort, Spruch sind mögliche Bedeutungen des hebräischen Wortes *maschál*. Mit ihm wird hier *emét* zusammengestellt: Wirklichkeit, Wahrheit, Beständigkeit, Verlässlichkeit, Treue – all das enthält dieses Wort. Was in Ezechiel 37 steht, ist nicht „nur" Gleichnis oder Erzählung, sondern ein Gleichnis, das in ungeheurer Weise wirklichkeitshaltig ist, eine Geschichte voll von Wahrheit, die die Treue und Verlässlichkeit Gottes zuspricht. An einer Reihe von rabbinischen Stellen gilt *emét* geradezu als das Siegel Gottes:[186] Wahrheit, die sich bewährt und auf die man sich verlassen kann. Nach der zitierten Tradition wurde die Treue, wurde die Verlässlichkeit Gottes darin erfahren, dass die Exilierten tatsächlich ins Land Israel hinaufstiegen. Deshalb sind die Stimmen der beiden letzten Rabbinen in dieser Tradition angefügt. Wie Gott nach dem Zitat aus 1. Samuel 2,6 aus der Unterwelt heraufführt, so steigen sie ins Land hinauf – im Hebräischen ist es dasselbe Verb. Und Rabbi Jehuda ben Bathyra als von ihnen Abstammender stellt sich auf die Füße – ein Zeichen von Leben –, wie die von Ezechiel lebendig Gemachten sich auf die Füße stellten. So wird nicht nur die Erzählung von Ezechiel 37, sondern auch die eigene Existenz zum über sich selbst hinaus weisenden Gleichnis für die Auferstehung der Toten, in der Gottes Beständigkeit und Treue zum Ziel kommt. In der Folge der Generationen wird das Zeugnis über den selbst aus den Toten Leben schaffenden Gott weitergegeben.

4. Das Zeugnis der Ostererzählungen

Als „wirkliche Gleichnisse", als „wahre Geschichten" verstehe ich die sehr unterschiedlichen Ostererzählungen der Evangelien. Widersprüche auf der historischen Ebene, wie Reimarus sie herausgestellt hat, tun nichts zur Sache. Mit dieser Ebene gehen die Evangelisten in der je eigenen Darstellung äußerst frei und unbefangen um. Ihre „Sache" ist eine andere. In den Erzählungen von den beiden Schülern auf dem Weg nach Emmaus (Lukas 24,13–35) und von der Begegnung mit Mirjam aus Magdala (Johannes 20,11–18) z.B. wird Jesus von den ihm Begegnenden zunächst nicht erkannt. Auf einer historischen Tatsachenebene wäre das völlig unverständlich. Aber den Lesenden wird damit bedeutet, dass die Gegenwart des Auferweckten anders ist als die Gegenwart Jesu vorher und offenbar auch nicht immer direkt identifizierbar, obwohl der Auferweckte selbstverständlich als mit dem Irdischen identisch gilt. Ein für beide Erzählungen bestimmender Punkt ist, dass Jesus sich in dem Augenblick entzieht, da er endlich erkannt wird. Nicht Jesus, der war und wie er war, ist zu suchen, nicht das Bild eines Toten ist festzuhalten, sondern in der Erinnerung an den Irdischen ist die Lebendigkeit des Auferweckten zu gewärtigen. So weisen andere Ostererzählungen vom Zeugnis der Auferweckung her auf das zurück, was der Irdische gesagt und getan hat (Matthäus 28,20; Markus 16,7). Wieder andere stellen heraus, dass der Auferweckte kein Gespenst ist, sondern der durch seine Leibhaftigkeit gekennzeichnete Mensch Jesus (Lukas 24,40–43), dass zur Identität des Auferweckten die Wundmale des Gekreuzigten gehören (Johannes 20,20), dass es Aufgabe der Seinen ist, ihn zu bezeugen (Johannes 20,18.25), aber nicht, Glauben zu bewirken oder gar zu erzwingen; dass es zum Glauben kommt, wird dem überlassen, der im Zeugnis der Zeuginnen und Zeugen selbst zu Wort und Wirkung kommt (Johannes 20,24–29).

§ 6 Wunder und Auferstehung 103

Israels und Jesu Geschichte werden in der Bibel als Geschichten des Mitseins Gottes erzählt. Da Gott kein beliebiger Gegenstand der Wirklichkeit ist, kann das nur in legendarischer Weise geschehen. Gegenüber banalem historischen Feststellen sind die Wundergeschichten der Evangelien als Vertrauens- und Hoffnungsgeschichten zu verstehen, die der Realität die Totalität bestreiten, und die Ostererzählungen als „wirkliche Gleichnisse" und „wahre Geschichten", die Gott als Leben aus den Toten Schaffenden bezeugen.

§ 7 „…dass der Gesalbte gemäß den Schriften für unsere Sünden gestorben ist". Zum Verstehen des Todes Jesu als stellvertretende Sühne im Neuen Testament[187]

Unter Stichworten wie „das Kreuz mit dem Kreuz" und „Ärgernis Sühneopfer" ist in den letzten Jahren im evangelischen Bereich heftig über das Verständnis des Todes Jesu diskutiert worden. Ein Auslöser dafür war der 8. Abschnitt im Hauptteil des Buches von Klaus-Peter Jörns über „Notwendige Abschiede", der den „Abschied vom Verständnis der Hinrichtung Jesu als Sühnopfer und von dessen sakramentaler Nutzung in einer Opfermahlfeier" propagiert.[188] Jörns diagnostiziert hier einen Rückfall in archaische Vorstellungen von Menschenopfern, wovon es sich entschieden zu distanzieren gelte. Allerdings meine ich sagen zu müssen, dass er sich nicht gerade intensiv um ein Verstehen der neutestamentlichen Texte bemüht; sie werden von ihm zugerichtet und hingerichtet. Das sei am Ausgangspunkt dieses Abschnitts gezeigt. Er nimmt von Walter Burkert den „Dreischritt des blutigen Opferrituals" auf (S. 289–291), der im Nehmen, Schlachten sowie Teilen und Essen bestehe, und behauptet, diesem Dreischritt folge die Darstellung der Passion Jesu in den Evangelien und von ihm seien auch die Einsetzungsworte des Abendmahls geprägt (S. 291–295). Hinsichtlich der Passionsgeschichten findet er das „Nehmen" in der Festnahme Jesu, das „Schlachten" in seiner Hinrichtung, das „Teilen und Essen" in der Kleiderverteilung und im Essen der Schüler Jesu in einzelnen Erscheinungsgeschichten. Er begnügt sich mit dem bloßen Anführen der Stellen. Dass sie einen übergreifenden Zusammenhang konstituierten, wird an den Texten nicht aufgezeigt. Dass die Subjekte des Handelns jeweils unterschiedlich sind, ficht ihn nicht an. Mit einer solchen „Methode" ist alles beweisbar. Die These, „daß *die Wahrnehmung* des Paulus und der Evangelisten *vom Opferritual dahin gelenkt worden ist, Jesu Hinrichtung als Opfervorgang zu verstehen*" (S. 292), ist ein Kurzschluss. Noch seltsamer ist die „Argumentation" im Blick auf die Einsetzungsworte. Das „Schlachten" wird hier in der Wendung „sprach das Dankgebet darüber" gefunden, also in den Segenssprüchen, die Gott dafür segnen, dass er „Brot aus der Erde hervorsprießen lässt" und dass er „uns die Frucht des Weinstocks gegeben hat". Nach dieser „Argumentation" wäre jedes jüdische Mahl am Schabbatbeginn bis heute ein Opferritual. Sie führt sich selbst *ad absurdum*.

§ 7 Jesu Tod als stellvertretende Sühne im Neuen Testament

Im Neuen Testament ist die Rede vom Kreuz und vom Kreuzigen terminologisch nur an ganz wenigen Stellen mit der Deutung des Todes Jesu als stellvertretender Sühne verbunden (Kolosser 1,20; 2,14; 1. Korinther 1,13).[189] Wird über das bloße Erzählen hinaus auf die Besonderheit dieser Hinrichtungsart abgehoben, ist ihre verstörende Niedrigkeit betont. Zum anderen ist die Deutung des Todes Jesu als stellvertretende Sühne im Neuen Testament außerhalb des Hebräerbriefes fast nirgends mit dem Gedanken eines Opfers verbunden. Und wo das geschieht, ist es „stets so, dass die Opferbegriffe immer nur als *Metapher* fungieren: Kein neutestamentlicher Autor nimmt an, dass Jesus selbst als Opfer kultisch geschlachtet worden ist"[190]. Angesichts dieses neutestamentlichen Sachverhalts ist es schon erstaunlich, wie selbstverständlich in der modernen Diskussion über die Deutung des Todes Jesu vom „Sühneopfer" gesprochen, also vorausgesetzt wird, dass Sühne ausschließlich durch Opfer erfolge. Dazu wird mit beigetragen haben, dass der deutsche Begriff „Opfer" sehr unterschiedliche Aspekte enthält, die etwa im Englischen auch terminologisch als *victim* und *sacrifice* unterschieden werden. Da kommt es dann immer wieder zu Äquivokationen. Es käme also darauf an, die im Neuen Testament breit bezeugte Deutung des Todes Jesu als stellvertretende Sühne in ihrem eigenen Zusammenhang zu entfalten und ihre Intention herauszuarbeiten. Dabei wird sich die Untersuchung ihrer jüdischen Voraussetzungen als hilfreich erweisen. Ich möchte das jedoch innerhalb der etwas weiter gestellten Frage angehen, wie im Neuen Testament – jedenfalls in einigen Aspekten – mit dem historischen Faktum der Hinrichtung Jesu an einem römischen Kreuz theologisch umgegangen worden ist. Theologisch heißt hier konkret: in der Perspektive des Glaubens, dass Gott Jesus von den Toten auferweckt hat. Die sich dabei zeigenden Aspekte stehen nicht in Konkurrenz zueinander, sondern tendieren viel eher auf Konvergenz.[191]

1. „Mein Gott, mein Gott, warum hast Du mich verlassen?"
Das Mitsein Gottes in den Erzählungen von der Passion Jesu
Martin Kähler hatte, um die für eine Rekonstruktion des „Lebens Jesu" miserable Quellenlage zu charakterisieren, von den Evangelien als „Passionsgeschichten mit ausführlicher Einleitung" gesprochen.[192] Das ist eine zutreffende Beobachtung; die Beschreibung des letzten Tages Jesu nimmt einen unverhältnismäßig großen Raum ein. Das ist besonders eklatant im Johannesevangelium, wo die umfangreiche Beschreibung dieses letzten Tages einer über zweijährigen Wirksamkeit Jesu gegenübersteht, deren Darstellung nur wenig länger ausfällt. Darüber hinaus wird in allen Evangelien auf die

Passion schon weit vorher hingewiesen. Das lässt fragen, warum ihre Darstellung ein so großes Gewicht erhält. Für die Autoren der Evangelien und für ihre Leser- und Hörerschaft in den Gemeinden galt Jesus aufgrund ihres Glaubens, dass Gott ihn von den Toten auferweckt hat, als Gesalbter, als endzeitlicher Messiaskönig. Für Außenstehende war das eine unausgewiesene Behauptung, zumal zum Messias unlösbar das messianische Reich gehört; von einer grundlegenden Veränderung in der Welt war aber nichts zu bemerken. Fakt war: Dieser als Messias behauptete Jesus trat nicht leibhaftig in Erscheinung; er war zudem nicht einfach nur gestorben, sondern er war hingerichtet worden. Wie sollte er der Messias *sein*? Damit mussten die Autoren der Evangelien bei ihrer Darstellung der Passion umgehen; deshalb nehmen die Passionsgeschichten einen so großen Raum ein. Sie mussten zeigen, was Gott mit dieser Passion zu tun hat.

Ein alle Passionsgeschichten bestimmender Zug ist, dass immer wieder mit der Bibel – der jüdischen Bibel – erzählt wird. Das gilt ja gewiss für die Evangelien im Ganzen, aber in den Passionsgeschichten geschieht es in einer besonderen Dichte. Die Synoptiker tun es mit Anspielungen, Halbzitaten und ganzen Zitaten, ohne sie als solche kenntlich zu machen, das Johannesevangelium führt darüber hinaus ausdrücklich gekennzeichnete Zitate an. Es ist vorauszusetzen, dass die Evangelisten wussten, was sie taten, dass also ihr Erzählen mit der Bibel ein bewusst eingesetztes Mittel literarischer Gestaltung ist, das einer theologischen Intention dient. Weiter ist vorauszusetzen, dass auch die intendierte Leser- und Hörerschaft – die Evangelien sind von vornherein als Lesetexte für die versammelte Gemeinde geschrieben worden – diese Bezüge erkannte und ihr dabei die eingespielten biblischen Kontexte vor Augen standen. Denn jüdisches Zitieren ist – in aller Regel – ein Anzitieren, das erwartet, dass die Lesenden und Hörenden den Text fortsetzen können. Zu fragen ist also: Was leistet es, dass in den Evangelien die Passionsgeschichte Jesu in besonderer Dichte mit der Bibel erzählt wird, ja, dass die Bibel sogar teilweise die erzählte Geschichte überhaupt erst produziert?

Ich stelle meinen Antwortversuch thetisch voran und entfalte ihn an zwei Stellen der Markuspassion. Im Erzählen mit der Bibel wird Gott ins Spiel gebracht, wird Gott in dieses schlimme Geschehen hineingezogen, Gott, der ein Gott des Lebens ist und deshalb Leiden und Tod Jesu nicht das Letzte sein lassen wird, von dem erzählt werden kann.[193] Gegenüber den geschichtlich mit tödlicher Gewalt handelnden Subjekten wird hier behauptet, dass ein ganz anderer das entscheidende Subjekt sei, das seine Finger im Spiel habe und dem schlimmen Geschehen eine andere Wendung gebe. Wohlgemerkt: Es geht dabei nicht um das Schreiben eines Drehbuchs für

§ 7 Jesu Tod als stellvertretende Sühne im Neuen Testament   107

eine vom Himmel gesteuerte Inszenierung; das wäre einfach nur schrecklich. Die Evangelisten schreiben im Nachhinein der geschehenen Hinrichtung Jesu. Ihnen geht es darum, der hier erfolgten faktischen Gewalt nicht den Triumph der End- und Letztgültigkeit zu lassen.[194] Noch einmal anders gesagt: Ihr Schreiben mit der Bibel ist nicht himmlische Legitimierung schlimmen Geschehens, sondern im Gegenteil Protest gegen es.

Das sei zunächst an der Szene über die Ankündigung der Auslieferung in Markus 14,17–21 erläutert. In dieser Szene während des Pessachmahles kündigt Jesus an, dass einer seiner Schüler ihn ausliefern wird. Er charakterisiert ihn mit einer Wendung, die für alle Anwesenden gelten kann: *einer von euch ..., der mit mir isst* (V. 18). Mit dieser Wendung wird auf Psalm 41,10 angespielt: *Sogar mein Bundesgenosse, auf den ich vertraute, der mein Brot isst, hat gegen mich die Ferse erhoben.* Psalm 41 gilt als „ein Psalm Davids". Die Verse 6–10 sprechen vom bösen Handeln der Feinde gegen den mit Krankheit geschlagenen und daniederliegenden Beter. Diese Ausführungen aber sind umrahmt von Vertrauensaussagen auf Gott wie etwa: Der Ewige wird den „am bösen Tag" entrinnen lassen (V. 2), der auf den Verarmten achtet. *Der Ewige wird ihn bewahren, dass er am Leben bleibt und es ihm gut geht im Lande* (V. 3). *Du aber, Ewiger, sei mir freundlich und richte mich auf!* (V. 11) Was geschieht, wenn in dieser Weise auf eine Bibelstelle angespielt und mit ihr also ein Psalm in die Erzählung eingespielt wird? Wer beim Lesen oder Hören des Markustextes nicht nur die Anspielung auf den einen Vers registriert, sondern den Kontext und also den Psalm mithört, weiß: In dem hier angekündigten Geschehen wird nicht der Auslieferer der eigentliche Akteur sein, der mit seinem Handeln durchaus zum Ziel kommt, sondern Gott wird dieses schlimme Geschehen wenden.

In dem diese Szene abschließenden Vers 21 findet sich ein summarischer Hinweis auf die Schrift: *Der Menschensohn geht dahin, wie über ihn geschrieben steht.* Diese Formulierung scheint die Annahme eines vorbestimmten Weges nahezulegen, eines von Gott verordneten Schicksals, das auf sich genommen werden muss. Aber Gott ist hier nicht als ein himmlischer Strippenzieher vorgestellt, der Menschen um eines höheren Zieles willen ins Elend führt. Das ergibt sich daraus, dass hart daneben ein Wehe gestellt wird: *Wehe aber jenem Menschen, durch den der Menschensohn ausgeliefert wird; es wäre gut für ihn, wenn jener Mensch nicht geboren wäre.* Die Spannung zwischen der Schriftgemäßheit und dem Wehe ist nicht aufzulösen, sondern auszuhalten. Es geht einmal darum, der Gewissheit Ausdruck zu geben, dass auch angesichts des jetzt zu erzählenden schrecklichen Geschehens und in ihm Gott der Souverän ist, der das letzte Wort haben wird, und dass also nicht Menschen letzte Fakten setzen. Der hier als „Menschensohn" bezeichnete Jesus vertraut sich selbst auf dem vor ihm liegenden schweren Weg der Führung Gottes an, nimmt dieses schlimme Schicksal aus Gottes Hand. Das mindert nicht dessen Schrecklichkeit, aber begrenzt es. Der Wehruf wehrt jedweder Legitimierung schlimmen Handelns von Menschen gegen Menschen. Es gibt keine höheren Zwecke, die Untaten legitimieren könnten. Die Härte des Wehrufs kann man sich vielleicht durch folgende Konkretisierung etwas verständlicher machen: Es wäre besser, Hitler wäre nicht geboren worden – auch für ihn selbst.

Während Jesus am Kreuz hängt, gibt es nach Markus 15,33, genau am Mittag beginnend, eine dreistündige Finsternis. Nach deren Ende heißt es dann in V. 34: *Und in der neunten Stunde schrie Jesus mit lauter Stimme.* Was Jesus schrie, gibt Markus in griechischer Transkription auf Aramäisch wieder: *eloí, eloí, lemá sabachtháni*. Das ist auch der Wortlaut des aramäischen Targums von Psalm 22,2a, das dem hebräischen Text wörtlich entspricht: *Mein Gott, mein Gott, warum hast Du mich verlassen?* Die von Markus gegebene griechische Übersetzung folgt exakt seinem aramäischen Zitat und nicht der Septuaginta, die gegenüber dem hebräischen Text eine leichte und eine kräftige Abweichung hat.

Was Jesus tatsächlich am Kreuz historisch getan hat, ob er nach Lukas Psalm 31,6 gebetet hat oder ob nach Markus Psalm 22,2 und – wenn letzteres zuträfe – ob er nur den Verlassenheitsschrei ausgestoßen oder den Psalm weiter bis zum Ende gebetet hat oder ob es noch einmal anders war, weiß niemand von uns und kann niemand wissen. Es sind müßige Fragen; wir brauchen es auch nicht zu wissen. Wir haben die Erzählungen der Evangelien; auf die ist jeweils zu hören. Nach der Darstellung des Markus sagt Jesus am Kreuz den Beginn von Psalm 22. Ich hatte schon gesagt, dass im Judentum das Zitieren als Anzitieren erfolgt. Der Kontext des Zitats wird vom Zitierenden bei seiner Leser- und Hörerschaft als präsent vorausgesetzt. Jede Leserin, jeder Hörer des Markusevangeliums weiß – oder kann es wissen –, dass Psalm 22,2a der Beginn eines Gebets des leidenden Gerechten ist: *Mein Gott, mein Gott, warum hast Du mich verlassen? Fern von jeder Hilfe verhallt mein Schreien. Mein Gott, ich rufe am Tag, aber Du antwortest nicht, in der Nacht, aber ich finde keine Ruhe* (V. 2–3). Der Beter blickt im weiteren Text zurück auf Gottes rettende Hilfe in der Geschichte seines Volkes, kontrastiert das mit der eigenen Not; Vertrauensaussagen wechseln mit bitterer Klage. *Ich kann alle meine Knochen zählen. Sie schauen zu und taxieren mich. Sie teilen meine Kleider unter sich, um mein Gewand werfen sie das Los* (V. 18–19). Es folgt eine dringliche Bitte um Rettung – und dann die

§ 7 Jesu Tod als stellvertretende Sühne im Neuen Testament 109

Wende: *Du gibst mir Antwort* (V. 22b). Daran schließt sich sofort der Lobpreis an: *Ich will meinen Brüdern und Schwestern von Deinem Namen erzählen, inmitten der Gemeinde will ich Dich preisen* (V. 23). Für das Bewusstsein einer in biblischer Tradition lebenden Leser- und Hörerschaft – und das waren die Gemeinden, für die die Evangelien geschrieben wurden – macht sich Jesus mit dem Verlassenheitsruf am Beginn von Psalm 22 dieses Gebet zu eigen. Sie weiß, wie es weitergeht und zu welchem Ziel es führt. Mit dem Zitat des Anfangs ist das Ganze gegeben. Das lässt sich auch an jüdisch-rabbinischen Auslegungen im Midrasch zeigen.[195] Die Einspielung von Psalm 22,2a an dieser dramatischsten Stelle in der Erzählung des Evangeliums bringt einmal mehr und betont Gott ins Spiel und reißt die Dimension der Hoffnung auf sein rettendes Handeln auf. Dementsprechend beenden die Evangelien ihre Erzählung nicht mit einem Satz, wie er am Schluss des Jesusbuches von David Flusser steht: „Schließlich schrie Jesus laut und starb."[196] Da Jesus tatsächlich gestorben ist, können sie nicht von Rettung vor dem Tod erzählen. Sie müssen sozusagen noch eins draufsetzen und bezeugen seine Rettung aus dem Tod.

Zur Verdeutlichung dieses ersten Punktes sei auf die unterschiedliche Erzählweise des Markus – wie auch der anderen Evangelisten –und der von Mel Gibson in seinem Passionsfilm hingewiesen. Die Geißelung und die Kreuzigung Jesu werden bei Markus nur eben notiert und nicht in aller Ausführlichkeit dargestellt. Markus ist kein Voyeur, der sich – entsetzt und zugleich gruselig-wohlig – eine Hinrichtung anschaut und sie den Lesenden und Hörenden vorführt. Seine erste Leser- und Hörerschaft wusste aus ihrer Erfahrungswelt, wovon er sprach. Das ist nicht erzählenswert, das wird als Faktum nur eben notiert. Markus ist daran interessiert, dass das nicht die ganze Wirklichkeit ist. Ihn interessiert, dass Gott in dieses Geschehen involviert ist, und zwar sieht er ihn so involviert, dass er damit den Triumph des Faktischen, *dieses* Faktischen, bestreiten kann. Das deutlich zu machen, dazu hilft ihm seine jüdische Bibel. Sie allererst befähigt ihn zum Erzählen dieser Geschichte. Ohne sie könnte er das Evangelium nicht schreiben, schon gar nicht könnte er ohne sie über dieses grausige Geschehen einer Hinrichtung am Kreuz schreiben, wo man den Delinquenten elend verrecken lässt. Die Bibel ist die Bedingung der Möglichkeit seines Erzählens.

2. *„Musste das nicht der Gesalbte leiden ...?"*
   Wider den Triumph faktischer Gewalt

In sachlicher Verbindung zum Erzählen mit der Bibel sowie zur pauschalen Berufung auf die Schrift im Erzählen von Jesu Passion steht die Redeweise vom „Muss", dass also Leiden und Tod Jesu, aber auch seine Auferweckung geschehen „mussten". So erscheint dieses „Muss" auch ausdrücklich im Zusammenhang mit der Berufung auf die Schrift. Das geschieht in der Erzählung von den beiden Anhängern Jesu auf dem Weg nach Emmaus am dritten Tag nach der Hinrichtung Jesu, denen sich dieser als unerkannter Dritter anschließt. Er stellt sich dumm gegenüber ihrem traurigen Reden über ihn; sie interpretieren seinen Tod als endgültiges Scheitern, das sie resigniert in ihr altes Leben zurückkehren lässt. Ihnen sagt Jesus nach Lukas 24,25–26: *Was seid ihr so unverständig und träge im Herzen, um all das zu glauben, was die Propheten geredet haben?! Musste das nicht der Gesalbte erleiden und in seinen Glanz eingehen?* In V. 27 fährt der Evangelist fort: *Und von Mose und allen Prophetenbüchern an begann er, ihnen in allen Schriften das zu erklären, was ihn betrifft.* Etwas später in der Erzählung, nachdem die nach Emmaus Gewanderten sofort wieder nach Jerusalem zurückgekehrt sind, erscheint Jesus seiner gesamten dort versammelten Anhängerschaft und sagt ihr nach V. 44: *Das sind meine Worte, die ich zu euch geredet habe, als ich noch bei euch war: Es muss alles ausgeführt werden, was in der Tora des Mose, den prophetischen Büchern und Psalmen über mich geschrieben steht.* Lukas fährt in V. 45–47 fort: *Dann erschloss er ihnen den Sinn für das Verstehen der Schriften und sagte ihnen: „So steht es geschrieben, dass der Gesalbte leidet und am dritten Tage von den Toten aufsteht und unter Berufung auf ihn allen Völkern Umkehr zur Vergebung der Sünden verkündet wird."* Hier findet sich ein ausdrücklicher Rückbezug auf eine viel frühere Stelle im Evangelium, an der dieses „Muss" erstmals begegnet, nämlich in der ersten Leidensankündigung (Lukas 9,22). In ihr steht es auch in Markus 8,21 und Matthäus 16,21. Von Matthäus wird es noch einmal aufgenommen bei der Festnahme Jesu (Matthäus 26,54). Bei Lukas begegnet es noch öfter: Lukas 17,25; 22,37; 24,7 und in Apostelgeschichte 1,16; 17,3. Die enge Verbindung dieses „Muss" mit dem Motiv der Schriftgemäßheit sollte schon davor warnen, es kurzschlüssig als Ausdruck eines fatalistischen Geschichtsverständnisses zu denunzieren, dass also alles Geschehen nach einem vorbestimmten göttlichen Plan ablaufe – völlig unabhängig davon, was Menschen wollen, entscheiden und handeln; was sie auch immer faktisch täten, füge sich schließlich doch dem vorgegebenen Plan. Das wäre ein – im wahrsten Sinn des Wortes fatales – Missverständnis dieses „Muss".

Es stammt aus der biblisch-jüdischen apokalyptischen Tradition und findet sich so in der synoptischen Endzeitrede in Matthäus 24,6/Markus 13,7/Lukas 21,9. Dort werden Jesu Schüler im Blick auf schlimme Ereig-

§ 7 Jesu Tod als stellvertretende Sühne im Neuen Testament   111

nisse, die noch nicht das Ende sind, aufgefordert, sich nicht erschrecken zu lassen: *Denn das muss geschehen.* Entsprechend wird in Offenbarung 1,1 ins Auge gefasst, *was geschehen muss in Bälde.* Diese Aussage beim Apokalyptiker Johannes und in der synoptischen Endzeitrede ist selbst wiederum Anspielung auf die Schrift, ja Zitat aus ihr. Sie lehnt sich an Wendungen aus Daniel 2,28–29.45 an. Danach hat Gott dem König Nebukadnezar im Traum kundgetan, *was geschehen wird.* Sowohl Septuaginta als auch Theodotion übersetzen diese Wendung in 2,28 und 29 mit *was geschehen muss,* Theodotion auch in 2,45. Septuaginta hat dort: „das Künftige". Daran wird deutlich, dass die Übersetzung mit „muss", die auch Johannes und die Evangelisten haben, keineswegs notwendig ist. Aber sie ist durchaus sinngemäß. Dieses „Muss" ist in apokalyptischer Literatur verbreitet. Es impliziert die Vorstellung von einem Plan, einem Plan Gottes, den er auch zur Durchführung bringen wird. Aber – könnte man fragen – ist das nicht doch eine Art Fatalismus und damit eine fatale Vorstellung? Ist das nicht fatal, wenn unabhängig von dem, was Menschen tun, von Gott ein bestimmter Geschehensablauf durchgezogen, ein vorher aufgestellter Fahrplan abgewickelt wird? Es wäre in der Tat fatal, wenn dieses „Muss" aus seinem konkreten Kontext isoliert und abstrakt systematisiert, wenn es aus einem Zuspruch in bestimmter Situation zu einem allgemeinen Lehrsatz dogmatisiert würde. Dieses „Muss" bekommt sofort den Geschmack des Fatalen, wenn nicht beachtet wird, wogegen es sich richtet und was es positiv will. Es wird ja geschrieben im Blick auf Geschehnisse, in denen ein Handeln Gottes unerkennbar erscheint, in der die gewalttätigen Sieger, die faktisch Mächtigen und die von ihnen gesetzte Macht des Faktischen dominieren. Dagegen setzen die Apokalyptiker das göttlich „Muss" und wollen mit ihm – allem gegenteiligen Augenschein trotzend – die Souveränität Gottes herausstellen und festhalten. Sie vertreten damit keinen Fatalismus, sondern schreiben gegen den Fatalismus des Faktischen an, gegen den Fatalismus der „Sachzwänge". Dieses „Muss" ist also Protest, ist Widerspruch. Es wird jedoch sofort fatal, wenn dieser Widerspruch umschlägt in Legitimierung, wenn vom erhofften guten Ziel her die Opfer des tatsächlichen Geschichtsverlaufs als sinnvoll und von Gott gewollt behauptet werden. Was „geschehen muss", ist der Abbruch der Gewaltgeschichte – und nicht ihre Sinngebung.

Genau diese Intention hat das „Muss" auch in der Anwendung auf die Passion und den Tod Jesu:[197] Gottes Souveränität gegen diese grauenhafte Macht des Faktischen zu behaupten, es den Mördern Jesu zu bestreiten, sie hätten mit seiner Hinrichtung ein endgültiges Faktum gesetzt, sodass der

Schülerschaft Jesu nur die Feststellung seines Scheiterns und der Weg in die Resignation bliebe. So endet eben etwa das Lukasevangelium nicht mit dem resignierten Rückzug nach Emmaus. Das hier gebrauchte „Muss" widerspricht dem Triumph faktischer Gewalt. Indem es selbst Schrift ist und von der Schrift her weiter erschlossen wird, ist auch an dieser Stelle deutlich: Die Schrift ist der Raum des Evangeliums;[198] erst von der Schrift her kann die Erzählung über Jesus als Evangelium geschrieben, gelesen und gehört werden.

3. *„Ich bin's." Jesus als Souverän des eigenen Geschicks in der Passionsgeschichte des Johannesevangeliums*

Auch in seiner Passionserzählung ist das Johannesevangelium gegenüber den Synoptikern eigentümlich. Schon an ihrem Beginn wird klar herausgestellt, dass Jesus als Wissender in die eigene Passion hineingeht (Johannes 13,1). An einer Reihe von Stellen erscheint Jesus geradezu als derjenige, der selbst die Fäden in der Hand hat und so die eigene Passion inszeniert. Das ist etwa der Fall bei der Ankündigung des Verrats durch Judas in Johannes 13,26–27. In der synoptischen Darstellung bleibt die Situation unbestimmt, insofern Jesus nur sagt, dass einer der Tischgenossen ihn ausliefern wird. Bei Johannes dagegen kündigt er an, dass er den, nach dem gefragt wurde, selbst durch eine Geste beim Mahl kenntlich machen wird: *Da tauchte er den Brocken ein, nahm ihn und gab ihn dem Judas, Sohn des Simon Iskariot.* Damit macht Johannes deutlich, dass Jesus sozusagen Herr des Geschehens ist, dessen Opfer er sein wird. Der von Jesus dem Judas gegebene Brocken wird zur Anweisung für den Satan, in diesen einzugehen: *Und nach dem Brocken ging dann der Satan in ihn ein.* Jesus wird hier geradezu als Regisseur des eigenen Verrats dargestellt. Entsprechend hält er nach der Fortsetzung des Textes Judas dazu an, seinen Part im Drama zu übernehmen: *Was du tun willst, tu alsbald!* Dass so dargestellt wird, entspringt nicht kurzbeiniger Apologetik, sondern soll in erster Linie deutlich machen, dass in diesem Geschehen trotz allem Gottes Heilswille zum Zuge kommt. Dennoch erscheint in dieser Darstellung Jesus nicht als jemand, dem das Leiden nichts anhaben kann. Dafür sei jetzt eben nur, ohne es weiter auszuführen, auf die beiden zentralen Szenen im Prozess vor Pilatus hingewiesen, die Geißelung und Verspottung sowie die Vorführung des schrecklich zugerichteten Jesus (Johannes 19,1–7).[199]

Worum es bei der Art der Darstellung Jesu als Souverän des eigenen Geschicks geht, wird vielleicht am deutlichsten an einem eigenartigen Zug der Verhaftungsszene (Johannes 18,4–6). Auch hier weiß Jesus, *was alles*

§ 7 Jesu Tod als stellvertretende Sühne im Neuen Testament   113

auf ihn zukommen würde. So geht er von sich aus seinen Häschern entgegen. Bei Johannes sind es eine ganze römische Kohorte und die Sicherheitskräfte der Oberpriester. Judas erhält überhaupt keine Gelegenheit, Jesus als den Gesuchten kenntlich zu machen. Der Gesuchte ergreift hier selbst die Initiative und fragt die Ankommenden: *Wen sucht ihr?* Die Gefragten antworten: *Jesus aus Nazaret.* Den suchen sie und der gibt sich ihnen selbst zu erkennen: *Ich bin's.* Vordergründig liegt hier eine schlichte Selbstidentifizierung vor. Hintergründig ist jedoch sehr viel mehr gesagt, wie nach einem bloßen Seitenblick auf Judas, der nur dabeisteht, aber keine Rolle mehr spielt, die Fortsetzung deutlich macht: *Als er nun zu ihnen gesprochen hatte: „Ich bin's", gingen sie zurück und fielen zu Boden.* Johannes zeichnet hier ein geradezu groteskes Bild, das alles historisch Vorstellbare sprengt: Da kommt eine überaus zahlreiche Menge Bewaffneter, um einen einzigen Menschen, von wenigen begleitet, festzunehmen; und als der ihnen unbewaffnet entgegenkommt und sich als der Gesuchte zu erkennen gibt, weichen sie zurück und fallen zur Erde. Diesen Text als tatsächlich so erfolgten Geschehensablauf einsichtig machen zu wollen, geht an seinem Sinn vorbei. Wenn hier das „Ich bin's" Jesu aus dem vorangehenden Vers wiederholt wird, liegt auf ihm das Gewicht. Seine Wirkung zeigt, dass mehr vorliegt als eine bloße Selbstidentifizierung. In ihm erklingt zugleich das „Ich bin's" Gottes in der biblischen Tradition, der sich mit dem ins Leiden gehenden Jesus identifiziert. Deshalb müssen die Ankommenden beim Hören des „Ich bin's" niederfallen, wie es nach Mischna Joma 6,2 die Israeliten tun, wenn am Versöhnungstag der Hohepriester den Gottesnamen ausspricht. Mit dem „Ich bin's" wird Gottes Präsenz ausgesagt. Gerade für das jetzt beginnende Geschehen tiefster Erniedrigung für Jesus, in dem Gott auf schreckliche Weise abwesend zu sein scheint, wird seine Gegenwart betont.

Um das Dabeisein Gottes also geht es bei dieser Art der Darstellung in der johanneischen Passionsgeschichte und nicht geht es darum, Jesus damit zu vergotten, ihn gar als einen „neuen Gott" erscheinen zu lassen.[200] Wenn aber Gott auch hier da ist – und das auszusagen, war ja auch die Intention der beiden zuvor besprochenen Motive –, dann wird es ihm auch zugetraut, dieses negative Geschehen zu etwas Positivem zu wenden.

   4. *„... für uns gestorben"*
      Die Deutung des Todes Jesu als stellvertretende Sühne
      oder: Über den in Mitleidenschaft gezogenen Gott

Ich bin im Blick auf die Deutung des Todes Jesu nicht sofort auf den Sühnegedanken eingegangen, um deutlich zu machen, dass er in einen größeren

Zusammenhang gehört. Es geht zuerst um das Zusammendenken dieses deprimierenden Geschehens von Jesu Hinrichtung mit Gott, um Gottes Dabeisein auch in dieser finstersten Finsternis, um ihr die Totalität zu bestreiten. *Sagte ich: „Nur Finsternis soll mich überwältigen und Nacht das Licht um mich sein", so ist auch Finsternis nicht finster vor Dir und die Nacht leuchtet wie der Tag"* (Psalm 139,11–12). Im Blick auf eine als niederschmetternd erfahrene Wirklichkeit hatte schon die biblische Prophetie Nebukadnezar, der dem Königreich Juda das Ende bereitet und den Tempel in Jerusalem zerstört hatte, als Werkzeug Gottes gedeutet. Man wollte in der durch ihn gewirkten Katastrophe sozusagen lieber in der Hand Gottes sein als nur in der der Babylonier – und damit eine Hoffnungsperspektive haben. *Nicht zu Ende ist der Ewige damit, sich freundlich zu erweisen, hat ja nicht aufgehört, sich zu erbarmen, tut's aufs Neue Morgen für Morgen* (Klagelieder 3,22–23a). In der jüdisch-rabbinischen Tradition heißt es an einer Reihe von Stellen, dass Gott in seiner Gegenwart sich in jedes der Exile seines Volkes mit exilieren lässt.[201] Wenn daher Gott sein Volk Israel befreit, befreit er zugleich damit auch sich selbst. Der biblisch bezeugte Gott lässt sich also in Mitleidenschaft ziehen, in Mitleidenschaft mit seinem Volk Israel und – nach dem Neuen Testament – in Mitleidenschaft mit Jesus. Dieser Gott ist nicht, wie es die griechische Metaphysik als wichtigsten Grundsatz von Gott sagt, *apathés*, leidenslos. Man darf wohl zuspitzen: Gott, wie ihn die Bibel bezeugt, ist nicht apathisch, sondern im tiefsten Sinn des Wortes sympathisch, mitleidend.[202]

Wenn es aber Gott ist, der sich so – und nach dem Neuen Testament bis in den Tod Jesu hinein – in Mitleidenschaft ziehen lässt und der dabei als der lebendige Gott doch nicht totzukriegen ist, dann lässt er das schlimme Geschehen nicht einfach nur schlimm bleiben, dann schlägt er aus ihm Gutes heraus. In Anklang an Römer 8,28: *Wir wissen aber, dass sich bei denen, die Gott lieben, alles zum Guten auswirkt* hat Dietrich Bonhoeffer an der Wende zum Jahr 1943 – bald danach kam er in Haft, die mit seiner Hinrichtung am Galgen endete – einen Text formuliert, der so beginnt: „Ich glaube, dass Gott aus allem, auch aus dem Bösesten, Gutes entstehen lassen kann und will." Hier ist klar: Das ist keine allgemeine Feststellung, die immer und überall gilt. Das ist ein Glaubens- und Hoffnungssatz, dass es so sein möge. Das ist ein Glaubens- und Hoffnungssatz, der darauf vertraut, dass Gott das letzte Wort hat, und der sich deshalb mit dem Bösen nicht abfinden will, ihm nicht das Feld überlässt. Und so folgt bei Bonhoeffer auch gleich noch ein weiterer Satz, der unbedingt dazugehört: „Dafür braucht er Menschen, die sich alles zum Besten dienen lassen."[203]

§ 7 Jesu Tod als stellvertretende Sühne im Neuen Testament

Dementsprechend wird im Neuen Testament über das Dabeisein Gottes im Tode Jesu hinaus bezeugt, dass Gott ihn sogar zum Guten gewendet habe, indem dieser Tod als ein „uns" zugute erlittener gilt. Im weiteren Kontext der dritten Leidensankündigung sagt Jesus nach Matthäus 20,28 und Markus 10,45: *Der Menschensohn ist nicht gekommen, um sich dienen zu lassen, sondern um zu dienen und um sein Leben als Lösung zu geben für viele.* Das wird im Kelchwort beim letzten Mahl Jesu aufgenommen (Matthäus 26,28/Markus 14,24/Lukas 22,20). Die dort begegnende Wendung „vergossenes Blut" steht in der biblisch-jüdischen Tradition für gewaltsamen Tod. Dieser gewaltsame Tod Jesu wird hier als „für viele" bzw. „für euch" geschehen gedeutet, bei Matthäus konkretisiert: „zur Vergebung der Sünden". Entsprechende Aussagen werden im Johannesevangelium gemacht, wenn Jesus schon in 1,29 vom Täufer Johannes als „das Lamm Gottes" bezeichnet wird, „das die Sünde der Welt trägt", und Jesus in Johannes 10,14–15 metaphorisch von sich als dem „guten Hirten" spricht, der sein Leben für die Schafe einsetzt. Bereits in den Paulusbriefen finden sich geprägte Formulierungen, dass „der Gesalbte für uns/für unsere Sünden gestorben ist" (Römer 5,6.8; 14,15; 1. Korinther 8,11; 2. Korinther 5,14–15; vgl. 1. Korinther 1,13; Galater 2,21) und dass „Gott seinen Sohn für uns dahingegeben hat" (Römer 8,32) bzw. dass „der Sohn Gottes sich selbst für unsere Sünden dahingegeben hat" (Galater 1,4; 2,20; vgl. Epheser 5,2). Alle diese Formulierungen deuten den Tod Jesu als stellvertretende Sühne.

Angesichts der heutigen Abwehrhaltungen, denen diese Deutung begegnet, und auch angesichts manch schiefer Perspektive, in der sie wahrgenommen wird, nehme ich noch einen weiteren Anlauf. Ich blicke etwas näher in den Text, an dem im Judentum der gewaltsame Tod von Menschen erstmals – abgesehen von Jesaja 53 – als stellvertretende Sühne gedeutet wird, um die Rahmenbedingungen dieser Deutung und die mit ihr verfolgte Intention zu erkennen. Dieser Text ist das Kapitel 2. Makkabäer 7. In ihm ist als – fiktive – Situation vorgestellt, dass in der Zeit der gewaltsamen Hellenisierung im Lande Israel unter dem seleukidischen König Antiochos IV. sieben Brüder und ihre Mutter vor dem König gezwungen werden sollen, Schweinefleisch zu essen, um damit ihren Abfall vom Judentum und ihre Loyalität gegenüber dem König zu bekunden. Alle weigern sie sich standhaft und werden deshalb nacheinander auf bestialische Weise umgebracht. Vor ihrem Tod lässt der Verfasser sie jeweils eine letzte Rede halten. In diesen Reden taucht auch deutlich die Vorstellung von der Auferstehung auf. Da sie zum besseren Verstehen der Sühneaussage helfen kann, sei zunächst ein Blick auf sie geworfen.

Die Brüder und ihre Mutter stehen bis zum Letzten für die Weisungen Gottes ein; deshalb müssen sie sterben. Sie sind sich aber gewiss, dass Gott sie auferwecken wird. Ihr Tod ist in doppeltem Sinn Protest. Er ist es einmal als Verweigerung und Widerspruch: Sie sterben, weil sie sich der Anordnung des Königs widersetzen; mit ihrem Tod halten sie ihren Widerspruch bis zuletzt durch. Ihr Tod ist aber zum anderen und zugleich auch Protest als Zeugnis: Sie sterben für die Weisungen Gottes. In unverbrüchlicher Treue stehen sie mit und bis zu ihrem Tod für die Wirklichkeit Gottes ein, trauen auf ihn gegen die Macht des Königs. Beugten sie sich dessen Macht, blieben sie zwar am Leben, aber ihr Protest wäre erloschen, ihr Widerspruch und ihr zeugenhaftes Einstehen für die Wirklichkeit Gottes wären hinfällig. Das ist der Sieg, den der König will, aber nicht bekommt.

Nachdem so zuerst herauszustellen war, dass der Tod dieser Märtyrer als Protest begriffen ist, muss sodann und vor allem betont werden: Dieser Protest wird vollzogen im Vertrauen auf die Treue Gottes. Gott wird seinerseits für diejenigen einstehen, die für seine Wirklichkeit bis zum Tod eingestanden sind. Er wird nicht zulassen, dass sie mit der Hinrichtung ins Unrecht gesetzt werden – und damit auch er selbst. Er wird sie vielmehr trotz ihrer Hinrichtung und über den Tod hinaus ins Recht setzen durch die Auferstehung. Die Auferstehung ist somit die Entsprechung zum Protest der Märtyrer aufseiten Gottes. Sie ist der Protest Gottes: Widerspruch gegen die ihm sich entgegensetzende Macht des Königs, die auch vor grausamen Hinrichtungen nicht zurückschreckt und sich in ihnen erweist, und Zeugnis für die sich schließlich und endlich durchsetzende Gerechtigkeit Gottes; sie ist Erweis seiner Solidarität. Auferstehung der Toten ist demnach der im Namen und in der Kraft Gottes erfolgende Aufstand der Getöteten gegen die gewalttätigen Sieger der Geschichte, die über Leichen gegangen sind. Auferstehungshoffnung bestreitet, dass ihnen die Zukunft gehört; es geht ihr darum, dass vielmehr Gott zum Recht kommt und sich durchsetzt.

In diesem selben Zusammenhang begegnet nun der Gedanke von der stellvertretenden Sühne, bezogen auf den gewaltsamen Tod von Menschen. In 2. Makkabäer 7,32–33 sagt der jüngste Bruder vor seiner Hinrichtung zunächst: „Wir leiden nämlich um unserer eigenen Verfehlungen willen. Wenn auch der lebendige Herr, um uns zurechtzuweisen und zu erziehen, für kurze Zeit erzürnt ist, so wird er sich doch wieder denen versöhnen, die ihm dienen." Aus der Einsicht in die Schuld und im Vertrauen auf die Treue Gottes kann der Leidenserfahrung sogar ein positiver Sinn abgewonnen werden, insofern sie als göttliches Erziehungsmittel verstanden wird. Diese Aussage dient nicht der Legitimierung von Unrechtshandeln noch der

§ 7 Jesu Tod als stellvertretende Sühne im Neuen Testament 117

Glorifizierung von Leidenserfahrungen. Es geht vielmehr darum, sie aushalten zu können. Das zeigt der Schluss dieser Rede, an dem nun auch die Sühneaussage in den Blick kommt: „Ich aber gebe wie meine Brüder Leib und Leben hin für die väterlichen Weisungen und appelliere dabei an Gott, er möge dem Volk alsbald gnädig werden und dich [den König] unter Qualen und Plagen bekennen lassen, dass er allein Gott ist, an mir aber und meinen Brüdern möge er den Zorn des Allmächtigen zum Stillstand kommen lassen, der zu Recht über unser ganzes Volk ergangen ist" (2. Makkabäer 7,37–38). Es zeigt sich hier ein eigenartiges Zugleich von Akzeptanz des Geschehens und Protest gegen es, von „Widerstand und Ergebung". In Anerkenntnis der gemeinsamen Schuldverhaftung nimmt der Märtyrer das ihn treffende Leiden bereitwillig auf sich. Aber dieses grauenvolle Geschehen, in dem er, seine Mutter und seine Brüder zu Tode gemartert werden, wird damit gerade nicht legitimiert, sondern es wird hier zum Appell an Gott, doch damit Schluss zu machen: dem Volk gnädig zu sein und den König zur Anerkenntnis Gottes zu führen. In diesem Zusammenhang taucht die Sühneaussage auf, nicht als glatte dogmatische Formel, die die Widersprüche zudeckt, sondern innerhalb eines Appells. Es ist geradezu ein Appell an Gott gegen Gott. Das wird an der eigenartigen Formulierung deutlich, in der Gott angerufen wird, „den Zorn des Allmächtigen zum Stillstand kommen zu lassen" – als wäre der Allmächtige ein anderer und nicht er selbst, Gott. Es ist ja berechtigt, dass er zürnt. Aber er möge es doch nun mit diesen Martyrien genug sein lassen. Er möge dieses Leiden als stellvertretend für das ganze Volk erlitten gelten lassen. Es möge doch nun endlich Schluss sein mit dieser Gewaltgeschichte. Die Sühneaussage bleibt damit im Rahmen des Protestes. Sie ist Ausdruck des Widerspruchs gegen die Gewaltgeschichte, die sich doch auch von der eigenen Schuld nährt, und des Einstehens für ein Leben des Volkes im Frieden unter der Vergebung und Herrschaft seines Gottes. Der Zusammenhang von Auferstehungsaussage und Sühneaussage in 2. Makkabäer 7 hält die Zukunft offen gegen eine tödlich geschlossene Weltgeschichte. Er hält die Welt und ihre Geschichte offen für den lebendigen Gott, der seinem Volk Raum und Zeit zum Leben gibt. Hier ist nicht die Vorstellung, dass Gott vom Himmel her solche Sühne inszenieren werde. Gott ist nicht als ein himmlischer Marionettenspieler vorgestellt, der zur Dämpfung seines Zorns solche Sühne nötig hätte und sie deshalb vom Himmel her inszenierte. Ausgangspunkt ist vielmehr die Erfahrung schlimmer Geschichte mit schrecklicher Gewalt, die gerade diejenigen trifft, die Gott die Treue halten. In solche Geschichte wird Gott geradezu hineingezogen. Sie kann und darf doch nicht für sich alleine stehen! Das würde ja den Gewalttätern ihren Triumph lassen. Ja, wenn Gott hineinkommt, dann wird er selbst diese schlimme Geschichte zu etwas Positivem wenden. So ist der Sühnegedanken, bezogen auf den gewaltsamen Tod von Menschen, entstanden; und in solcher Perspektive ist vom Tod Jesu als Sühne gesprochen worden.

Auch im Blick auf die neutestamentlichen Aussagen von der stellvertretenden Sühne durch Jesu Tod sei deutlich herausgestellt: Es wird hier nicht „von oben her" gedacht, als müsste Gott zur Stillung seines Zorns ein Opfer dargebracht werden. Ausgangspunkt ist vielmehr die Erfahrung, dass es das leider gibt, dass Menschen – ohne eigene Schuld – von anderen brutal umgebracht werden. Das war bei Jesus der Fall, der ganz legal nach Besatzungsrecht von der Administration der römischen Provinz Judäa hingerichtet wurde. Die Frage ist, wie Jesu Anhängerschaft mit dieser Erfahrung umgegangen ist. Die Evangelien zeigen als zunächst eingenommene Möglichkeiten: Flucht, ängstliches sich Verbergen, resignierter Rückzug ins frühere Leben. Nach ihrer Darstellung stellt sich diesen Optionen Jesus selbst als lebendige Wirklichkeit entgegen. Anhänger Jesu machten Erfahrungen, die sie zum Glauben brachten, „dass Gott Jesus von den Toten erweckt hat". Über das bis dahin in Israel Gesagte und Geglaubte hinaus geht die Formulierung in Vergangenheitsform, dass also nicht nur – wie bei den makkabäischen Märtyrern – mit Gewissheit gehofft wird, dass Gott ihn erwecken *wird*. Dass Gott an ihm schon als totenerweckender Gott gehandelt hat, wurde zugleich als Beginn endzeitlicher Neuschöpfung verstanden.

Dabei spielte die Lektüre der Schrift eine entscheidende Rolle. Sie ließ im Rückblick auch den Weg Jesu in Leiden und Tod – gegen den sich darin scheinbar zeigenden Triumph der Gewalt – als einen Weg im Mitsein Gottes verstehen, der, um noch einmal mit Bonhoeffer zu reden, „auch aus dem Bösesten [...] Gutes entstehen lassen kann und will". Dabei konnte man an den am Schluss von 2. Makkabäer 7 fast zaghaft auftauchenden Gedanken von der stellvertretenden Sühne im Blick auf den unschuldig erlittenen gewaltsamen Tod von Menschen anknüpfen und in der Schrift das Kapitel Jesaja 53 entdecken und in dem in stellvertretender Sühne für sein Volk leidenden Gottesknecht Jesus wiederfinden.[204] Im Blick auf Jesus erfolgte eine ungeheure Ausdehnung der „Reichweite" der Sühne, nämlich weltweit. Das lässt sich nur von der als endzeitliche Neuschöpfung begriffenen Auferweckung Jesu her verstehen.

Ich will versuchen, mich diesen Zusammenhängen durch Besprechen einiger Aspekte des Textes 2. Korinther 5,14–21 zu nähern, der Epistel für Karfreitag. Paulus verliert in diesem Text über das Sterben Jesu als solches

§ 7 Jesu Tod als stellvertretende Sühne im Neuen Testament

kein Wort. Dass Gott damit etwas Positives angefangen hat, davon spricht er. Der Abschnitt beginnt in V. 14 mit der Aussage: *Die Liebe des Gesalbten hält uns dazu an, dass wir davon überzeugt sind: Einer ist für alle gestorben.* Das gibt es unter Menschen, das kommt gelegentlich vor, dass jemand das Leben riskiert, das eigene Leben aufs Spiel setzt und es auch tatsächlich verliert, um das Leben anderer Menschen zu retten, vielleicht auch das nur eines einzigen. Das geschah bei dem Amoklauf in Winnenden, als sich eine Referendarin dem Todesschützen, der eine Schülerin erschießen wollte in den Weg stellte; die Referendarin wurde erschossen, die Schülerin blieb am Leben. Bei Paulus heißt es in der vorher schon genannten unbegreiflichen Ausweitung: *Einer ist für alle gestorben.* Das ist entweder eine irre Behauptung oder es ist ein tiefes Geheimnis, Gottes Geheimnis. Dass der Tod eines einzigen Menschen allen anderen zugutekommt, das kann kein Mensch bewirken. Das kann nur sein, wenn Gott selbst diesen Tod zu seiner Sache macht, sozusagen zur Chefsache. Paulus formuliert dieses Geheimnis etwas weiter im Text äußerst prägnant: *Gott war im Gesalbten* – der große und allmächtige Gott und ein elend am Kreuz hingerichteter Mensch.

Zunächst fährt Paulus aber nach der Feststellung, dass „einer für alle gestorben" sei, mit der Folgerung fort: *Also sind sie alle gestorben.* Aber wieso das? Für die jemand stirbt, die sollen doch leben! Aber in diesem Fall doch nicht einfach so; Paulus sagt in V. 15 weiter: *Und für alle ist er gestorben, damit die, die leben, nicht mehr für sich selbst leben, sondern für den, der für sie gestorben und auferweckt worden ist.* Gestorben wäre dann der Mensch, der für sich selbst lebt, der alte Adam also, der zuerst einmal an sich selbst denkt – gemäß dem Kanon: „Die Menschen sind schlecht. Sie denken an sich. Nur ich denk' an mich." Die eigene Haut ist mir am nächsten, das eigene Leiden und die eigene Lust. Von Natur aus sind wir Egoisten – und können doch nicht für uns allein leben, sondern nur mit anderen zusammen und sind auf sie angewiesen. Und dann kommt es zu Verletzungen, Verfehlungen, zu Schuld, zu Sünde. Ja, auch zu Sünde, da Gott für das Recht der Verletzten und Beschädigten einsteht. So verfehlt sich gegen Gott, wer sich gegen seine Mitmenschen verfehlt. Schuld belastet. Sicher, es gibt Menschen, die haben ein dickes Fell. Es gibt auch Menschen, die enorme Schulden haben und sich gar nicht belastet fühlen – bis dann der Crash kommt.

Die Aussage, dass Jesus für uns gestorben ist, wird an anderen Stellen auch so formuliert: Er ist für unsere Sünden gestorben. Wie können wir das verstehen? In der Gemeinde, in der ich lange lebte, wird an Karfreitag das Sündenbekenntnis unter Nr. 847 im Gesangbuch[205] gebetet. Darin heißt es in der Anrede an Gott hinsichtlich der Bitte um Sündenvergebung: „… ich bitte

Dich um Deiner grundlosen Barmherzigkeit und um des unschuldigen, bitteren Leidens und Sterbens Deines lieben Sohnes Jesus Christus willen". Ich halte es für entscheidend zu bemerken, dass hier an Gott appelliert wird. Einmal wird an seine grundlose Barmherzigkeit appelliert: Es gibt keinen Grund bei mir, warum mir Gott vergeben sollte. Aber Du, Gott, bist doch barmherzig; sei so gut: Vergib mir! Und es wird zum anderen an Gott appelliert im Blick auf das unschuldige, bittere Leiden und Sterben Jesu Christi: Gott, sieh nicht auf mein Versagen, auf meine Schuld. Sieh auf das unschuldige, bittere Leiden Jesu bis zum Tod! Sieh Dir das an! Nimm es Dir zu Herzen und lass meine Schuld darin untergehen und mich davonkommen! Stellvertretung, Bürgschaft – das gibt es unter Menschen in unterschiedlichen Beziehungen; das kennen wir. Wie schön, wenn jemand mir etwas abnimmt, was ich selbst nicht tragen kann. Dass ich selbst für mein Fehlverhalten Verantwortung trage und dafür einstehen muss und dass es bei Vergebung nicht um ein bloßes Wegwischen geht, wird noch zu bedenken sein. Hier geht es um die sozusagen letztinstanzlich verbürgte Gewissheit, dass Vergebung, wenn sie zugesagt ist, auch tatsächlich gilt.

Gott leidet an unserer Sünde, an all dem Unrecht in der von ihm geschaffenen Welt. Er leidet so sehr daran, dass er sich im Leiden und Sterben Jesu ganz und gar in Mitleidenschaft ziehen lässt. Man kann und muss das so sagen, dass Gott durch unsere Sünde in Mitleidenschaft gezogen wird. Ein in Mitleidenschaft gezogener Gott mag vielleicht nicht sonderlich imponieren. Er drängt sich auch nicht auf und er zwingt nicht. Er hat nichts als das Wort seiner menschlichen Boten und verlegt sich in ihm aufs Ermahnen und Bitten. Paulus schreibt in V. 19–20: *Gott versöhnte im Gesalbten die Welt mit sich selbst; er rechnet ihnen ihre Übertretungen nicht zu und richtet unter uns das Wort von der Versöhnung auf. Wir sind also Gesandte für den Gesalbten, sodass gleichsam Gott durch uns ermahnt. Für den Gesalbten bitten wir: Lasst euch mit Gott versöhnen!* Versöhnung heißt nicht einfach: Schwamm drüber, alles paletti! Das zeigte sich schon daran, dass Paulus in V. 14–15 vom Sterben derer sprach, die für sich selbst leben wollen. Es gibt so eine billige Heilsverkündigung, die sagt: Du bist schon ok, so wie du bist! So wie ich bin und mich verhalte, bin ich keineswegs durchgehend ok, sondern haue immer wieder daneben. „Danebenhauen", verfehlen, ist im Übrigen die Grundbedeutung sowohl des hebräischen Wortes *chatá* als auch des griechischen Wortes *hamartáno*, die beide in der Regel mit „sündigen" übersetzt werden. Das Wort „versöhnen" hängt sprachlich mit dem Wort „sühnen" zusammen und da besteht auch ein sachlicher Zusammenhang. Ich will das an einem Beispiel verdeutlichen. 1958, dreizehn Jahre nach Kriegsende,

§ 7 Jesu Tod als stellvertretende Sühne im Neuen Testament 121

wurde von der Evangelischen Kirche in Deutschland die „Aktion Sühnezeichen/Friedensdienste" gegründet. Sie richtet sich an die Völker, die Gewalt von Deutschland erlitten; Freiwillige gehen in deren Länder und verrichten dort gemeinnützige Arbeit. Ursprünglich wollte man dieser Aktion den Namen „Versöhnungszeichen" geben. Aber man hat alsbald gemerkt, dass das nicht angeht. Nicht: „Aktion Versöhnungszeichen", sondern: „Aktion Sühnezeichen/Friedensdienste". Denn: Zur Versöhnung gehört Reue, gehört Umkehr, gehört praktizierte Sühne als Versöhnungsarbeit – und dann wird es auch „Versöhnungszeichen" geben, wie gerade die nun schon über fünfzigjährige Geschichte von „Aktion Sühnezeichen/Friedensdienste" zeigt.

Wo Versöhnung geschieht, da bricht schon etwas auf von der neuen Schöpfung. Paulus schreibt in V. 17: *Wenn jemand im Gesalbten ist, so gilt: neue Schöpfung. Das Alte ist vergangen; siehe, Neues ist geworden.* Man darf gewiss den Mund nicht zu voll nehmen. In dieser alten Welt der Rückfälligkeit ist das Neue nur in Bruchstücken da – aber im Gesalbten Jesus und durch ihn eben doch da. Denn es gilt und man darf sich darauf verlassen: *Gott war im Gesalbten.*

Ich habe bisher im Zusammenhang mit dem Gedanken von der stellvertretenden Sühne nicht vom Opfer gesprochen, und zwar deshalb nicht, weil dieser Gedanke im Neuen Testament in aller Regel nicht mit Opfervorstellungen verbunden ist. Eine solche Verbindung erfolgt in Epheser 5,2. Dort wird die Adressatenschaft zu einer Lebensführung in Liebe aufgefordert. Diese Forderung erhält ihre Begründung in der erwiesenen Liebe des Gesalbten Jesus. Die wird zunächst in Anlehnung an die traditionelle Dahingabeformel beschrieben: *Wie auch der Gesalbte uns geliebt und sich selbst für uns dahingegeben hat.* Daran anschließend wird in Opferterminologie fortgefahren: *als Darbringung und Opfer für Gott zum Wohlgeruch.* Inhaltlich wird damit der Aussage von der stellvertretenden Sühne nichts weiter hinzugefügt. Sie soll durch Aufnahme aus einem anderen Bereich unterstrichen werden. Die Möglichkeit dieser Aufnahme ist dadurch gegeben, dass es im kultischen Bereich Opfer gibt, die als Sühnemittel dienen. In einer Schrift des Neuen Testaments, im Hebräerbrief, ist dieser kultische Bereich breit aufgenommen und für die Deutung des Lebens und des Todes Jesu fruchtbar gemacht worden[206] – wahrscheinlich zu einer Zeit, als der Tempel in Jerusalem nicht mehr stand, als der Adressatenschaft solche kultische Praxis aber noch relativ nahe Erfahrung war, sie jedoch nicht mehr ausgeübt werden konnte und nach einem Ersatz gesucht wurde. Ich gehe darauf nicht ein, halte aber fest, dass die Intention solcher Aufnahme kultischer Terminologie in derselben Richtung liegt, wie ich sie beim Gedanken der stellvertretenden Sühne deutlich zu machen suchte. Es wäre absurd, diesen Texten zu unterstellen, sie fielen in archaische Zeiten der Darbringung von Menschenopfern zurück. Sie propagieren nicht ein System, in dem die Darbringung eines Menschenopfers nötig wäre, sondern sie versuchen, mit kultischen Opfervorstellungen deutlich zu machen, wie Gott aus dem Bösen der tatsächlich erfolgten Hinrichtung Jesu Gutes macht.

5. Sühne, Wiedergutmachung, Vergebung

Abschließend will ich noch einige Überlegungen vortragen, die dafür sprechen könnten, sich nicht vom Gedanken der stellvertretenden Sühne zu verabschieden. Ich hatte das Beispiel „Aktion Sühnezeichen/Friedensdienste" genannt. An ihm konnte deutlich werden, dass Versöhnung nicht so leichthin zu haben ist. Es bedarf dazu – das ist ein Gesichtspunkt – aktiver Arbeit zur Linderung der vom Unrecht angerichteten Schäden. Das ist deshalb so, weil verfehltes Handeln, weil Sünde nicht etwas Läppisches ist, das „gar nicht der Rede wert" wäre. Kann verfehltes Handeln überhaupt wieder „aus der Welt geschafft" werden? Es lässt sich ja nicht ungeschehen machen. Selbst ein impulsiv gegen meinen Mitmenschen gesprochenes böses Wort, das mir sofort leid tut, kann ich nicht zurücknehmen. Ich kann zwar beteuern, dass ich es zurücknehme, und so seine Folgen abmildern oder es auch verhindern, dass es schlimme Folgen hat. Aber es ist gesprochen und gehört worden.

In der jüdischen Tradition heißt es in Mischna Joma 8,9: „Verfehlungen des Menschen gegen Gott sühnt der Versöhnungstag; Verfehlungen des Menschen gegen seinen Mitmenschen sühnt der Versöhnungstag nicht eher, bis dass er seinen Mitmenschen begütigt hat." Das findet seinen Niederschlag in der bis heute geübten Praxis, dass in den zehn ernsten Tagen zwischen dem Neujahrstag und dem Versöhnungstag Jüdinnen und Juden gehalten sind, sich über ihr Verhalten im abgelaufenen Jahr Rechenschaft abzulegen und vor allem mit denjenigen ins Reine zu kommen, an denen sie in irgendeiner Weise schuldig geworden sind. Der Mitmensch, an dem man sich verfehlt hat, ist also zu „begütigen", ihm ist etwas Gutes zu erweisen; man hat etwas „wiedergutzumachen". Das wäre im Grunde das intendierte Ziel: eine Wiedergutmachung. Aber ist das erreichbar? Können Menschen geschehene Verfehlungen wiedergutmachen? Zumindest können sie es nicht in jedem Fall, vielleicht nur in den wenigsten. Die Unmöglichkeit menschlicher Wiedergutmachung tritt gerade da besonders krass hervor, wo dieser Begriff in den frühen Jahren der Bundesrepublik Deutschland ausdrücklich gebraucht wurde. Anfang der 50er Jahre verpflichtete sich die Bundesrepublik zur Zahlung von 3 Milliarden DM an den Staat Israel und weiterer 450 Millionen DM an andere Staaten, die jeweils der Eingliederung von Jüdinnen und Juden in diesen Ländern dienen sollten. Diese Zahlungen wurden im Blick auf die durch Deutschland ermordeten jüdischen Männer, Frauen und Kinder Europas als „Wiedergutmachung" bezeichnet. Wie grotesk und monströs diese Bezeichnung ist, wird spätestens dann deutlich, wenn man sieht, dass bei 6 Millionen Ermordeten pro Person 5,75 DM gezahlt wurden. Aber auch jede höhere Summe würde daran nichts ändern. Menschen kön-

§ 7 Jesu Tod als stellvertretende Sühne im Neuen Testament

nen keinen einzigen Mord, keinen einzigen Totschlag „wiedergutmachen". Und doch wäre Wiedergutmachung das, was sein müsste. Wirklich wiedergutmachen kann nur Gott. Deshalb ist er es auch, der letztlich allein vergeben kann. David Flusser hat mir einmal entrüstet erzählt, dass er mehrfach von Christen gefragt worden sei, ob er Adolf Hitler vergeben könne. Wie sollte er oder irgendein anderer Nachfahre der Ermordeten das können? Wer gäbe ihnen das Recht dazu? Das Anschneiden dieses Problemzusammenhangs zeigt zugleich, dass bei verfehltem Handeln der Bereich des Rechts nicht außen vor bleiben darf. Die Fragen nach Recht und Gerechtigkeit lassen sich nicht mit der Liebe erledigen. Das gilt selbst für Gott. In der jüdisch-rabbinischen Tradition kommt das sehr anschaulich zum Ausdruck, wenn als die beiden wichtigsten Maße Gottes das Recht und das Erbarmen genannt werden – Maße, mit denen er misst. Sie gehören spannungsvoll zusammen, aber so, dass das Erbarmen als größer gilt.[207]

Für einen letzten Gedankengang zitiere ich noch einmal aus Mischna Joma 8,9: „Verfehlungen des Menschen gegen seinen Mitmenschen sühnt der Versöhnungstag nicht eher, bis dass er seinen Mitmenschen begütigt hat." Wenn er seinen Mitmenschen begütigt hat, wenn er mit ihm „ins Reine gekommen" ist, dann wäre doch alles klar? Wieso muss er dann noch am Versöhnungstag in die Synagoge gehen? Wieso sühnt erst der Versöhnungstag auch die „Verfehlungen des Menschen gegen seinen Mitmenschen"? Zur Gewissheit, dass Vergebung geschieht und tatsächlich geschehen ist, bedarf es offenbar einer letzten Instanz. Da Gott allein es ist, der wirklich „wiedergutmachen" kann, ist es auch allein Gott, der definitiv vergeben kann. Nach der jüdischen Tradition geschieht sein vergebendes Handeln in den Vollzügen des Versöhnungstages, in denen eben das zum Ausdruck kommt, dass Gott als Vergebender wirkt. Bis zur Zerstörung des Tempels wurde der Versöhnungstag mit einem handfesten kultischen Ritual begangen, in dem das Wegtragen der Schuld und die Reinigung des Volkes zur Anschauung gebracht wurden. Mit der Zerstörung des Tempels ist der Versöhnungstag nicht abgeschafft worden, wohl aber der Vollzug von Opfern. Der Text darüber jedoch, 3. Mose 16, wird bis heute an jedem Versöhnungstag in jeder Synagoge der Welt gelesen – gemäß der rabbinischen Maxime, dass denjenigen, die sich mit den Opfervorschriften der Tora beschäftigen, es so angerechnet wird, als hätten sie die Opfer tatsächlich vollzogen. Was also die Opfer für das soziale Miteinander im Volk Israel und für das Verhältnis des Volkes und des Einzelnen zu Gott bewirkt haben, soll erhalten bleiben und findet nichtkultische Ausdrucksmittel. Dabei nimmt der Versöhnungstag eine zentrale Rolle ein.

Für die auf Jesus bezogene Gemeinschaft aus der Völkerwelt, für die Kirche, steht in ihrem liturgischen Kalender an dieser Stelle der Karfreitag als Erinnerung an den Tod Jesu, in den sich Gott in Mitleidenschaft hat hineinziehen lassen. Nach dem Zeugnis des Neuen Testaments hat Gott in der Auferweckung des Gekreuzigten nicht nur das an Jesus geschehene Unrecht seiner Hinrichtung wiedergutgemacht, sondern er hat dieses Böse auch für andere zum Guten gewendet, indem er das Unrecht auf sich selbst zieht und so versöhntes Leben in neuer Schöpfung ermöglicht. Wer sich zur Versöhnung rufen lässt, darf daher im Blick auf das am Karfreitag Erinnerte gewiss sein, dass die zugesagte Vergebung gilt. Aber noch einmal sei betont: Dass Gott aus Bösem Gutes macht, legitimiert das geschehene Böse auch im Nachhinein nicht. Auch neutestamentlich bleibt die spannungsvolle Verbindung von Gericht und Gnade, von Recht und Erbarmen, wobei unsere Hoffnung darin gründet, dass Gnade und Erbarmen größer sind.

§ 8 „Wer mein Fleisch isst und mein Blut trinkt ..."
Die neutestamentlichen Abendmahlstexte
in jüdischem Kontext gelesen

In der auf Jesus als den Gesalbten bezogenen Gemeinschaft wurden schon früh Taufe und Eucharistie/Abendmahl als Riten vollzogen. Diese Riten waren ganz gewiss Identität stiftende Merkmale. Aber dabei handelte es sich um eine Gruppenidentität *im* Judentum und nicht um eine Identität, die aus dem Judentum hinausführte. Hinsichtlich der Taufe lässt sich das mit einem Hinweis auf die Analogie zu der von Johannes vollzogenen Taufe kurz begründen. Sie war für ihn und die von ihm begründete Gemeinschaft so charakteristisch und offenbar auch eine so starke Neuerung, dass er „der Täufer" genannt wurde. Dennoch käme niemand auf die absurde Idee, dass er mit dieser Taufe über das Judentum hinaus oder gar aus ihm herausgegangen wäre. Aber lassen sich die auf die Eucharistie/das Abendmahl bezogenen neutestamentlichen Texte im Kontext des Judentums verstehen? Und wenn das der Fall ist, was sagen sie aus und welche Konsequenzen hätte das für unser Verständnis von Eucharistie und Abendmahl – und für unsere konfessionellen Kontroversen darüber?

An dieser Stelle sei eine Anmerkung über die im katholischen und evangelischen Raum unterschiedliche Begrifflichkeit eingefügt: „Eucharistie" und „Abendmahl". Der Begriff „Eucharistie" kommt von dem griechischen Verb *euchatistéo* (wörtliche: „Dank sagen"), das in den Einsetzungsworten synonym gebraucht wird mit dem Verb *eulogéo* (wörtlich: „gutsagen" = „segnen"; lateinisch: *benedicere*). Diese Verben stehen in den Einsetzungsworten beim Nehmen des Brotes und Nehmen des Bechers mit Wein. Sie geben die jüdische Sitte wieder, dass der Hausvater bei feierlichen Mahlzeiten über Brot und Wein je einen Segensspruch spricht, nämlich: „Gesegnet Du, Ewiger, unser Gott, König der Welt, der Brot aus der Erde hervorkommen lässt" bzw. „der uns die Frucht des Weinstocks gegeben hat". Das ist also auf alle Fälle schon von dieser Begrifflichkeit her klar: Die „Eucharistie" ist aus einer jüdischen Mahlzeit mit ihren traditionellen Segenssprüchen hervorgegangen und bezieht sich in den Einsetzungsworten ausdrücklich darauf zurück. Der Begriff „Abendmahl" entspricht dem griechischen Wort *deípnon*. In der Antike gab es das Frühmahl am späten Vormittag und die Hauptmahlzeit am späten Nachmittag bzw. frühen Abend. Letztere wird mit *deípnon* bezeichnet. Sie begegnet in den Abendmahlstexten in 1. Korinther 11,20 und im selben Kapitel in V. 25 in einer bestimmten Verbform: *deipnésai* (wörtlich und umständlich: „nach dem die Hauptmahlzeit am Abend eingenommen Haben"). In unserer Tradition hat sich das Wort „Abendmahl" längst von diesem Ursprung gelöst und verselbständigt. Nimmt man es ernst, verweist es auf den Zusammenhang mit einer sättigenden Mahlzeit. Die Bezeichnung „Eucharistie" ist gegenüber der Bezeichnung „Abendmahl" theologisch ungleich gewichtiger. Am Schluss soll danach gefragt werden, was es bedeuten könnte, dass der damit bezeichnete Vorgang als „Danksagung", genauer: als „Segensspruch" verstanden ist.

Da gegen eine Entstehung und ein Verstehen der Eucharistie/des Abendmahls aus dem Judentum als vermeintlich stärkstes Argument immer wieder angeführt wird, dass im Judentum von der Bibel her Blutgenuss schlechterdings verboten ist, setze ich mit dem neutestamentlichen Text ein, der ausdrücklich vom Trinken des Blutes spricht (Johannes 6,51–58). Es wird sich zeigen, dass er sich von der in der jüdischen Bibel mehrfach begegnenden Wendung vom „Blut trinken" her verstehen lässt. Diese Wendung ist selbstverständlich nicht im eigentlichen Sinn gemeint – das Verbot von Blutgenuss gilt durchgehend –, sondern metaphorisch. Was mit ihr ausgesagt wird, danach wird zu fragen sein. Auf eine metaphorische Dimension weist auch die Verortung des letzten Mahles Jesu, bei dem er die Eucharistie/das Abendmahl einsetzt, in einem Pessachmahl hin, wie sie in den ersten drei Evangelien erfolgt. Was diese Verortung in einem Pessachmahl leistet, dem soll in einem zweiten Abschnitt nachgegangen werden. Drittens will ich dann darauf achten, dass das Deutewort zum Becher in der von Paulus zitierten Tradition einerseits und im Markus-und Matthäusevangelium andererseits unterschiedliche biblische Stellen einspielt, und danach fragen, was damit jeweils gesagt ist. Viertens und letztens sollen dann Bedeutungsdimensionen der Eucharistie/des Abendmahls daraus erschlossen werden, wie Paulus deren/dessen Feier in der korinthischen Gemeinde in 1. Korinther 11 diskutiert.

1. Jesus als „Brot des Lebens",
von dem die Gemeinde „zehrt" (Johannes 6,51–58)[208]

Das Kapitel Johannes 6 ist eine groß angelegte Komposition. Im Hauptteil wird Jesus, der Spender des Brotes in dem am Anfang erzählten Speisungswunder, in mehreren Abschnitten als „Brot des Lebens" ausgelegt, das vom Himmel kommt, also seinen Ursprung bei Gott hat. Der Geber ist selbst die Gabe; Jesus ist das „Brot des Lebens" schlechthin. Diese These wird in dem Abschnitt V. 51–58 so konkretisiert, dass sich die Gabe Jesu als des Lebensbrotes in der Eucharistie/im Abendmahl vermittelt. Dabei werden aber „Eucharistie" und „Abendmahl" nicht begrifflich genannt, auch deren „Elemente", „Brot" und „Wein", nicht als solche angeführt. Es wird so davon gehandelt, dass von Jesus selbst als dem Brot die Rede ist, von dem „gezehrt" wird bzw. von seinem „Fleisch" und seinem „Blut". So heißt es in V. 51c: *Und*

§ 8 Die Abendmahlstexte in jüdischem Kontext gelesen 127

das Brot nun, das ich geben werde, ist mein Fleisch für das Leben der Welt. Ist hier nur vom „Fleisch" die Rede, so in V. 53–56 mehrfach von „Fleisch" und „Blut": *Wenn ihr nicht das Fleisch des Menschensohnes esst und sein Blut nicht trinkt, habt ihr kein Leben in euch. Welche mein Fleisch essen und mein Blut trinken, haben ewiges Leben; und ich werde sie aufstehen lassen am letzten Tag. Denn mein Fleisch ist wahre Speise und mein Blut ist wahrer Trank. Welche mein Fleisch essen und mein Blut trinken, bleiben in mir und ich in ihnen.* Vor allem in Teilen der protestantischen Auslegung hat man gemeint, hier läge ein massiver Sakramentalismus vor. Im Text sei an ein reales Essen von Jesu Fleisch und an ein reales Trinken von Jesu Blut gedacht, was unmittelbar Lebensmacht vermittle. Heil und Erlösung könnte man also hiernach durch Essen und Trinken dieser sakramentalen Speise sich geradezu einverleiben. Da das ganz unevangelisch ist, hielt man diesen Textabschnitt V. 51–58 für den sekundären Einschub einer späteren kirchlichen Redaktion, den „Nachtrag eines Sakramentalisten", den man deshalb meinte vernachlässigen zu können.[209] Demgegenüber, meine ich, sollte man die folgenden drei Punkte beachten.

a) Der erste Vers in diesem Abschnitt, V. 51, nimmt zunächst zusammenfassend auf, was bisher in der Brotrede in Kap. 6 ausgeführt worden ist, wenn Jesus sagt: *Ich bin das lebendige Brot, das vom Himmel herabgestiegen ist. Wer von diesem Brot isst, wird leben für immer.* Diese Aussage wird am Schluss des Verses weitergeführt: *Und das Brot nun, das ich geben werde, ist mein Fleisch für das Leben der Welt.* An dieser Formulierung wird sehr deutlich, dass Jesus Geber und Gabe zugleich ist. Gabe ist er nicht in der Weise, dass man – um es drastisch auszudrücken – auf seinem „Fleisch" als einem Teil von ihm herumkauen würde. Denn was mit „Fleisch" gemeint ist, bestimmt sich von der biblischen Bedeutung dieses Begriffes her. So ist er im Johannesevangelium schon bei seinem ersten Vorkommen in Bezug auf Jesus gebraucht, wenn es in 1,14 heißt: *Und das Wort ward Fleisch.* Biblisch bezeichnet „Fleisch" den Menschen in seiner Hinfälligkeit und Vergänglichkeit. Bezogen auf Jesus ist damit im Johannesevangelium die Passionsthematik angeschlagen; denn dieses „Fleisch" ist ja den Weg in den Tod am Kreuz gegangen – einen Weg, mit dem Gott sich identifiziert. Nur deshalb, weil Gottes Mitsein auf diesem Weg bis in den Tod geglaubt wird, kann der Evangelist in 1,14 gleich nach der Aussage von der Fleischwerdung des Wortes weiter sagen: *Und wir sahen seine Herrlichkeit.* Nach V. 51 in Joh 6 ist also Jesus Geber, indem er sich in seiner Passion für andere hingibt. So ist er Geber und Gabe – in seiner Hingabe. Das „Brot Gottes", das nach V. 33 „der Welt Leben gibt", wird nun durch die Formulierung „mein

Fleisch für das Leben der Welt" kenntlich gemacht als Hingabe Jesu für die Welt. Hier scheint zugleich die die Völker einbeziehende Dimension auf.

b) Wenn im Folgenden neben dem „Fleisch" auch vom „Blut" die Rede ist, dürfte – als ein Moment – dahinter die jüdische Redeweise von „Fleisch und Blut" stehen, die im Neuen Testament in Matthäus 16,17 begegnet, wo Jesus zu Simon Petrus nach dessen Bekenntnis sagt: *Fleisch und Blut haben dir das nicht offenbart.* „Fleisch und Blut" umschreiben den Menschen als ganzen, besonders in seiner Unterschiedenheit von Gott. Das Essen des Fleisches und Trinken des Blutes Jesu kann der Evangelist in V. 57 zusammenfassen als Essen, als Verzehren Jesu („wer mich isst/verzehrt"). Das widerrät einem Verständnis, als ginge es um ein reales Essen des Fleisches und ein reales Trinken des Blutes Jesu und legt ein metaphorisches Verständnis nahe, wie wir es im Deutschen bei dem Wort „zehren" haben. „Zehren" kann man durchaus von realen Nahrungsmitteln; aber „Lebensmittel", von denen man „zehrt", können auch etwas ganz anderes sein als das, was man isst und trinkt. Und auf diese metaphorische Dimension weisen ganz eindeutig biblische Wendungen von „Fleisch essen" und „Blut trinken".

c) In Ezechiel 39,17–20 ist im eigentlichen Sinn vom Essen von Fleisch und Trinken von Blut die Rede. Dazu werden dort die Vögel und wilden Tiere aufgefordert; die vorgestellte Szenerie ist die eines Schlachtfeldes. Dieselbe Szenerie steht in Sacharja 9,15 im Hintergrund, aber dort zeigt sich schon der Übergang zu einem metaphorischen Verständnis. In V. 13 hatte es in Gottesrede geheißen: *Deine Kinder, Zion, stachle ich auf gegen deine, Griechenland.* Und im genannten Vers wird dann gesagt, dass Gott über den Kindern Zions Schirm ist, und fortgefahren: *Sie essen Griechenlands Kinder, wie Schleudersteine zwingen sie sie nieder, trinken ihr Blut wie Wein und lärmen, sind voll davon wie die Opferschale, wie die Ecken des Altars.* Essen und Trinken sind hier selbstverständlich nicht wie bei den Vögeln und wilden Tieren real vorgestellt, sondern stehen für den Sieg und das, was man von ihm hat (vgl. Jesaja 9,19). Deutlich auf dem Hintergrund der eigentlichen Bedeutung wird von Essen und Trinken metaphorisch gesprochen im Bileamspruch in 4. Mose 23,24. Dort vergleicht Bileam Israel mit einem Löwen und führt dann aus: *Es wird sich nicht legen, bis es Gerissenes isst und das Blut Erschlagener trinkt.* Gemeint ist damit, dass Israel von dem profitiert, von dem „zehrt", was ihm von besiegten Völkern zukommt. Besonders aufschlussreich ist hinsichtlich des metaphorischen Sinns der Wendung „Blut trinken" eine in 2. Samuel 23,13–17 und 1. Chronik 11,15–19 erzählte Episode über David. Sie spielt in der Zeit, als David Anführer einer Gruppe von Freischärlern ist und er sich in der Nähe seiner von den Philis-

§ 8 Die Abendmahlstexte in jüdischem Kontext gelesen 129

tern besetzten Geburtsstadt Betlehem aufhält. Da bekommt David den Wunsch und spricht ihn aus: *Wer lässt mich Wasser trinken aus der Zisterne Betlehems, die dort im Tor ist?* Drei seiner starken Männer nehmen diesen Wunsch als Befehl und machen sich auf. Es gelingt ihnen tatsächlich, Wasser aus der Zisterne im Tor von Betlehem zu bringen. David aber trinkt nicht von dem Wasser, sondern gießt es aus als Trankopfer. Unter Anrufung Gottes weigert er sich entschieden, es zu trinken und begründet das nach der Fassung im 2. Samuelbuch so: *Das Blut der Männer, die unter Einsatz ihres Lebens gegangen sind?* (V.17) Die Fassung im 1. Chronikbuch ist etwas ausführlicher: *Sollte ich das Blut dieser Männer trinken, die es (das Wasser) unter Einsatz ihres Lebens, ja ihres Lebens gebracht haben?* (V. 19) „Blut trinken" hat also hier die metaphorische Bedeutung, vom Lebensrisiko anderer zu profitieren. Diese Art zu reden, findet sich auch an einer Stelle, die im selben Zeitraum wie die Evangelien geschrieben wurde, nämlich bei Josephus in seiner Darstellung des Jüdischen Krieges. Beim Kampf um die zweite Mauer des belagerten Jerusalem im Jahr 70, als die Lage noch nicht völlig desaströs war, sondern es noch Vorräte gab, sagt er von den Verteidigern, die er für verblendet hält: „Noch war es möglich, vom allgemeinen Unglück zu zehren (wörtlich: essen!) und das Blut der Stadt zu trinken" (Jüdischer Krieg 5,344). Der Kontext zeigt, dass diese Wendungen metaphorisch verstanden sein wollen, dass nämlich die Kämpfenden von der Not und vor allem vom Tod der übrigen Bevölkerung profitieren.

Von diesen Stellen her wird die zunächst so befremdlich erscheinende Redeweise in Johannes 6 vom Essen des Fleisches Jesu und dem Trinken seines Blutes verständlich. Es geht ganz und gar nicht um magischen Sakramentalismus. Wessen Fleisch gegessen und wessen Blut getrunken wird, dessen Tod ist vorausgesetzt und davon profitieren die Essenden und Trinkenden. Die an der Eucharistie/am Abendmahl Teilnehmenden „zehren" vom Tod Jesu, gewinnen von ihm her Leben. Das gilt deshalb, weil hier nicht von einem beliebigen Tod geredet wird, sondern von dem, mit dem Gott sich identifiziert und in dem er neuschöpferisch gehandelt hat. Der Abschnitt Johannes 6,51–58 führt die vorher gegebene Darstellung, die Jesus als „Brot des Lebens" zu verstehen gab, passionstheologisch aus und gibt dem Glauben an Jesus als „Brot des Lebens" in der Eucharistie/im Abendmahl einen Ort, an dem er sich „nähren" kann. Vorausgesetzt ist dabei, dass Gott aus dem Bösen des schlimmen Todes Jesu etwas Gutes gemacht hat, indem dieser Tod als stellvertretende Sühne verstanden wird. So wird Jesus schon bei seinem ersten Auftreten im Evangelium von Johannes dem Täufer bezeichnet als *das Lamm Gottes, das die Sünde der Welt trägt* (Johannes

1,29.36). Das wird gegen Schluss des Evangeliums aufgenommen, wenn die Hinrichtung Jesu auf die Zeit der Schlachtung der Pessachlämmer datiert (19,14) und der Umstand, dass dem gekreuzigten Jesus nicht die Schenkel zerschlagen werden, mit der Vorschrift begründet wird, dass dem Pessachlamm nicht die Knochen zerbrochen werden dürfen (19,33.36). Im Johannesevangelium ist das letzte Mahl Jesu kein Pessachmahl und er lässt bei diesem letzten Mahl auch nicht das Abendmahl/die Eucharistie eingesetzt werden. Aber durch die gerade genannten Bezüge erhält die Eucharistie/das Abendmahl, von ihm in dem besprochenen Abschnitt 6,51–58 eingespielt, doch auch einen Bezug auf Pessach. Der ist in den Darstellungen des letzten Mahls Jesu in den ersten drei Evangelien, bei dem die Eucharistie/das Abendmahl eingesetzt wird, ausdrücklich dadurch gegeben, dass es sich bei diesem Mahl um ein Pessachmahl handelt. Dieser Pessachrahmen legt ebenfalls ein metaphorisches Verstehen dessen nahe, worum es im Abendmahl geht. Darauf sei jetzt im zweiten Abschnitt eingegangen.

2. *„... verpflichtet, sich selbst so anzusehen, als wäre man aus Ägypten ausgezogen". Das Pessachmahl als Rahmen der Einsetzung der Eucharistie/des Abendmahls*

Nach den ersten drei Evangelien war Jesu letztes Mahl mit seinen Schülern ein Pessachmahl. In ihm gibt er nach dem Segensspruch über dem Brot und nach dem Segensspruch über dem Becher mit Wein eine auf sich und seinen bevorstehenden Tod bezogene Deutung. Nach der Textfassung bei Lukas – und auch in der von Paulus zitierten Tradition – fordert er dazu auf, das, was er hier tut, zur Erinnerung an ihn immer wieder zu vollziehen. Da die Feier von Pessach selbst Vollzug einer Erinnerung ist, kann erwartet werden, dass sie eine Hilfe für das Verständnis der in ihrem Rahmen situierten Entstehung der Eucharistie/des Abendmahls gibt.

Die Feier von Pessach erinnert an die Befreiung Israels aus Ägypten. Diese Erinnerung geschieht nicht so, dass man sich nostalgisch in eine alte Geschichte zurück versetzt, dass man längst Gewesenes nachspielt. Es geht vielmehr um ein Wiederholen als Hineinholen des Vergangenen in die eigene Gegenwart, in der das einst Gewesene, das damals von Gott Gewirkte erneut Ereignis wird. So heißt es in der Mischna: „Generation um Generation, in jeder, ist eine Person verpflichtet, sich selbst so anzusehen, als wäre sie aus Ägypten ausgezogen; denn es ist gesagt: *Dessentwegen, was der Ewige für* mich *getan hat, als* ich *aus Ägypten auszog* (2. Mose 13,8). Daher sind wir verpflichtet zu danken, zu loben, zu preisen, zu verherrlichen, zu erhöhen, zu ehren, zu segnen, zu erheben und zu rühmen den, der unseren

§ 8 Die Abendmahlstexte in jüdischem Kontext gelesen   131

Vorfahren und uns alle diese Wunder getan hat, der uns herausführt aus Sklaverei zur Freiheit, aus Kummer zur Freude, aus Trauer zum Fest, aus Finsternis zu hellem Licht, aus Unterjochung zur Befreiung".[210] Dieser Text zeigt, dass das hier stehende „Als ob" und mit ihm die Erzählung vom Auszug aus Ägypten ihre Wahrheit und Wirklichkeit nicht auf dem Feld historischer Rekonstruktion oder Dekonstruktion haben. Was immer historisch geschehen oder auch nicht geschehen sein mag, die Erzählung hat ihre Wahrheit und Wirklichkeit im Erzählen und in dem, was das Erzählen bewirkt. Es hat die Identität einer Gemeinschaft gestiftet und stiftet sie innerhalb ihrer immer wieder aufs Neue. Das in der Erzählung als wunderbare Rettung Gesagte und Gehörte führt zum Lob Gottes, das aus der Erinnerung an die Vergangenheit in die Gegenwart übergeht, wo eben das von Gott her erhofft und doch immer auch schon erfahren wird, was erinnert wurde: der Weg aus Sklaverei zur Freiheit. Was man als damals von Gott her geschehene Rettung erzählt und glaubt, wird so erinnert, dass es sich beim Erzählen und im Vollzug des Feierns vergegenwärtigt, sodass auf Gottes jetzt erfolgendes rettendes Handeln vertraut und es auch schon – und sei es noch so fragmentarisch – erfahren und auf sein endgültiges Retten gehofft wird.

Diese Erinnerung hat handfeste Zeichen, die im Vollzug der Feier eine wesentliche Rolle spielen. In der Pessachhaggada, also der Ordnung, wie Pessach zu feiern ist, steht, dass nach Rabban Gamliel (Ende des 1. Jahrhunderts) gilt: „Wer immer an Pessach diese drei Dinge nicht erwähnt, hat seine Pflicht nicht erfüllt. Und das sind sie: Pessachlamm, Mazze und Bitterkraut." Solange der Tempel stand, wurde von Familien und Festgruppen am Tempel in Jerusalem an Pessach ein Lamm geschlachtet und verzehrt. Seit der Zerstörung des Tempels wird das Lamm nur noch durch einen Knochen auf dem Teller erinnert und seine Opferung durch Gebete ersetzt. Weder die zur Zeit des Tempels geschlachteten Pessachlämmer noch die Knochen und Gebete *sind* die Pessachlämmer beim Auszug aus Ägypten. Aber durch sie wird an das beim Auszug mit den Lämmern verbundene rettende Handeln Gottes erinnert und wird dieses Handeln jetzt präsent. Das gilt für die Mazze und das Bitterkraut ebenso. Über die bei der Pessachfeier gebrauchten Mazzen gibt es ein ausführliches Deutewort: „Das ist das Brot der Armut, das unsere Vorfahren im Land Ägypten gegessen haben. Alle Hungernden sollen kommen und essen; alle Bedürftigen sollen kommen und Pessach feiern. Dieses Jahr hier, nächstes Jahr im Land Israel; dieses Jahr als Versklavte, nächstes Jahr als Freie." Das Brot, das jetzt gegessen wird, *ist* selbstverständlich nicht in platter Identität das Brot, das die Vorfahren gegessen haben, aber es repräsentiert dieses Brot. Darüber hinaus zeigt sich hier auch die über die Gegenwart hinausgehende Hoffnung auf vollständige, die endzeitliche Befreiung und Rettung. Diese Dimension findet sich analog, wenn Jesus in den Einsetzungsworten der Evangelien davon spricht, dass er von der Frucht des Weinstocks erneut trinken wird im Reich Gottes (Matthäus 26,29; Markus 14,25; Lukas 22,18).

Wie bei der Feier von Pessach geht es bei der Feier der Eucharistie/des Abendmahls um die Re-Präsentation, um die erinnernde Vergegenwärtigung eines vergangenen Geschehens, in dem Gott rettend und helfend gehandelt hat. Dazu sei jetzt näher auf die Deuteworte eingegangen. Nach dem Brechen des Brotes und Sprechen des Segensspruches über ihm sagt Jesus: *Das ist mein Leib.* So heißt es in Matthäus 26,26 und Markus 14,22. Bei Paulus steht in 1. Korinther 11,24 anschließend: „für euch" und in Lukas 22,19 darüber hinaus noch: „gegeben". Damit wird aber nur ausdrücklich gemacht, was auch bei Matthäus und Markus implizit enthalten ist. „Leib" bezeichnet in der biblischen Anthropologie nicht einen Teil des Menschen, etwa im Unterschied und im Gegenüber zur „Seele". Nach ihr *hat* der Mensch nicht einen Leib, sondern *ist* Leib. Mit „Leib" ist der ganze Mensch in seiner Leibhaftigkeit gemeint; „Leib" steht für die Person mit ihrem ganzen Leben. Die Aussage: „Das ist mein Leib" ließe sich daher etwa so umschreiben: Das bin ich für euch, sagt Jesus, dafür habe ich gelebt, dass ihr satt werdet und lacht in einem miteinander geteilten Leben, das diesen Namen verdient, und nicht aufhört, auf Gottes kommendes Reich zu hoffen und dafür jetzt schon Zeichen zu setzen. Und dafür ist Jesus auch gestorben. Im Deutewort über dem Becher mit Wein spricht er jeweils von seinem Blut, aber er sagt nicht analog zu dem Wort über dem Brot: „Das ist mein Blut." In der Formulierung in Matthäus 26,28 und Markus 14,24 ist vom „vergossenen Blut" die Rede. „Vergossenes Blut" bezeichnet in der biblisch-jüdischen Tradition gewaltsamen Tod. An den gewaltsamen Tod Jesu ist auch in der Fassung in 1. Korinther 11,25 und Lukas 22,20 gedacht, wenn es dort heißt: *Dieser Becher ist der neue Bund durch mein Blut.* Enthält bei Paulus und Lukas das Wort über dem Brot eine ausdrückliche Aussage, dass es für andere gegeben werde, so ist das bei Matthäus und Markus beim Wort über dem Becher der Fall, bei Matthäus als „Vergebung der Sünden" entfaltet. Der sinnlose, unschuldige Tod Jesu wird zum Appell an Gott, ihn als uns zugute erlitten gelten zu lassen. Dafür ist er gestorben, dass uns von Gott vergeben werde und wir als versöhnte Menschen miteinander leben. Im Brot- und Becherwort sind also zusammenfassend Leben und Sterben Jesu im Blick, sein Leben und Sterben, wie es vom Zeugnis des Mitseins Gottes mit ihm her gesehen wird, d.h. letztlich vom Zeugnis her, dass Gott den getöteten Jesus von den

§ 8 Die Abendmahlstexte in jüdischem Kontext gelesen   133

Toten auferweckt hat, womit er neue Schöpfung beginnen ließ. Die Feier der Eucharistie/des Abendmahls erinnert in der Weise an das letzte Mahl Jesu, dass in ihrem Vollzug das in Leben und Sterben Jesu erfolgte heilvolle Handeln Gottes vergegenwärtigt wird, jetzt wirksam da ist.

Das Becherwort enthält bei Matthäus und Markus einerseits und bei Paulus und Lukas andererseits biblische Bezüge, auf die ich bisher nicht eingegangen bin. Das soll nun im dritten Abschnitt geschehen.

3. *„Das Blut des Bundes" – „der neue Bund"*
Zu den biblischen Bezügen im Becherwort

Das Deutewort zur Becherhandlung lautet in der Fassung bei Matthäus und Markus: *Das[211] ist mein Blut des Bundes, vergossen für viele (zur Vergebung der Sünden)* (Matthäus 26,28; Markus 14,24). Wenn biblisch und in biblischer Tradition vom „vergossenen Blut" geredet wird, ist gewaltsamer Tod im Blick, hier also der Tod Jesu am Kreuz. Wenn er als „für viele" geschehen bezeichnet wird, ist er als stellvertretende Sühne verstanden, die in der Mahlfeier als Vergebung der Sünden zur Wirkung kommt. Die matthäische Textfassung macht Letzteres ausdrücklich. Dass in solchem Zusammenhang von „Vielen" gesprochen wird, lässt deutlich die Stelle Jesaja 53,11–12 anklingen. Dort ist mit dieser Wendung „Israel einschließlich der Ränder Israels und der Feinde in Israel gemeint".[212]

Nun spricht aber Jesus in diesem Deutewort nicht nur von seinem „vergossenen Blut". Das Deutewort erhält seinen besonderen Akzent durch die Wendung vom „Blut des Bundes". Sie nimmt 2. Mose 24,8 auf; diese Stelle und ihr Kontext werden hier eingespielt. Nach V. 4 hat Mose alle Worte, die Gott mit ihm geredet hatte, aufgeschrieben. Am nächsten Morgen errichtet er einen Altar am Fuß des Berges Sinai, dazu zwölf Malsteine gemäß den zwölf Stämmen Israels. Opfer werden dargebracht; die Hälfte ihres Blutes wird auf den Altar gesprengt, die andere Hälfte vorläufig verwahrt. In V. 7 heißt es dann dazu: Mose *nahm das Buch des Bundes und las es laut vor in die Ohren des Volkes. Da sprachen sie: „Alles, was der Ewige geredet hat, wollen wir tun und hören".* Daran schließt V. 8 an: *Da nahm Mose das Blut, sprengte es über das Volk und sagte: „Seht, das Blut des Bundes, den der Ewige mit euch geschlossen hat über allen diesen Worten."* Diese Worte werden damit unverbrüchlich in Kraft gesetzt. Dieser Textzusammenhang also wird in dem Deutewort über dem Becher eingespielt. Das aber heißt, dass Jesu gewaltsamer Tod auch von dieser Stelle her in den Blick genommen wird und ihm so eine weitere Bedeutungsdimension zufließt, dass er nämlich den mit dem Volk Israel am Sinai geschlossenen Bund bekräftigt und erneuert.[213] Das aber bedeutet weiter, dass die an diesem Mahl – an der Eucharistie/dem Abendmahl – Teilnehmenden verpflichtet werden auf Gottes Weisung, auf seine Tora. Die Tora kommt zur Wirkung als immer wieder ausgelegte. Im Matthäusevangelium ist selbstverständlich Jesus ihr vorrangiger Ausleger, der als Auferweckter am Ende des Evangeliums auf das von ihm Gebotene zurückweist (Matthäus 28,20a). Aber er ist nicht der einzige Ausleger, an den man sich zu halten hat (Matthäus 23,2.3a). Die Einspielung von 2. Mose 24,8 bringt also nicht zuletzt die ethische Dimension in die Feier des Abendmahls/der Eucharistie ein. Sündenvergebung geschieht nicht als bloßes Wegwischen, sondern zielt auf eine erneuerte Lebensführung, die als Maßstab die Tora hat.

So sehr es uns befremden mag, es ist erst einmal wahrzunehmen: Der mit der Anspielung auf 2. Mose 24,8 erfolgende Bezug auf den Bund nimmt allein Israel in den Blick. Das macht auch ein anderes Textsignal eindeutig klar. Nach Matthäus 26,20/Markus 14,17 begeht Jesus dieses letzte Mahl „mit den Zwölfen", nach Lukas 22,14 sind „die Apostel bei ihm", die dieser Evangelist mit den Zwölfen identifiziert. Die Zwölf aber stehen für die zwölf Stämme Israels. Das zeigt besonders deutlich die Verheißung Jesu an die Zwölf in Matthäus 19,28/Lukas 22,30, dass sie auf zwölf Thronen sitzen und die zwölf Stämme Israels richten werden.[214]

Man könnte meinen, als Menschen aus den Völkern wären wir bei dem Deutewort über dem Becher bei Paulus und Lukas besser dran, weil dort vom „neuen Bund" die Rede ist.[215] In 1. Korinther 11,25/Lukas 22,20 heißt es: *Dieser Becher ist der neue Bund durch mein Blut(, das für euch vergossen wird)*. Aber dass der neue Bund ein anderer sei als der mit Israel geschlossene alte, ist eine Täuschung. Mit der Wendung „neuer Bund" wird der Abschnitt Jeremia 31,31–34 eingespielt. Dieser neue Bund hat für Gott keinen anderen Bundespartner als der alte. „Denn die Verheißung von Jer 31 [...] ist ja mehrfach ausdrücklich und eindeutig auf Israel [...] bezogen."[216] So heißt es in V. 31 in Gottesrede: *Siehe, die Zeit kommt, Spruch des Ewigen, da schließe ich mit dem Haus Israel und dem Haus Juda einen neuen Bund*. Und auch inhaltlich ist der neue Bund kein anderer als der alte. Das Neue am neuen Bund wird sein, dass er anders als der alte von den menschlichen Bundespartnern nicht mehr gebrochen wird, weil Gott seine Weisung aufs Herz schreibt, sodass sie von innen heraus ganz selbstverständlich getan wird. So heißt es in V. 33–34: *Ja, das ist der Bund, den ich mit dem Haus Israel nach dieser Zeit schließe, Spruch des Ewigen: Ich gebe meine Tora (Weisung) in ihr Inneres und schreibe sie auf ihr Herz. Ich werde ihnen zum Gott und sie werden mir zum Volk. Niemand lehrt mehr seinen Mitmenschen und Bruder oder Schwester mit den Worten: „Erkennt den Ewigen!" Denn sie alle kennen mich von klein bis groß, Spruch des Ewigen; ja, ich verzeihe ihre Vergehen und ihrer Sünden gedenke ich nicht mehr.* Diese Verheißung also wird in dem Wort über dem Becher mit der Wendung „neuer Bund" aufgenommen und mit dem gewaltsamen Tod Jesu verbunden. Damit wird herausgestellt, „dass sich die eschatologische Perspektive von Jer 31 realisiert hat bzw. sich zu realisieren beginnt. Dazu gehört neben der Sündenvergebung vor allem die erneuerte Inkraftsetzung der Tora".[217] Allerdings lässt sich nicht sagen, dass die Verheißung von Jeremia 31 „erfüllt" sei. Denn es ist ja keineswegs so, als würde in der auf Jesus bezogenen Gemeinschaft das von Gott Gebotene umfassend getan. Dass dem nicht so ist, zeigt die Feier der Eucharistie/des Abendmahls gerade als wiederholte und zu wiederholende. Sie enthält auch den Aspekt der Sündenvergebung; die ist offensichtlich immer wieder nötig. Die Aufnahme der Wendung „neuer Bund" im Wort über dem Becher besagt dann, dass die mit ihr verbundene Verheißung bestätigt und erneuert wird. Mit ihr bekommt die Eucharistie/das Abendmahl – wie auch mit der vom „Blut des Bundes" – einen ethischen Aspekt. Das von Gott Gebotene ist so zu Gehör zu bringen, dass es zu Herzen geht. Mit dem Essen des Brotes und dem Trinken aus dem Becher in dieser Feier der vergegenwärtigenden Erinnerung des letzten Mahles Jesu wird es gleichsam verinnerlicht, damit es von innen heraus getan werde.

Die beiden biblischen Stellen in den beiden unterschiedlichen Fassungen des Wortes über dem Becher bringen also jeweils das Motiv des Bundes ein, den Gott mit Israel geschlossen hat und haben so als Bundespartner nur Israel im Blick. Nun hat sich aber die Verkündigung von Jesus als dem Gesalbten schon früh als attraktiv, als anziehend für Menschen aus der Völkerwelt erwiesen. Sie sind durch diese Verkündigung kraft des heiligen Geistes zu dem einen Gott gekommen, der Israels Gott ist und bleibt. Sie sind Hinzugekommene, die sich nach Paulus mit Gottes Volk Israel freuen sollen (Römer 15,10). Dass sich also „auch Glaubende aus den Völkern bei der Beteiligung am Abendmahl mit der Benützung der Formulierung von einem neuen Bund im Blut Christi faktisch in ihn einbezogen gesehen haben", bedeutet weder, dass „damit die Kirche aus Juden und Heiden als neuer Bund bezeichnet (wird), noch wird damit überhaupt das Neue im neuen Bund anders akzentuiert, als es Jer 31 tut".[218]

Paulus beruft sich auf die Tradition über die Einsetzung der Eucharistie/des Abendmahls innerhalb einer Auseinandersetzung mit seiner Gemeinde in Korinth, in der er diese Feier nicht in rechter Weise praktiziert sieht. In dieser Auseinandersetzung werden weitere Dimensionen und Aspekte der Eucharistie/des Abendmahls sichtbar.

4. Den Leib (des Herrn) richtig beurteilen – sich selbst richtig beurteilen. Ekklesiologische Dimensionen der Eucharistie/des Abendmahls nach Paulus

Auch nach Paulus ist der Vollzug der Eucharistie/des Abendmahls Vergegenwärtigung eines vergangenen heilvollen Geschehens. Nachdem er die Tradition über deren/dessen Einsetzung zitiert hat, schreibt er in 1. Korinther 11,26: *Immer nämlich, wenn ihr dieses Brot esst und aus dem Becher trinkt, verkündet ihr den Tod des Herrn, bis er kommt.* Dieses Essen und Trinken ist gleichsam materialisierte Verkündigung dessen, was Gott im Leben und vor allem im Sterben Jesu rettend und helfend gewirkt hat, der Herr nicht als ein Toter ist, sondern als von Gott Auferweckter.

Dass Paulus darüber an die Gemeinde im 11. Kapitel des 1. Korintherbriefes schreibt, ist allerdings darin begründet, dass er deren Praxis dieser Feier für kritikwürdig, ja geradezu für schädlich und nicht nützlich hält (V. 17). Er stellt in V. 20 bündig fest, dass so, wie sie dort praktiziert wird, es sich nicht um das „Essen der dem Herrn zugehörigen Mahlzeit" handelt (*kyriakón deípnon*). Ich habe möglichst wörtlich übersetzt. Meistens übersetzt man mit „Herrenmahl". Dann aber wird einmal bei uns dieses „Herrenmahl" gleich als „Eucharistie"/„Abendmahl" gehört und also in den bei uns geläufigen Formen verstanden. Dabei geht verloren, dass *deípnon* die Hauptmahlzeit des Tages bezeichnet, also ein sättigendes Essen gemeint ist. Zum anderen könnte beim Ausdruck „Herrenmahl" von manchen „Herrenessen" assoziiert werden; und darum geht es ganz bestimmt nicht.[219] Dass Paulus hier die Eucharistie/das Abendmahl als „das dem Herrn gehörige Mahl" bezeichnet, hat seinen Grund in der von ihm kritisierten Situation in Korinth. Er stellt nämlich dieses Mahl, diese Mahlzeit in Gegensatz zu der dann in V. 21 genannten „eigenen Mahlzeit", dem „Privatmahl". Im „Privatmahl" stellen sich die Klassengegensätze der Gesellschaft auch im Zusammenkommen der Gemeinde dar, sodass, wie Paulus weiter sarkastisch feststellt, „manche hungern und andere betrunken sind". Vielleicht überspitzt und übertreibt er ja etwas. Aber aus der Luft gegriffen wird das nicht sein. Wie kann es zu so etwas doch ziemlich Skandalösem kommen, dass in der Gemeindeversammlung welche betrunken oder zumindest angeheitert sind? Ein schlechtes Gewissen hatten diejenigen, deren Kopf nicht mehr ganz klar war, offenbar nicht.

§ 8 Die Abendmahlstexte in jüdischem Kontext gelesen 137

Wenn die einen prassen können und die anderen Kohldampf schieben, muss das sozial und ökonomisch begründet sein. Um das nachvollziehen zu können, müssen wir uns einige schlichte Fakten klarmachen. Aus 1. Korinther 1,26–28 wissen wir, dass es in der korinthischen Gemeinde nur wenig Bessergestellte gab und das Gros aus der Unterschicht stammte. Als Versammlungsort gab es natürlich noch kein eigenes Gemeindezentrum. Dafür diente ein Privathaus. Das musste groß genug sein. Sein Besitzer war also ein Bessergestellter. Der Speisesaal eines solchen guten Hauses bot Platz für neun bis zwölf Personen. Im Atrium konnten sich 30 bis höchstens 50 Personen versammeln. Das wird die Größenordnung der korinthischen Gemeinde zur Zeit des Paulus gewesen sein, da sie sich noch an einem Ort im Haus versammeln konnte. Die Bezeichnung *déipnon* – es sei noch einmal betont: die am Abend eingenommene Hauptmahlzeit – weist auf den Abend als Versammlungszeit. Abhängig Beschäftigte, also Sklavinnen und Sklaven, Lohnarbeiter und Lohnarbeiterinnen, konnten erst nach Sonnenuntergang eintreffen. Denn so lange erstreckte sich für sie der Arbeitstag. Sie hasteten nach Beendigung ihrer Arbeitszeit zur Gemeindeversammlung und kamen dort hungrig an. Diejenigen, die über ihre Zeit verfügen konnten, die wenigen Bessergestellten also, werden schon früher eingetroffen sein, wie es bei Gastmählern in ihren Kreisen üblich war. Was soll der Hausherr mit ihnen machen? Nun, er wird sich als ein guter Gastgeber erweisen, sich nicht lumpen lassen und sie in den Speisesaal mit reich gedecktem Tisch und hinreichend bereit gestelltem Wein bitten. Und so kann es geschehen, dass – bis die anderen hungrig ankommen – der eine oder andere schon angesäuselt ist. Das ist die eine Möglichkeit, wie man sich die Situation vorstellen kann, in meinen Augen die wahrscheinlichere. Die andere Möglichkeit ist die, dass der Gastgeber nur den Raum zur Verfügung stellte und alle anderen jeweils ihre Verpflegung mitbrachten. Die wurde nicht geteilt, sondern jede und jeder verzehrte das Eigene, die einen ihre Delikatessen, die anderen Brot und etwa ein paar Zwiebeln. Diese zweite Möglichkeit wäre vorauszusetzen, wenn man als Versammlungsort einen angemieteten Raum anzunehmen hätte.

Paulus jedoch meint: In dem Bereich, in dem Jesus der Herr ist und jetzt schon seine Herrschaft ausübt, also in der Gemeinde, hat das Privatmahl keinen Platz. „Das dem Herrn gehörige Mahl" bedeutet: Jesus ist der Gastgeber; es steht allein unter seiner Autorität. Es gibt keine anderen Herren, die hier etwas zu bestimmen hätten. Unter seiner Autorität fallen die gesellschaftlichen Rangunterschiede hin. *Da gibt es nicht Versklavte und Freie* (Galater 3,28). Wer hier mit Jesus Gemeinschaft hat, wird in eins damit in die geschwisterliche Gemeinschaft aller versetzt, die an diesem Mahl teilnehmen. Dass Paulus in diesem Zusammenhang so betont und immer wieder von Jesus als dem Herrn redet, dient also dazu, andere Herrschaft zu bestreiten, konkret die des jeweiligen reichen Gastgebers der Gemeinde und seiner gut gestellten Freunde.

Wie man die Eucharistie/das Abendmahl begehen soll, dafür führt Paulus die Tradition über ihre/seine Einsetzung beim letzten Mahl Jesu an (1. Korinther 11,23–25). Sie bildet das Orientierung gebende Modell. Nach der anschließenden Feststellung, dass mit einer jeden solchen Feier „der Tod des Herrn" verkündet wird, gibt er weitere Erläuterungen. Dabei stellt sich mehrfach ein Übersetzungsproblem, das erste gleich in V. 27. In der Lutherbibel – und fast wortgleich in der Einheitsübersetzung – heißt der einleitende Nebensatz: *Wer nun unwürdig von dem Brot isst oder aus dem Kelch des Herrn trinkt*. Vom Wortlaut her ist es im Deutschen nicht zu entscheiden, ob „unwürdig" adjektivisch oder adverbial verstanden ist, ob damit die Qualität der Person oder die Art und Weise ihres Verhaltens charakterisiert werden soll. In der Geschichte der Kirche ist diese Aussage oft und lange genug von persönlicher Würdigkeit verstanden worden, was schlimme Auswirkungen gehabt hat. Es hat zu selbstquälerischer Gewissenserforschung und zu Gewissensängsten geführt, zu Angst vor der Eucharistie/dem Abendmahl – und so Eucharistie- und Abendmahlsfeiern zu äußerst unfrohen Veranstaltungen gemacht. Diese Interpretation auf persönliche Würdigkeit ist jedoch schlicht falsch. Das Griechische unterscheidet in der Form zwischen Adjektiv und Adverb und hier steht das Adverb. Es geht also nicht um eine persönliche Eigenschaft („würdig"), sondern um die Art und Weise der Teilnahme an der Eucharistie/am Abendmahl. Will man im Deutschen bei einer Form von „würdig" bleiben, was sprachlich möglich ist, müsste man um der Klarheit willen formulieren: „auf unwürdige Weise". Hinter der Grundform des griechischen Wortes steht das Bild der Waage und also der Gedanke der gleichgewichtigen Entsprechung. Das hier in der negativen Fassung gebrauchte Adverb hätte dann die formale Bedeutung: „auf nicht entsprechende bzw. auf unangemessene Weise". Die der Eucharistie/dem Abendmahl nicht entsprechende, die unangemessene und unwürdige Weise, die Paulus hier im Blick hat, ist die von ihm kritisierte Situation in Korinth. Dort beschämen die Bessergestellten, wie er in V. 22 formuliert, „die Habenichtse" und verachten so „die Gemeinde Gottes". Sie verhalten sich extrem unsolidarisch. Man könnte daher – gewiss interpretierend und zuspitzend, aber doch die Intention des Textes treffend – auch übersetzen: *Wer auf unsolidarische Weise das Brot isst und aus dem Becher des Herrn trinkt*.

§ 8 Die Abendmahlstexte in jüdischem Kontext gelesen 139

Aus diesem Nebensatz folgert Paulus im Hauptsatz: *wird schuldig am Leib und am Blut des Herrn*. So wenig im Nebensatz die persönliche Würdigkeit im Blick war, so wenig sind es im Hauptsatz die „Elemente" der Eucharistie/des Abendmahls, als würde das Brot mit dem „Leib" und der Wein im Becher mit dem „Blut des Herrn" identifiziert. Dagegen spricht schon, dass Leib und Blut keine Korrelatbegriffe sind. Sie stehen auch hier wieder für das von Gott in Leben und Sterben Jesu Bewirkte, das Gemeinde hervorgehen ließ. In ihr als dem Bereich, in dem Jesus als Gesalbter jetzt schon herrscht, gilt: *Hier gibt es nicht jüdisch oder griechisch, versklavt oder frei, männlich oder weiblich* (Gal 3,28), sondern alle begegnen sich von gleich zu gleich. Daran macht sich schuldig, wer sich unsolidarisch verhält. Wer sich an der Gemeinde schuldig macht, tut es damit auch daran, worauf Gemeinde beruht.[220] Beim Begriff „Leib" spielt hier schon hinein und wird in V. 29 dominant, wo Paulus nur noch vom „Leib" spricht und nicht mehr vom „Blut", die Vorstellung von der Gemeinde als Leib, wie er sie im nächsten Kapitel entwickelt. Dort bezeichnet er die Gemeinde als „Leib des Gesalbten" (1. Korinther 12,27). Meist wird diese Wendung nur zur Hälfte übersetzt: „Leib Christi". Aber „Christus" ist kein Name; Paulus spricht von der Gemeinde nicht als „Leib Jesu"; ich denke, er könnte es auch nicht. Sie ist „Leib des Gesalbten"; vielleicht ist als deutsche Wiedergabe am treffendsten: „messianische Verkörperung".

Von daher ist V. 29 zu verstehen: *Wer nämlich isst und trinkt, isst und trinkt sich das Gericht, wenn er den Leib nicht richtig beurteilt*. Die besten Handschriften haben hier nur das Wort „Leib", die meisten fügen „des Herrn" hinzu, was sachlich keinen Unterschied macht. Dass hier mit „Leib" bzw. „Leib des Herrn" die Gemeinde gemeint ist, ergibt sich eindeutig daraus, dass dieser negative Nebensatz (*wenn er den Leib nicht richtig beurteilt*) in V. 31 mit demselben Verb in einem positiven Nebensatz aufgenommen wird: *Wenn wir uns aber richtig beurteilten*. An der Stelle von „Leib" bzw. „Leib des Herrn" stehen jetzt „wir", also die Gemeinde als „Leib" bzw. „Leib des Herrn". Auf die „Elemente" der Eucharistie/des Abendmahls fixierte Übersetzungen schlagen hier Kapriolen. Die genaue Entsprechung der beiden angeführten Nebensätze wird nicht wahrgenommen, dasselbe Verb an beiden Stellen ganz unterschiedlich übersetzt; dazu werden Bezüge hergestellt, die vom griechischen Text her gar nicht gegeben sind. Besonders krass ist die Einheitsübersetzung: „Denn wer davon isst und trinkt, ohne zu bedenken, dass es (!) der Leib des Herrn ist, der zieht sich das Gericht zu, indem er isst und trinkt." Sie bezieht den „Leib des Herrn" also auf die Elemente, was der griechische Text in keiner Weise andeutet. In V. 31 hat sie, wo – wohlgemerkt – dasselbe Verb steht: „Gingen wir mit uns selbst ins Gericht". Die Parallelität der beiden Nebensätze zeigt sich im Übrigen auch in der jeweiligen Folgerung: Gericht einerseits, nicht gerichtet werden andererseits.

Um es noch einmal zu verdeutlichen: Paulus geht es in der Mahnung von V. 28, sich selbst zu prüfen, nicht um die Klärung persönlicher Würdigkeit, sondern um das Bewähren von Solidarität in der Gemeinde. Und es geht ihm in V. 29 nicht um eine Unterscheidung der „Elemente" der Eucharistie/des Abendmahls von „profaner" Speise, sondern darum, sich in der Gemeindeversammlung gerade auch bei der Mahlzeit im Ganzen dem entsprechend zu verhalten, dass man „Leib des Herrn", nämlich des Gesalbten, und also „messianische Verkörperung" ist. Das ist radikal in Frage gestellt, wenn die Bessergestellten in der Gemeindeversammlung, im Zusammenleben mit den Besitzlosen, die Gewohnheiten ihres Standes hemmungslos ausleben. Das Bleiben auf dem eigenen hohen *level* macht Solidarität unmöglich. Wer so handelt, bekommt es mit Gott als dem Richter zu tun, der ein solches Verhalten nicht akzeptieren kann.

Von daher, dass sich nach der von Paulus zitierten Tradition die Eucharistie/das Abendmahl in eine vollständige Mahlzeit einbeschlossen findet, in den Einsetzungsberichten der Evangelien spezifisch in ein Pessachmahl, und dass sie/es dort mit einem Ausblick auf das Reich Gottes verbunden ist, ein Moment, das auch Paulus mit der Wendung „bis er kommt" anklingen lässt, seien noch einige Erwägungen angeschlossen. In dieser Mahlzeit sind Brot und Wein ganz klar hervorgehoben. Brot stillt den Hunger, Brot macht satt; Wein erfreut des Menschen Herz (Psalm 104,15). Das gehört ja biblisch zum Reich Gottes, dass niemand mehr hungert und dürstet und niemand mehr zum Heulen gebracht wird. Besonders prägnant kommt das in der Beglückwünschung der Bettelarmen in Lukas 6,20–21 zum Ausdruck, wenn dort als fundamentaler Aspekt des Reiches Gottes erscheint, dass Hungernde satt werden und Weinende lachen. Nicht zuletzt auch dafür steht die Eucharistie/das Abendmahl: Zeichen des Reiches Gottes zu sein. In ihr/in ihm wird das Reich Gottes schon Ereignis und auf das Reich Gottes weist sie/es hin. So ist die Eucharistie/das Abendmahl auch Wegzehrung für das Unterwegssein zum Reich Gottes. Bei ihr/ihm erhalten alle dasselbe und das ist für jede und jeden genug. Das ist der entscheidende Unterschied zur „eigenen Mahlzeit", zum „Privatmahl", und eine ganz wesentliche Dimension des Jesus als dem Herrn unterstellten, des ihm gehörigen Mahls.

Bei dem unter der Autorität Jesu stehenden gemeinsamen Essen – bei der Eucharistie/beim Abendmahl – wird es, wenn die korinthische Gemeinde sich an die Anordnungen des Paulus gehalten hat, nicht so fein zugegangen

§ 8 Die Abendmahlstexte in jüdischem Kontext gelesen 141

sein wie da, wo die Reichen unter sich blieben. Auch für die Herren Gaius und Erastus etwa, hervorstehende Persönlichkeiten der Gemeinde in Korinth,[221] wird es nicht gleichgültig gewesen sein, ob sie acht oder vierzig Leute zu bewirten hatten. Oder: Wenn alle etwas mitbrachten und dann das Mitgebrachte miteinander teilten, wird es hinsichtlich der Qualität der Speisen im Schnitt einen deutlichen Trend nach unten gegeben haben. Größtmögliche Solidarität, die alle in einer Gemeinschaft einbezieht, lässt sich nun mal nicht bei einem Verbrauch auf höchstem Niveau durchhalten.

Man kann die in unseren Kirchen geübte Praxis von Eucharistie und Abendmahl so ansehen, dass hier breitest mögliche Solidarität auf niedrigst möglichem Niveau geübt wird: eine Oblate und ein Schluck Wein. Alle bekommen dasselbe – doch für jede und jeden genug ist es in der materiellen Dimension nur noch symbolisch. Aber die materielle Dimension darf nicht unterschlagen werden. Sattwerden und Freude gehören zu einem erfüllten leibhaftigen Leben unabdingbar dazu.

5. Rückblickende Erwägungen

Zum Schluss hebe ich zunächst noch einmal drei Punkte hervor: 1. Gerade derjenige eucharistische Text des Neuen Testaments, der einer oberflächlichen Exegese als völlig unjüdisch gilt (Johannes 6,51–58), ließ sich ganz und gar von jüdischen Voraussetzungen her verstehen. Die metaphorisch verstandenen biblischen Wendungen vom „Fleisch essen" und „Blut trinken" und ihre nachbiblische Rezeption eröffneten einen Zugang zu diesem Text: Durch sein Leben und vor allem sein Sterben, mit dem Gott sich identifiziert, wird Jesus zum „Brot des Lebens", von dem in der Eucharistie/im Abendmahl „gezehrt" wird. 2. Die Situierung des letzten Mahles Jesu in einer Pessachfeier in den ersten drei Evangelien ließ für die Feier der Eucharistie/des Abendmahls dieselbe Erinnerungsstruktur erkennen, die auch die Feier von Pessach bestimmt. Ein vergangenes Geschehen, gedeutet und verstanden als rettendes und helfendes Handeln Gottes, wird im Erinnern gegenwärtig, entfaltet seine rettende und helfende Kraft und vermittelt Hoffnung auf vollständige und endgültige Erlösung. 3. Die in den beiden Fassungen des Deutewortes über dem Becher eingespielten biblischen Texte weisen beide auf den Bund Gottes mit seinem Volk Israel hin. Daran wird deutlich, dass die Mehrzahl der Mitglieder der auf Jesus bezogenen Gemeinschaft im 1. Jahrhundert Jüdinnen und Juden waren, die sich, wie die im Neuen Testament häufig begegnende Zahl 12 zeigt, als endzeitliche Repräsentanz des Zwölfstämmevolks Israel verstanden. Das lehrt uns Menschen aus der Völkerwelt, uns als Hinzugekommene zu begreifen. Diese Rolle sollten wir dankbar und bescheiden annehmen und uns in solidarischer Partnerschaft zu dem außerhalb der Kirche weiter existierenden tatsächlichen Israel verhalten.

In der Einleitung hatte ich kurz über die Begriffe „Abendmahl" und „Eucharistie" gehandelt. Zum Begriff „Abendmahl", der auf den Kontext einer sättigenden Mahlzeit verweist, ist nichts mehr hinzuzufügen. Der Begriff „Eucharistie", den ich als theologisch ungleich gewichtiger bezeichnet hatte, ergab sich aus den über dem Brot und über dem Becher mit Wein gesprochenen jüdischen Segenssprüchen. Aber aus diesem Brauch der Segenssprüche folgt ja nicht mit Notwendigkeit, die gesamte Feier als „Eucharistie" zu bezeichnen. Was ist damit gesagt, dass es so geschieht? Das griechische Wort *eucharistía*, von dem der bei uns gebrauchte Begriff „Eucharistie" kommt, entspricht in diesem Zusammenhang dem hebräischen *bracháh*: „Segensspruch", also der nominalen Bezeichnung für das Aussprechen eines Segens. Im Judentum gibt es nicht nur die beiden genannten Segenssprüche über Brot und Wein. Der erste Traktat in der Mischna und in den beiden Talmuden heißt *brachót*: „Segenssprüche". Es geht darum, für alle möglichen Lebenssituationen Segenssprüche zu formulieren, die meistens die Struktur haben: Gesegnet Du, Ewiger, unser Gott, König der Welt, der das und das gemacht hat bzw. tut. Es gibt keinen Bereich des Lebens, keinen Bereich der alltäglichen Erfahrung, der nicht zu Gott in Beziehung stünde. Wenn Gott der Eine ist, der Himmel und Erde gemacht hat, dann ist die ganze Wirklichkeit auf ihn bezogen. Leben und das in ihm Erfahrene wird als von Gott kommend angenommen, als von ihm ausgehender Segen. Und dieser empfangene Segen wird im Segensspruch sozusagen auf Gott zurückgewendet, mit dem Menschen Gott segnen. Natürlich geschieht solches Segnen als Danken, Loben und Preisen. Aber auch für negative Widerfahrnisse werden Segenssprüche formuliert. Es kann ja keinen Bereich der Wirklichkeit geben, mit dem der eine Gott nichts zu tun hätte, auch wenn es uns noch so rätselhaft ist, wie er es damit zu tun hat. So lautet etwa der Segensspruch beim Hören einer schlechten Nachricht: „Gesegnet der Richter der Wahrheit." Es scheint mir daher gut und treffend zu sein, dass die in der Kirche praktizierte Feier mit Brot und Wein „Eucharistie" genannt wird. Der hier von Gott empfangene Segen besteht darin: Im Erinnern wird das rettende und helfende Handeln Gottes, das im Leben und gerade auch im schlimmen Sterben Jesu zum Zuge kam, gegenwärtig wirksam und damit auch Jesus selbst als von Gott Auferweckter. Dieser empfangene Segen wird im Danken und Loben auf Gott zurückgewendet.

§ 8 Die Abendmahlstexte in jüdischem Kontext gelesen 143

Die vorgenommene Lektüre der eucharistischen neutestamentlichen Texte im jüdischen Kontext führte weg von einer Fixierung auf die „Elemente" Brot und Wein, aus der sich die großen konfessionellen Kontroversen ergaben, und ließ viel stärker den Vollzug der Feier im Ganzen in den Blickpunkt treten. Es ist meine feste Überzeugung, dass wir ökumenisch nur dann vorankommen – und gerade auch in der Frage von Eucharistie und Abendmahl –, wenn wir uns zurückbesinnen auf unsere biblisch, alt- *und* neutestamentlich, vorgegebenen jüdischen Wurzeln. Das könnte uns dazu anhalten, konfessionell gewachsene Besonderheiten nicht mehr absolut zu setzen. Wir müssen sie keineswegs verleugnen. Sie ließen sich vielleicht begreifen als Aussagen, die nicht beanspruchen, das „Geheimnis des Glaubens" zu lüften, sondern als Aussagen, die sich diesem Geheimnis annähern und es so respektieren. Dann fiele es wohl auch leichter, die uns biblisch vorgegebene Einheit auch tatsächlich wahr-zunehmen und zu einer wirklichen Konvivenz zu finden.

§ 9 „Universale Heilsbedeutung Jesu" und bleibende Besonderheit Israels nach dem Römerbrief des Paulus[222]

1. Zur Fragestellung
Die Anführungszeichen im Titel dieses Paragraphen können ein Zitat kenntlich machen, das als Begriff in der theologischen Diskussion entstanden ist und gebraucht wird. Im Blick auf Paulus selbst jedoch deuten sie an, dass jedenfalls nicht er diesen Begriff gebildet hat. Diese Begriffsbildung ist aber im Blick auf Paulus auch nicht unmöglich. Der mit ihr gegebenen Frage kann an Texten des Römerbriefes nachgegangen werden. Das soll hier geschehen.

Dass nach Paulus die gute Botschaft von Jesus als dem Gesalbten einen umfassenden Horizont hat und auf die Rettung aller zielt, ist keine Frage. Von ihr sagt er gleich im Themasatz des Römerbriefes in 1,16 in aller Deutlichkeit – wobei ich zunächst die in meinen Augen wichtigste Wendung dieses Satzes weglasse: *Sie ist ja eine Kraft Gottes, die allen hilft* (bzw. *alle rettet*), *die darauf vertrauen*. Obwohl es an der universalen Ausrichtung der Botschaft von Jesus als dem Gesalbten keinen Zweifel geben kann, zeigen sich an der eben beim Zitat aus Römer 1,16 ausgelassenen Wendung bezeichnenderweise eine Differenzierung und eine Gewichtung, wenn an „alle, die darauf vertrauen", appositionell angeschlossen wird: *Juden zuerst, aber auch Griechen.*[223] Paulus nimmt hier die biblisch-jüdische Grundunterscheidung zwischen dem Volk Israel und den übrigen Völkern auf. Die Griechen stehen *pars pro toto* für alle Nichtjuden. Ihnen sieht sich Paulus besonders verpflichtet, wie er am Ende von V. 13 und in V. 14 betont herausgestellt und schon im Präskript in V. 5 hervorgehoben hatte. So liegt für ihn am Ende von V. 16 der Ton auf den letzten beiden Worten: *kai hélleni*. Deshalb übersetze ich: „aber auch Griechen". Obwohl Paulus im Römerbrief den Unterschied zwischen Israel und den Völkern in doppelter Weise negiert – negativ: alle haben gesündigt, und positiv: Gott erweist sich als reich gegenüber allen – und das auch ausdrücklich feststellt: *Es gibt ja keinen Unterschied (zwischen Juden und Griechen)* (Römer 3,22; 10,12), hält er dennoch an der Differenzierung fest. „Universalität" bedeutet also keinesfalls ein differenzloses Einerlei. Er hält an dieser Differenzierung einmal fest um der eigenen Aufgabe willen als eines „Apostels für die Völker" (Römer 11,13) und zum anderen um der bleibenden Besonderheit Israels willen. Die mar-

§ 9 Bleibende Besonderheit Israels nach dem Römerbrief   145

kiert er in Römer 1,16 mit dem „Zuerst". Das kann er nur bezogen verstehen auf die in seiner jüdischen Bibel bezeugte besondere Bundesgeschichte Gottes mit seinem Volk Israel. Käme es ihm nur auf die Aufhebung des Unterschiedes an, müsste und dürfte er das „Zuerst" nicht setzen.

Außer dass die Botschaft von Jesus umfassende Rettung intendiert, ist ebenfalls nicht in Frage zu stellen: Paulus möchte, dass seine Landsleute denselben Weg nehmen wie er und zum Glauben an Jesus als Gesalbten kommen. Er leidet sehr darunter, dass das im Blick auf die Mehrheit unter ihnen nicht der Fall ist. Das bringt er zu denkbar stärkstem Ausdruck in Römer 9,1–3. Nachdrücklich beteuert er, die Wahrheit zu sagen (V. 1), wenn er feststellt: *Ich habe großen Schmerz und mein Herz hat unaufhörlichen Kummer* (V. 2). Die Ursache seines Schmerzes und Kummers lässt er in Form eines irrealen[224] Wunsches erkennen: *Ich wünschte nämlich, selbst aus dem Herrschaftsbereich des Gesalbten verbannt zu sein*[225] *zugunsten meiner Geschwister, meiner Landsleute der Herkunft nach* (V. 3). Die meisten seiner Landsleute sind nicht „im Gesalbten" (*en christó*), d.h. in der Gemeinde als dem Bereich, in dem Jesus als endzeitlicher messianischer König jetzt schon herrscht. Darunter leidet Paulus; und er wünscht außerordentlich stark, dass sie es seien (vgl. auch Römer 10,1).

Wenn aber Paulus so sehr an diesem Faktum leidet, stellt sich die Frage: Sind nach seinem Verständnis seine Landsleute dadurch, dass sie den Glauben an Jesus als Gesalbten nicht akzeptieren, aus der heilvollen Beziehung zu Gott herausgefallen? Hat für Juden, nicht an der Gemeinschaft „im Gesalbten" teilzunehmen, die Konsequenz heillos zu sein? Gibt es für sie „Heil" nur, wenn sie sich auf die Botschaft von Jesus als dem Gesalbten vertrauensvoll einlassen? Diese Fragen sind zu verneinen. Die in Römer 1,16 angedeutete gewichtete Differenz zwischen Israel und den Völkern wird von Paulus weiter entfaltet. Auch angesichts seiner Verkündigung des Gesalbten Jesus behält Israel seine Sonderstellung als Gottes Volk. Das sei zunächst an einer erstaunlichen Parallele gezeigt. Dichteste Aussagen über das heilvolle Handeln Gottes an den Menschen in der auf Jesus bezogenen Gemeinde, die Heilsgewissheit bewirken und befördern sollen, macht Paulus in ganz entsprechender Weise in Bezug auf seine Jesus ignorierenden Landsleute.

2. Die Parallelität von Heilsaussagen in Bezug auf die Gemeinde und in Bezug auf Israel

Es war eben schon auf den Schluss von Römer 8 verwiesen worden. Danach gilt von denen, die „im Gesalbten Jesus" sind, dass nichts sie von der Liebe Gottes trennen kann (V. 39). Diese Feststellung unumstößlicher Gewissheit hatte Paulus dadurch vorbereitet, dass er seinen Adressaten zunächst in einer Kette von Aussagen über Gottes Handeln an ihnen ihre Verbindung und Zugehörigkeit zu Gott in stärkster Weise vor Augen stellte. In 8,28, am Beginn dieses Zusammenhangs, hieß es von denen, die Gott lieben, dass sich bei ihnen „alles zum Guten auswirkt". Wenn Paulus in V. 29 sagt, dass diese Menschen „dem Bild seines (= Gottes) Sohnes gleich gestaltet" werden sollen, ist klar, dass er an die Mitglieder der Gemeinde denkt. Er bezeichnet sie am Ende von V. 28 als „nach Gottes Ratschluss Berufene" und spricht dann in V. 29–30 im Blick auf sie von Gottes Handeln in einer Reihe von Vollzügen: „im Voraus ausersehen", „im Voraus bestimmen", „berufen", „rechtfertigen", „verherrlichen". Von der Form her lässt Paulus diese Aktionen Gottes in einem Kettenschluss aufeinander folgen und ineinander greifen. Dabei liegt mehr ein Ineinander als ein Nacheinander vor, wie schon die Voranstellung der zwei Aspekte verbindenden Wendung „nach Gottes Ratschluss Berufene" zeigt. Paulus will damit die Gemeinde gewiss machen, dass das an sie durch die Verkündigung von Jesus als dem Gesalbten ergangene Rufen und Berufen Gottes wirklich von Gott selbst kommt und so tief in Gott verankert ist, wie es tiefer nicht geht. Das erlaubt es ihm, von dem noch ausstehenden Ziel, der „Verherrlichung", dass also die Gemeindeglieder umstrahlt sein werden vom „Glanz" Gottes, dass sie offenkundig und unverstellt in der Gegenwart Gottes leben werden, in Vergangenheitsform zu reden. Von Gott her ist dieses Ziel so gewiss, dass es als schon eingetreten ausgesagt wird.

Ein entscheidender Gesichtspunkt für die Verneinung der am Ende des ersten Abschnitts gestellten Fragen ist nun, dass Paulus genau entsprechende Aussagen über seine nicht an Jesus als den Gesalbten glaubenden Landsleute machen kann. In Römer 11,28–29 spricht er im Blick auf sie von „Erwählung" und „Berufung". In V. 28 heißt es: *In Hinsicht auf das Evangelium sind sie zwar Feinde um euretwillen, in Hinsicht auf die Erwählung aber Geliebte um der Väter willen.* Beide Sätze sind formal in genauer Entsprechung formuliert. Aber sie stehen nicht gleichgewichtig nebeneinander, sondern werden durch eine Zwar-aber-Konstruktion unterschiedlich gewichtet.[226] Dabei liegt das Gewicht auf dem mit „aber" angeschlossenen zweiten Satz. Auf den ersten braucht in diesem Zusammenhang nicht weiter eingegangen zu werden.[227] In der stärkeren Hervorhebung des zweiten Satzes liegt die entscheidende Weichenstellung für die Sicht des Paulus auf seine Jesus ignorierenden Landsleute: Wenn es um sie geht, gibt es einen wichtigeren Gesichtspunkt als das Evangelium, die Verkündigung von Jesus als dem Gesalbten, nämlich die Erwählung, die sich in Gottes Bundesschlüssen mit

§ 9 Bleibende Besonderheit Israels nach dem Römerbrief

den Vätern, mit Abraham, Isaak und Jakob, niedergeschlagen hat und sich weiter auswirkt in Gottes Geschichte mit Jakobs (= Israels) Kindern als seinem Volk. Von daher sind und bleiben sie Gottes „Geliebte".

Die Bedeutung dieses Vorgangs, dass Paulus die Erwählung dem Evangelium überordnet, kann man sich durch eine kleine Gegenprobe verdeutlichen, indem man die denkbare Möglichkeit ausprobiert, die Zwar-aber-Struktur von V. 28 einfach umzukehren: „In Hinsicht auf die Erwählung sind sie zwar Geliebte um der Väter willen, in Hinsicht auf das Evangelium aber Feinde um euretwillen." Genauso – dass im Blick auf die Erwählung zwar eine Konzession anzumerken wäre, die wesentliche Beurteilung aber vom Evangelium her erfolgen müsste – formuliert Paulus gerade nicht. Nach der von ihm vorgenommenen Zuordnung wäre das Evangelium im Kontext von Römer 9–11 zu beschreiben als eine Funktion der Erwählung in einer bestimmten Epoche der Geschichte Gottes mit seinem Volk. Und zwar hat das Evangelium die Funktion, einen Teil Israels vorübergehend zu verhärten, um damit die Völker in eine Beziehung zu Israels Gott zu bringen, die ihnen zum Segen gereicht.

Mit V. 29 unterstreicht und begründet Paulus, dass in der Tat das Erwählungshandeln Gottes an den Vätern der entscheidende Gesichtspunkt für die Aussage ist, dass die Israeliten von Gott Geliebte bleiben: *Denn unwiderruflich sind die Gnadengaben und die Berufung Gottes*. Wenn es aber *Gott* ist, der sie erwählt und berufen hat, müssen dann nicht der Sache nach für sie auch die anderen Aussagen gelten, die Paulus im Kettenschluss von Römer 8,28–29 im Blick auf die Gemeindeglieder gemacht hat?

Diese Geltung spricht er auch an anderen Stellen ausdrücklich aus. In Römer 11,2 zitiert er die Hoffnungs- und Gewissheitsaussage von 1. Samuel 12,22; Psalm 94,14, dass Gott sein Volk nicht verstoßen wird, in Vergangenheitsform, dass Gott sein Volk nicht verstoßen hat, und begründet das in einem anschließenden Relativsatz in Gottes Vorsehung: „*Nicht hat Gott sein Volk verstoßen, das er im Voraus ausersehen hat*. Paulus verankert hier die Gewissheit, dass Gottes Volk Israel nicht verstoßen ist, im Vorsatz Gottes; und der ist unumstößlich. Gott ist nicht launenhaft; er macht sich im Durchhalten seines Vorsatzes nicht vom Handeln seines Bundespartners abhängig. Er bleibt treu.

Vorher schon, beim Nachzeichnen der biblischen Geschichte in der Generationenfolge Abraham, Isaak und Jakob in Römer 9,7–13, hatte Paulus in V. 11–12 im Blick auf Jakob – und also Israel – vom „erwählungsgemäßen Ratschluss" Gottes und von dessen „Berufen" gesprochen. Nach Römer 8,28 waren die Gemeindeglieder „die nach Gottes Ratschluss Berufenen"; hier begründet „der erwählungsgemäße Ratschluss" Gottes die Berufung Israels.

Am Ende des Kettenschlusses stand in Römer 8,30 als letzte Aktion Gottes an den „nach seinem Ratschluss Berufenen" das Verherrlichen. Selbst die hier im Blick auf die Gemeindeglieder proleptisch ausgesprochene Zielaussage macht Paulus kurz danach von seinen Jesus ignorierenden Landsleuten. Zu den in Römer 9,4–5 aufgezählten ihnen zukommenden und durch nichts in Frage zu stellenden „Gnadengaben" (11,29) gehört auch die *dóxa,* Gottes *kavód,* sein „Glanz", seine „Herrlichkeit" – stärkster Ausdruck der Gegenwart Gottes bei seinem Volk.

Unter den in Römer 8,28–30 aufgezählten Akten des Handelns Gottes an den Gemeindegliedern findet sich – jedenfalls auf den ersten Blick – an einem Punkt kein entsprechendes Handeln Gottes an den nicht auf Jesus bezogenen Landsleuten des Paulus, nämlich beim Rechtfertigen. Doch ist hier einmal auf die in dieser Hinsicht archetypische Darstellung Abrahams in Römer 4 hinzuweisen, der Paulus als Vater des Volkes der Beschneidung und als Vater der zum Glauben kommenden Unbeschnittenen gilt. Darauf wird im nächsten Abschnitt eingegangen. Zum anderen lässt sich die kleine Differenz fruchtbar machen, mit der Paulus von Gottes rechtfertigendem Handeln gegenüber dem Volk der Beschneidung und den Unbeschnittenen in Römer 3,30 spricht. Darauf wird im übernächsten Abschnitt bei der Besprechung von Römer 3,21–31 einzugehen sein.

Ein Aspekt der Rechtfertigung ist jedoch hier schon zu erwähnen, nämlich der Aspekt der Sündenvergebung. Unter den in Römer 9,4–5 aufgezählten Gnadengaben für Israel ist er implizit enthalten im „Gottesdienst". Unter *latreía* ist ausschließlich der Tempelkult in Jerusalem zu verstehen. Was für Israel in dieser Hinsicht angeordnet wurde, ist keineswegs hinfällig, sondern von ihm zu halten. Paulus geht selbstverständlich davon aus, dass seine an Jesus als Messias glaubenden Landsleute, die in Jerusalem wohnen und nach Jerusalem pilgern, zusammen mit ihren Jesus ignorierenden Landsleuten am Tempelkult teilnehmen. Er selbst wird sich nicht anders verhalten haben, wenn er sich in Jerusalem aufhielt. In dieser Hinsicht Zweifel an der Darstellung der Apostelgeschichte zu haben, ist völlig unbegründet. Zum Tempelkult gehört der Versöhnungstag, in dem Israel die ihm zugesagte Vergebung der Sünden begründet und an dem es sie vollzogen sieht. Dass Paulus und andere neutestamentliche Zeugen angenommen hätten, aufgrund des als stellvertretende Sühne verstandenen Todes Jesu sei das Geschehen am Versöhnungstag ungültig, ist weder von ihm noch von ihnen auch nur angedeutet worden. Diese Annahme ist ein ebenso anachronistischer wie abstruser Kurzschluss, der spätere christliche Polemik gegen das Judentum in das 1. Jahrhundert zurückprojiziert.

In diesem Zusammenhang sei noch eine Beobachtung zu den in Römer 9,4–5 aufgezählten „Gnadengaben" angeführt. Sie vermag es zu unterstreichen, dass Israel nicht in einer Universalität aufgeht, sondern in seiner Besonderheit bleibt. Unter diesen Gnadengaben sind solche, die – durch den Gesalbten Jesus vermittelt – auch den ihm Zugehörigen zukommen. Das ist einmal „die Sohnschaft"[228] bzw. „die Kindschaft". Für Israel als „Kinder" und „Sohn Gottes" sei auf 5. Mose 14,1; 2. Mose 4,22; Hosea 11,1 verwiesen. Im Römerbrief bezeichnet Paulus Jesus schon in 1,3 als „Sohn Gottes" und nimmt das für die Gemeindeglieder in 8,14–23 auf. Zum anderen ist es „die Herrlichkeit", „der Glanz". Dazu sei für die Gemeinde jetzt nur Römer 8,17 genannt. Alle anderen Gnadengaben in Römer 9,4–5 gelten spezifisch für Mitglieder des jüdischen Volkes, ob sie an Jesus als Gesalbten glauben oder nicht, und sie gelten nicht für Menschen aus den Völkern, auch nicht für diejenigen unter ihnen, die zum Glauben an Jesus gekommen sind. Das ist nicht sofort einsichtig für „die Verheißungen". Paulus kennt selbstverständlich eine Verheißung für die Völker; dafür sei hier nur auf Römer 4,16–17 hingewiesen. Bei den in Römer 9,4 genannten Verheißungen dürfte er jedoch spezifisch auf Israel bezogene im Blick haben, wie Römer 15,8 zeigt.[229]

Bei allen übrigen in Römer 9,4–5 genannten Punkten liegt es auf der Hand, dass sie spezifisch für das jüdische Volk sind: die Bundesschlüsse, die Gabe der Tora, der Gottesdienst (= Tempeldienst in Jerusalem), die Väter, die leibliche Herkunft des Gesalbten. Das gilt auch für die voranstehende Bezeichnung „Israeliten". Ich sehe nicht, dass Paulus mit dem „Israel Gottes" in Galater 6,16 jemand anders meinen sollte als das jüdische Volk. Als Ergebnis dieses Abschnitts sei festgehalten: Der Umstand, dass die Verkündigung von Jesus als dem Gesalbten sich an alle richtet und „das Heil" aller intendiert, ebnet die Besonderheit Israels nicht ein. Wenn das jüdische Volk in seiner großen Mehrheit „die universale Heilsbedeutung Jesu" nicht für sich in Anspruch nimmt, heißt das nach Paulus nicht, dass es aus seiner besonderen Gottesbeziehung herausgefallen wäre und sich in einem heillosen Zustand befände. An der biblischen Grundunterscheidung zwischen Israel und den Völkern hält Paulus fest. Die „Universalität" besteht im Hinzukommen der Völker. Das wird unterstrichen durch das im Römerbrief in Bezug auf sie herausgestellte „Auch".

3. Auch die Völker – und die Voraussetzung des „Auch"
Am Themasatz des Römerbriefes in 1,16 wurde schon gezeigt, dass Paulus selbst da, wo er unter der Perspektive des Evangeliums „alle" im Blick hat, zwischen Israel und den Völkern differenziert und zugleich gewichtet: „Juden zuerst, aber auch Griechen". Das tut er noch zweimal – positiv und ne-

gativ – unter der Perspektive des Gerichts: Römer 2,9–10. Selbst hier, wo er die Unterschiedslosigkeit betonen will („kein Ansehen der Person bei Gott": V. 11), markiert er die Besonderheit Israels.

Im weiteren Verlauf des Römerbriefes formuliert er an zwei Stellen ein auf Menschen aus den Völkern bezogenes „Auch" im Anschluss an Israel, ohne dass Israel in einem Zusammenhang mit Jesus gesehen ist. Das aber schließt eine bleibende heilvolle Gottesbeziehung Israels ein, unabhängig von seiner Stellung zu Jesus. In Römer 4,7–8 zitiert Paulus die doppelte Beglückwünschung aus Psalm 32,1–2 gegenüber denjenigen, denen vergeben wird. Das Anrechnen als Gerechtigkeit, von dem vorher in Römer 4,3–5 im Anschluss an das Zitat aus 1. Mose 15,6 die Rede war, geschieht also so, dass Sünde nicht angerechnet, dass sie vergeben wird. An das Psalmzitat anschließend fragt Paulus in V. 9: *Richtet sich nun dieser Glückwunsch an das Volk der Beschneidung oder* auch *an die Völker der Unbeschnittenheit?* Das „Oder" zwischen Israel und den Völkern ist in dieser Frage kein „Entweder-Oder", keine sich ausschließende Alternative, sondern ein „Oder auch". Dass Israel der Glückwunsch gilt, versteht sich von selbst; das steht ganz außer Zweifel. „Die Schrift" (vgl. V. 3) wird in Israel gelesen und vorgelesen; „das Volk der Beschneidung" feiert den Versöhnungstag, an dem es sich Vergebung zugesagt sein lässt und Vergebung erfährt. *Glückwunsch der Nation, deren Gott der Ewige ist, dem Volk, das er sich zum Erbteil erwählt hat!* (Psalm 33,12) Der Akzent liegt für Paulus selbstverständlich auf dem „Auch", auf der Einbeziehung *auch* der Völker. Aber dieses „Auch" setzt Israel als selbstverständlichen und bleibenden Erstadressaten dieses Glückwunsches voraus.

Das „Auch" begegnet wieder in Römer 4,11, wo Paulus Abraham als „Vater aller" bezeichnet, *die als Unbeschnittene vertrauen, sodass es* auch *ihnen als Gerechtigkeit angerechnet wird.* Wieder ist deutlich, dass es nicht um eine Alternative geht. Vielmehr: Was für Israel gilt, gilt nun *auch* für die Völker. In Fortführung des in V. 11 begonnenen Satzes hält Paulus ganz parallel zu der Aussage, dass Abraham Vater aller zum Glauben gekommenen Unbeschnittenen ist, in V. 12 fest, dass er Vater des Volks der Beschneidung ist. Das ist eine Selbstverständlichkeit. Wenn die nicht gelten sollte, müsste das mit beachtlichem Aufwand ausdrücklich bestritten werden.[230] In der Fortsetzung von V. 12 findet sich ein weiteres Mal das „Auch": *So ist er Vater nicht allein für diejenigen, die aus dem Volk der Beschneidung stammen, sondern* auch *für diejenigen, die den Spuren des Vertrauens folgen, das unser Vater Abraham als Unbeschnittener hatte.* Innerhalb von Römer 4 begegnet dieses „Auch" ein letztes Mal in V. 16.

§ 9 Bleibende Besonderheit Israels nach dem Römerbrief   151

Dort spricht Paulus betont von der „*gesamten* Nachkommenschaft" Abrahams. Er schlüsselt sie anschließend in zwei Gruppen auf, die er mit „nicht nur, sondern auch" einander zuordnet: *nicht nur diejenige, die sich* (in religiöser Praxis) *auf die Tora bezieht, sondern* auch *diejenige, die dem Vertrauen Abrahams entspricht.* Der Ton liegt auf dem zweiten Teil. Aber es ist wichtig festzuhalten, dass diese Vertrauenden „auch" zur Nachkommenschaft Abrahams gehören und nicht die erstgenannte ersetzen. Paulus redet nicht exklusiv; Tora (*nómos*) und Vertrauen/Glaube (*pístis*) bilden an dieser Stelle keinen Gegensatz.[231]

Das „Auch", rückbezogen auf das nicht messiasgläubige Israel, findet sich im Römerbrief an einer Schlüsselstelle in Kap. 9. Dort zeichnet Paulus in V. 6–23 die Geschichte Gottes mit seinem Volk Israel in wenigen Stationen unter bestimmter Perspektive nach. Er tut es so, dass er die Qualifikation seiner Landsleute als Israel allein in Gottes erwählendem und rettendem Handeln verankert und damit unangreifbar macht – und auch völlig unabhängig von der Frage, ob an Jesus als Gesalbten geglaubt wird oder nicht. In V. 22–23 hat er die Vernichtung der Ägypter und die Rettung Israels am Schilfmeer im Blick und spricht darauf bezogen von den geretteten Israeliten als „Gefäßen" von Gottes Erbarmen. Daran schließt er in V. 24 relativisch an und fährt fort: *Als die hat er* auch *uns berufen, nicht allein aus dem jüdischen Volk, sondern auch aus den Völkern.* Die Formulierung dieses Satzes macht es evident, dass Paulus bisher in diesem Kapitel noch nicht von der messiasgläubigen Gemeinde gesprochen hat, dass er nicht ein Gegenüber von „Israel und Kirche" im Blick hatte, sondern das Gegenüber von Israel und den Völkern. Erst jetzt spricht er von „uns". Diese „Wir" – Paulus fasst sich mit seiner römischen Adressatenschaft zusammen – werden so eingeführt, dass Gott sie *auch* berufen hat.[232] So zu reden, ist dann sinnvoll, wenn jetzt an eine andere Gruppe als vorher gedacht ist, eine Gruppe, die zu den in V. 23 genannten „Gefäßen des Erbarmens" noch hinzukommt. Der besondere Akzent liegt aber in V. 24 noch auf etwas anderem. Paulus belässt es nicht bei dem einen „Auch". Es folgt noch ein zweites, wenn er „uns", die Gott *auch* berufen hat, näher beschreibt als „nicht allein aus dem jüdischen Volk, sondern *auch* aus den Völkern". Das ist hier der entscheidende neue Punkt, dass zu den Berufenen *auch* Menschen aus den Völkern gehören. Das ist das Wunderbare, da ja die Völker die sozusagen natürlichen „Gefäße des Zorns" sind. Auch sie hat Gott berufen. Auch sie gehören dazu. Aber eben: *auch*, nicht: *anstatt*.

„Universalität der Heilsbedeutung Jesu" hieße demnach: Durch die frohe Botschaft von dem Gesalbten Jesus sind auch die Völker in das heilvolle

Handeln Gottes einbezogen worden, das er zuvor schon Israel erwiesen hat – und weiter erweist. Die „Universalität der Heilsbedeutung Jesu" fordert nicht, die umfassende Reichweite des göttlichen Handelns in Jesus in der Weise exklusiv zu verstehen, dass Israel Heil nur durch Jesus erfahren könnte. Die partikulare Besonderheit Israels wird von Paulus nicht in einem allgemeinen Universalismus aufgelöst. Diese Besonderheit Israels wird gerade auch in dem zentralen Abschnitt gewahrt, in dem Paulus im Römerbrief zum ersten Mal von Gottes heilvollem Handeln redet, das alle umfasst, in Römer 3,21–31. Es ist kein Zufall, dass dort das „Auch" ebenfalls begegnet.

4. „Außerhalb des Geltungsbereiches der Tora"

In dem außerordentlich gedrängt geschriebenen Abschnitt Römer 3,21–31 fallen wichtige Entscheidungen schon bei der Übersetzung. Das gilt gleich für die Wendung zu Beginn: *chorís nómou*. Luther hatte sie mit „on zuthun des Gesetzes" wiedergegeben, was die Revisionen unter Modernisierung der Rechtschreibung beibehalten haben. Ohne Zutun des Wortes „Zutun" hat die Elberfelder Bibel „ohne Gesetz". Allein auf diese Wendung bezogen, sind das mögliche Übersetzungen. Aber was soll das „Ohne" heißen, wenn gleich anschließend für das hier Ausgesagte „Tora und Propheten" als Zeugen angeführt werden? Es ist also ein Geschehen im Blick, das gerade nicht „ohne" sie erfolgt. Außerdem gerät man bei dieser Übersetzung sofort in die Falle des lutherischen Verstehensrasters, das in diesem Textabschnitt Gnade gegen Leistung, Glaube gegen Werke gesetzt sieht, wobei für Werke und Leistung das Judentum stehen muss. Das wird weder dem Judentum noch dem paulinischen Text gerecht. Die Einheitsübersetzung und die Neue Zürcher Bibel übersetzen die genannte Wendung mit „unabhängig vom Gesetz", Fridolin Stier mit „abseits vom Gesetz". M.E muss die damit angedeutete Richtung des Verstehens noch deutlicher herausgestellt werden: „außerhalb des Geltungsbereiches der Tora".[233] Im vorangehenden Kontext hatte Paulus in V. 19 formuliert: *Alles, was die Tora sagt, redet sie zu denen en to nómo*. Diese Wendung ist pointiert zu verstehen als: „im Geltungsbereich der Tora". Dazu bildet *chorís nómou* den Gegenbegriff. Ganz analog hatte Paulus in Römer 2,12 *anómos* („unabhängig von der Tora") und *en nómo* („im Geltungsbereich der Tora") einander gegenübergestellt. Hatte er in Römer 1,18–3,20 den Unterschied zwischen Israel und den Völkern in negativer Hinsicht vergleichgültigt, weil „sie alle gesündigt haben", was er in 3,22b.23 noch einmal aufnimmt, so geht er in 3,21 dazu über, diesen Unterschied auch in positiver Hinsicht aufzuheben: *Jetzt nun ist außerhalb des Geltungsbereiches der Tora*, also gegenüber und an den Völkern, *Gottes*

§ 9 Bleibende Besonderheit Israels nach dem Römerbrief 153

Gerechtigkeit, sein helfendes und rettendes Handeln, das nach der biblischen Tradition zuvörderst seinem Volk Israel und in ihm besonders den Schwachen gilt, *sichtbar geworden*. Und das ist schon *bezeugt von Tora und Propheten*, also der jüdischen Bibel, wie etwa Psalm 98,1–4.9 und Jesaja 51,5 zeigen, wo im Zusammenhang von Gottes „Gerechtigkeit" (*z^edakáh*) und „Hilfe"/„Rettung" (*j^eschuáh*) auch die Völker in den Blick kommen. Wodurch dieser Erweis der helfenden und rettenden Gerechtigkeit Gottes sichtbar geworden ist, sagt V. 22a: „nämlich Gottes Gerechtigkeit *diá písteos iesoú christoú*". Die Genitivverbindung kann als *genetivus obiectivus* und *genetivus subiectivus* verstanden werden. Weithin wird ersteres vertreten: Vertrauen auf, Glaube an Jesus als Gesalbten. Das ist möglich. Dann würde Gottes Gerechtigkeit sichtbar an ihrer Wirkung, ohne dass gesagt worden wäre, wodurch sie bewirkt wurde. Außerdem läge eine seltsame Doppelung vor, da ja die darauf Vertrauenden, die daran Glaubenden gleich anschließend genannt werden: Gottes Gerechtigkeit für alle Glaubenden ist sichtbar geworden oder: Gottes Gerechtigkeit ist an allen Glaubenden sichtbar geworden. Dass *pístis*, mit einem Genitiv verbunden, bei Paulus im Sinne eines *subiectivus* verstanden werden kann, zeigt eindeutig Römer 3,3, wo *pístis theoú* nur die Treue meinen kann, die Gott selbst erweist. Gottes Gerechtigkeit, sein auch den Völkern erwiesenes helfendes und rettendes Handeln, ist sichtbar geworden „durch die Treue Jesu, des Gesalbten". Dabei dürfte Paulus an das denken, was er in Philipper 2,8 ausführt, dass der Gesalbte Jesus *sich erniedrigte und gehorsam war* (nämlich dem Auftrag Gottes) *bis zum Tod, dem Tod am Kreuz*. Und auf diese bis zum Tod bewährte Treue seines Gesalbten hat Gott seinerseits mit Treue geantwortet und den Erniedrigten erhöht.[234] Dieses rettende und helfende Handeln Gottes wirkt sich positiv aus für diejenigen, die sich darauf einlassen, die darauf vertrauen und setzen, daran glauben, und wird so an ihnen sichtbar. Das ist ja biblisch die Struktur des Glaubens: sich auf das bezeugte rettende und helfende Handeln Gottes einzulassen, sich darauf zu verlassen, im Vertrauen darauf den weiteren Weg zu gehen. Durch den Gesalbten Jesus hat also Gottes Gerechtigkeit, sein rettendes und helfendes Handeln, eine universale Reichweite bekommen, hat die Völker einbezogen und damit auch in positiver Hinsicht den Unterschied zwischen Israel und den Völkern vergleichgültigt.

Im Blick auf die Fragestellung dieses Paragraphen brauchen aus dem Abschnitt Röm 3,21–31 die Verse 24–26 nicht besprochen zu werden.[235] Ich setze wieder ein bei V. 27. In ihm wird deutlich: Selbst in diesem grundlegenden Abschnitt über die positive Vergleichgültigung des Unterschieds zwischen Israel und den Völkern hält Paulus an der Besonderheit Israels fest. Das wird allerdings verdeckt, wenn man V. 27 im Gefälle lutherischer Auslegung versteht. Hier fragt Paulus zunächst: *Wo also ist der Ruhm?* und stellt sofort kategorisch fest: *Er ist ausgeschlossen worden.* Die Auslegung in lutherischer Tradition sieht hier „auf die Haltung des Menschen hingewiesen, in der er sich seiner eigenen Fähigkeiten, Möglichkeiten und Taten meint rühmen zu können", und kennzeichnet das als typisch jüdisch: „Ist der (!) Jude der Ansicht, er könne sich auf die Thora berufen und vor Gott und den Menschen Werke geltend machen, deren Erfüllung das Gesetz fordert, so täuscht er sich von Grund auf."[236] Dass jüdische Texte ganz anderes sagen, wird schlicht ignoriert. Angesichts dessen, dass Paulus, nachdem er den Unterschied zwischen Juden und Nichtjuden hinsichtlich der Sünde eingeebnet, nun im unmittelbar Vorangehenden begonnen hatte, das auch hinsichtlich der Rechtfertigung zu tun, muss unter „Ruhm" etwas anderes verstanden sein. Gemeint ist der Ruhm, den Israel insofern hat, als ihm die Tora anvertraut worden ist und es sich dadurch aus der Völkerwelt heraushebt (vgl. Baruch 4,1–4).

Allerdings nimmt Paulus nach der apodiktischen Feststellung, dass der Ruhm ausgeschlossen sei, in V. 27b sogleich eine Differenzierung in zwei Hinsichten vor und legt dar, in welcher das ausgesprochene Urteil gilt und in welcher nicht. Der Text ist äußerst knapp formuliert. Ich übersetze zunächst wörtlich und lasse dabei zwei Worte unübersetzt: *Durch welchen nómos? Den der érga? Nein! Vielmehr durch den nómos von Treue und Vertrauen.* Ich mache die Voraussetzung, dass Paulus mit *nómos* an beiden Stellen nichts anderes meint als bisher und meistens im weiteren Römerbrief auch, nämlich die Tora. Er hat nicht zwei völlig verschiedene „Gesetze" im Blick, sondern die eine Tora. Wenn er den so verstandenen *nómos* mit *poíos* verbindet – „welche Tora?" –, unterscheidet er Aspekte der einen Tora. Damit ergibt sich als Sinn der gestellten Frage: Durch welchen Aspekt der Tora ist der Ruhm Israels ausgeschlossen worden? Als Antwort verneint Paulus zunächst, dass er durch die Tora der *érga* ausgeschlossen worden sei, also unter dem Aspekt, dass die Tora *érga* fordert. Der Text wird m.E. dann durchsichtig und verständlich, wenn *érga* in Bezug auf *nómos* die für Israel spezifischen Gebote und Verbote meint, die jüdische Lebensweise ausmachen und von anderer Lebensweise unterscheiden.

Die Wendung *érga nómou* (Luther: „Werke des Gesetzes") bezeichnet bei Paulus nicht das von der Tora gebotene Tun überhaupt, sondern diejenigen Gebote und Verbote der Tora, die jüdische Lebensweise von anderer Lebensweise unterschei-

§ 9 Bleibende Besonderheit Israels nach dem Römerbrief   155

den. Sie wäre also mit „Torapraktiken" wiederzugeben oder zu umschreiben mit: „was die Tora an religiöser Praxis fordert". Paulus findet sich in einer Situation vor, in der er – anders als in der jüdischen Tradition sonst – zwingend innerhalb der Tora unterscheiden muss. Durch die Verkündigung von Jesus als dem in endzeitlicher Neuschöpfung von den Toten auferweckten Gesalbten greift Gott kraft des heiligen Geistes auch nach den Völkern, ohne dass diese in Israel zu integrieren sind. Wo solche Integration dennoch proklamiert und praktiziert wird, bei Männern also durch Beschneidung, sieht Paulus Gottes Heilshandeln im Gesalbten Jesus radikal in Frage gestellt (Galater 2,21). Zumindest an das Beschneidungsgebot der Tora sollen und dürfen die Hinzukommenden sich nicht halten. Aber Paulus will auch nicht, dass sie überhaupt spezifisch jüdische Lebensweise für sich übernehmen (Galater 2,14). Andererseits will er sehr wohl, dass sie das von der Tora geforderte gute Tun befolgen. Das gibt er geradezu als Ziel der Sendung Jesu an: Römer 8,4. Dieses von der Tora geforderte gute Tun bringt er hier auf den Begriff *tó dikaíoma tou nómou* („die Rechtsforderung der Tora"). In Römer 2,26 gebraucht er dafür gleichsinnig den Plural. Wenn nach dieser Stelle Unbeschnittene „die Rechtsforderungen der Tora" halten können, ist klar, dass die sich auf die spezifische jüdische Lebensweise beziehenden Vorschriften der Tora ausgeschlossen sind. Dasselbe gilt für die Wendungen *ta tou nómou* (Römer 2,14 – „das von der Tora Geforderte") und *to érgon tou nómou* (Römer 2,15 – „die von der Tora geforderte Tat"). Dieser Befund und der Umstand, dass Paulus um diejenigen Toravorschriften, die sich auf jüdische Lebensweise beziehen, heftige Auseinandersetzungen geführt hat, lassen es erwarten, dass diese Vorschriften von ihm auch auf den Begriff gebracht werden. Dieser Begriff ist *érga nómou*. Sie sollen von den aus den Völkern Hinzukommenden nicht praktiziert werden.[237]

Also: Unter dem Aspekt dessen, was die Tora an religiöser Praxis fordert, ist nach V. 27 Israels Ruhm nicht ausgeschlossen. Das stellt Paulus hier ausdrücklich fest; und das sollte wahrgenommen werden. Diese religiöse Praxis markiert die Unterscheidung, die bleibt. In ihr manifestiert sich die Besonderheit Israels, die Paulus keineswegs in Frage stellt. Er will ja nicht, dass Jüdinnen und Juden, gleichgültig, ob sie an Jesus als Messias glauben oder nicht, es aufgeben, sich an diese religiöse Praxis zu halten. Eine teilweise Aufgabe verlangt er nur im Zusammenleben mit Nichtjuden in den messiasgläubigen Gemeinden. Im jüdischen Kontext lebt auch er ganz selbstverständlich jüdisch. Dass unter dem Aspekt religiöser Praxis Israels Ruhm nicht ausgeschlossen ist, bildet hier jedoch nur einen Nebenpunkt. In der Hauptsache stellt Paulus fest: Der Ruhm ist ausgeschlossen *diá nómou písteos*. Diese Wendung lässt sich in diesem Zusammenhang so verstehen: durch die Tora, insofern sie die Treue Gottes und seines Gesalbten Jesus bezeugt und damit auf Vertrauen, auf Glauben zielt. Da dieser Weg des Vertrauens, des Glaubens durch Jesus auch den Völkern eröffnet ist, hat in dieser Hinsicht Israel keinen Vorzug und kann sich also nicht rühmen. Dieser dem Paulus wesentliche Aspekt wird in V. 28 erläutert. Dieser Vers ist nicht die zentrale These des Abschnitts, sondern eine Zusammenfassung von vorher schon Gesagtem, die hier als Erläuterung dient. Worauf Paulus hinaus will und was am Anfang des Abschnitts mit der Wendung „außerhalb des Geltungsbereiches der Tora" schon angeklungen war, das sagt er ausdrücklich in V. 29. Er stellt zunächst zwei rhetorische Fragen: *Oder ist etwa Gott allein Gott des jüdischen Volkes? Nicht auch der Völker?*, um dann emphatisch zu antworten: *Ja, auch der Völker!* Dass Gott Israels Gott ist, bedarf keiner Diskussion; das versteht sich von selbst. Für Paulus liegt hier der Ton auf der durch den Gesalbten Jesus gewirkten endzeitlichen Gleichstellung der Völker mit Israel unter dem Gesichtspunkt der durch Glauben bzw. Vertrauen gewonnenen Rechtfertigung. „Universalität der Heilsbedeutung Jesu" hieße also für Paulus: Einbeziehung der Völker in das heilvolle Handeln Gottes, das er von Abraham an Israel zuerst erwiesen hat, ohne dass damit die Besonderheit Israels aufgehoben wäre.[238]

5. *„Diener des Volks der Beschneidung"*
Dass Paulus angesichts der von ihm im Römerbrief dargestellten doppelten Aufhebung des Unterschieds zwischen Israel und den Völkern dennoch Israel nicht differenzlos in der Völkerwelt aufgehen lässt, zeigt sich schließlich auch daran, dass er von einer sehr spezifischen messianischen Funktion Jesu gegenüber Israel sprechen kann. Der Abschnitt Römer 15,7–13 ist so etwas wie „ein Fazit des ganzen Briefkorpus".[239] In V. 8–9 vertritt Paulus, mit „ich sage ja" eingeleitet, eine doppelte These im Blick auf Israel und die Völker. Im Blick auf Israel sagt er in V. 8: *Der Gesalbte ist Diener des Volks der Beschneidung geworden zum Erweis der Treue Gottes, um die den Vätern gegebenen Verheißungen zu bestätigen.* Gegenüber dem Volk Israel hat Jesus als Gesalbter hiernach eine diakonische Funktion, die er „zum Erweis der Treue Gottes" vollzieht. Was Paulus in Römer 9–11 ausgeführt hat, wird hier auf eine knappst mögliche Formulierung gebracht: Gott hält Treue zu seinem Volk – unabhängig von dessen Verhalten, vor allem: unabhängig von dessen Stellung zum Messias Jesus. Im Gegenteil: Für diese Treue steht Jesus als Gesalbter auch noch ein. Er tut es so, dass er die den Vätern gegebenen Verheißungen bestätigt. Bei den „Vätern" dürfte in erster Linie an Abraham, Isaak und Jakob gedacht sein. Die ihnen gegebenen Verheißungen sind nach Ausweis der entsprechenden biblischen Aussagen vor allem die von Nachkommenschaft und Land und vom sicheren und gesicherten Leben im Land, wie es etwa im Benedictus des Zacharias in Lukas 1,73–75 heißt: *... der Eid, den Gott Abraham, unserem Vater, geschworen hat, es uns zu geben, dass wir ihm – aus der Hand unserer*

§ 9 Bleibende Besonderheit Israels nach dem Römerbrief

Feinde befreit – ohne Furcht dienen können in Lauterkeit und Gerechtigkeit vor ihm alle unsere Tage. Angesichts einer dominant gewordenen christlichen Tradition des Schemas von „Verheißung und Erfüllung" ist es auffällig, dass Paulus hier gerade nicht vom Erfüllen der Verheißungen spricht. Er kann es nicht, weil Jesus diese Verheißungen nicht erfüllt hat. Das unterstreicht, dass die genannten, Israel spezifisch geltenden Verheißungen an „die Väter" im Blick sind. Aber sie sind auch keinesfalls annulliert, außer Kraft gesetzt. Der Gesalbte Jesus hat sie bestätigt; sie gelten weiterhin unverbrüchlich.

Im Blick auf die Völker sagt Paulus in V. 9a: *... und die Völker loben Gott für sein Erbarmen.* Warum sie das tun können, zeigt das Schriftzitat in V. 9b aus Psalm 18,50 (= 2. Samuel 22,50): *Deshalb will ich Dich bekennen unter den Völkern und Deinem Namen lobsingen.* In dem im Psalm sprechenden David erkennt Paulus den Gesalbten Jesus. Ihn hört er es hier ausdrücklich als seinen messianischen Auftrag aussprechen, Gott unter den Völkern bekannt zu machen. Diesen Auftrag hat er erfüllt. In der Verkündigung von Jesus als dem Gesalbten ist den Völkern Gottes Erbarmen zugewandt worden. So können sie einstimmen in das Lob Gottes – und sich mit Gottes Volk Israel freuen (Römer 15,10). Wo also Paulus Israel ausdrücklich als Adressaten des messianischen Handelns Jesu im Blick hat, bezieht er es nicht in das den Völkern geltende Handeln des Messias Jesus mit ein, sondern lässt Jesus die spezifisch jüdische, die auf Israel bezogene messianische Erwartung bestätigen. So sei aus dem Fazit des Paulus zum Römerbrief noch einmal als Fazit dieses Beitrags benannt: „Universalität der Heilsbedeutung Jesu" meint die Einbeziehung der Völker in das Erbarmen Gottes durch die auf Jesus bezogene messianische Verkündigung – unter Festhalten an der partikularen Besonderheit Israels, das nicht in einer allgemeinen Universalität aufgeht.

III. Solidarische Partnerschaft mit Israel/Judentum gestalten

Wenn Christen und Christinnen durch ihre biblische Grundlage konstitutiv auf ein Außerhalb ihrer selbst, auf Israel, auf das Judentum, verwiesen sind, werden sie zugleich damit angehalten, diese Verwiesenheit in solidarischer Partnerschaft zu gestalten. Das wird ihnen nicht gelingen, wenn sie an der traditionellen Entgegensetzung von „Gesetz und Evangelium", zugespitzt in der Rede von der „Freiheit vom Gesetz", festhalten, wenn sie kein positives Verhältnis zur Tora gewinnen. Daher ist nach dem Zusammenhang von Tora und Evangelium zu fragen.

Die auf Jesus als von Gott Auferweckten bezogene Gemeinschaft im 1. Jahrhundert – und in ihrer Folge die Kirche – sah sich von frühester Zeit an zu einer universalen Sendung beauftragt. Bleibt auch angesichts derer die besondere Partikularität Israels außerhalb der Kirche als eine zu bejahende bestehen, stellt sich die Frage nach der Wahrheit. Auch im Blick darauf ist es ratsam, sich am biblischen Reden zu orientieren, das wenig mit dem Konstatieren von Satzwahrheiten zu tun hat, aber viel mit Verlässlichkeit und Treue, mit dem, was sich auf einem zu gehenden Weg bewährt. Von daher könnte sich die Möglichkeit eines Gesprächs eröffnen, in dem wechselseitig auf das gehört wird, was sich den am Gespräch Beteiligten bewährt hat, und das doch dabei zugleich aufs Neue der Bewährung ausgesetzt wird.

Die besondere Beziehung zwischen Christentum und Judentum ist durch die Bibel gegeben. So ist es naheliegend, sich im christlich-jüdischen Gespräch immer wieder auf die Bibel zu beziehen. Wie in ihr von Jerusalem, dem irdischen und dem himmlischen, in spannungsvoller Zusammengehörigkeit geredet wird, kann eine gute Perspektive aufweisen für die Gestaltung eines Miteinanders von Juden und Christen. In diese Perspektive ist das Land Israel – und das heißt heute auch: der Staat Israel – einbezogen.

§ 10 Christsein mit Tora und Evangelium oder: Die Frage nach der Wahrheit zwischen Universalität und Partikularität[240]

Die Zusammenstellung von „Tora und Evangelium" ist in der christlichen Tradition ungewöhnlich. Allerdings hatte Peter von der Osten-Sacken schon 1987 einen Band mit Aufsätzen zu Paulus unter den Titel „Evangelium und Tora" gestellt.[241] Die Übernahme des hebräischen Wortes *torah* ins Deutsche anstelle der Übersetzung mit „Gesetz" setzt bewusst einen deutlich anderen Akzent gegenüber einer Tradition, die „Gesetz und Evangelium" einander gegenüberstellt, die in bestimmten Zusammenhängen „Gesetz" und „Evangelium" als Gegensätze versteht. Das war – und ist teilweise noch immer – besonders der Fall, wenn mit dem Evangelium der Begriff der „Freiheit" verbunden wird, zugespitzt als „Freiheit vom Gesetz". So konnte dann auch von „evangelischer Freiheit" im Gegensatz zum „gesetzlichen Judentum" geredet werden. Demgegenüber könnten sich „Tora und Evangelium" gerade nicht als Antipoden erweisen und somit einen Raum zwischen Juden und Christen sichtbar machen, der sie nicht trennt, sondern im Gegenteil verbindet. Darum soll es zunächst gehen, wobei ich das Gegenüber von „Gesetz und Freiheit" infrage stelle. Ich tue das als Neutestamentler, der beobachtet hat, dass es Christentum im 1. Jahrhundert überhaupt noch nicht gibt, sondern dass es erst im 2. Jahrhundert im Gegenüber und in Abgrenzung zum Judentum entstanden ist, hervorgegangen aus einer in innerjüdischen Spannungen stehenden Gruppe, die sich für Menschen aus den Völkern geöffnet hatte, ohne dass sich diese ins Judentum integrieren mussten. Es gab hier also eine Sendung hin zur Völkerwelt, die über die Sammlung in Israel hinausging. Nach dieser Sammlung und Sendung soll dann an wenigen Punkten gefragt werden, vor allem aber, worauf damit heutige Kirche verwiesen sein könnte. Das führt im dritten Abschnitt noch einmal kurz zu den Fragen von Universalität und Partikularität. Wie können wir von der universalen Heilsbedeutung Jesu reden, ohne die bleibende Bedeutung der besonderen Partikularität Israels in Frage zu stellen? Diese Frage positiv zu beantworten, verlangt m.E. das biblische Zeugnis. Mit all dem ist immer auch die Frage nach der Wahrheit gestellt. Ihr will ich dann in einem vierten Teil nachgehen.

§ 10 Wahrheit zwischen Universalität und Partikularität

1. Gesetz oder Freiheit?

Ich versuche zunächst einige begriffliche Vorklärungen. Das Begriffspaar „Gesetz und Freiheit" – als Gegensatz oder zumindest als spannungsvolles Gegenüber verstanden – ist in der christlichen Tradition vor allem in der Paulusauslegung zuhause. Paulus gehe es um „die Freiheit vom Gesetz"; er verkünde ein „gesetzesfreies Evangelium".[242] Das ist – zumindest in dieser Pauschalität – schlicht falsch. Paulus sieht sich in einer Situation, in der er innerhalb der Tora differenzieren muss.[243] Er stellt fest und erkennt es als positiv an, dass Menschen aus der Völkerwelt „das von der Tora Geforderte tun" (Römer 2,14). Damit zeigen sie, dass „das von der Tora geforderte Tun in ihren Herzen geschrieben steht" (2,15). Unbeschnittene halten „die Rechtsforderungen der Tora" (2,26). Dabei ist das von der Tora geforderte gute ethische Tun und Verhalten im Blick. Selbstverständlich ausgeschlossen ist die Forderung der Beschneidung; ausgeschlossen sind aber auch alle Vorschriften, die die spezifisch jüdische Lebensweise betreffen. Dass „unter uns", dass von den Menschen in der Gemeinde „die Rechtsforderung der Tora ausgeführt werde", ist nach Römer 8,4 geradezu Ziel der Sendung des Sohnes durch Gott. Paulus redet seine römische Adressatenschaft als Menschen aus der Völkerwelt an. Sie sind durch die Verkündigung von dem Gesalbten Jesus, den Gott in endzeitlich-neuschöpferischer Tat von den Toten aufgeweckt hat, kraft des damit gegebenen Geistes herbeigerufen worden. Da ihnen gegenüber Gott selbst so gehandelt und sie zu sich in Beziehung gesetzt hat, müssen und dürfen sie nicht in Israel integriert, d.h. für Männer: nicht beschnitten werden. Und nach Paulus sollen sie auch nicht spezifisch jüdische Lebensformen übernehmen. Wenn man so will, kann man also von einem „beschneidungsfreien Evangelium" des Paulus reden, aber eben nicht von einem „gesetzesfreien". Diese Beschneidungsfreiheit gilt auch nur im Blick auf die hinzukommenden Nichtjuden. Es gibt nicht die Spur eines Hinweises, dass Paulus oder irgendjemand sonst im 1. Jahrhundert in der auf Jesus bezogenen Gemeinschaft es gefordert hätten, jüdische neugeborene Knaben nicht zu beschneiden. Das vielmehr zu tun, wurde als selbstverständlich vorausgesetzt.

Neben den als Antipoden verstandenen Begriffen „Gesetz und Freiheit" wurde in der christlichen Tradition, besonders in der reformatorischen, die Gegenüberstellung von „Gesetz und Evangelium" dominant. Sie wurde zu einem zentralen Punkt protestantischen Selbstverständnisses. Für Luther ergab sich diese Unterscheidung aus der befreienden Erkenntnis, dass Gott aus seiner freien Gnade heraus rechtfertigt, was im Evangelium bezeugt, verkündet und zugesprochen wird. Demgegenüber verstand er die bei Paulus begegnende Wendung *érga nómou* als „Werke des Gesetzes" von der Forderung des Gesetzes überhaupt, der der Mensch nicht genügen kann, an der er immer wieder scheitert, sodass es dem Gesetz als vornehmliche Funktion zukommt, zur Erkenntnis der Sünde zu führen. Diese Erfahrung des Scheiterns hatte Luther als Mönch trotz heftigster Anstrengungen für ein frommes und gutes Leben gemacht, bis ihm zunächst an Texten der Psalmen, dann aber vor allem am Römerbrief des Paulus die Erkenntnis von der freisprechenden Gnade Gottes aufging. Von daher ergaben sich als Gegensätze Gottes Gnade einerseits und eigene Leistung andererseits, vertrauendes sich Einlassen auf diese Gnade Gottes, also Glaube einerseits, und „Werke" andererseits – und mit ihnen als Gegensatz Evangelium und Gesetz. Die Unterscheidung von Evangelium und Gesetz hat also bei Luther eine Tendenz hin zum Gegensatz. Dieser Gegensatz wird von ihm selbst auch ausdrücklich ausgesprochen in den Vorreden zum Alten und Neuen Testament.[244]

Dieses Verständnis von „Gesetz" als Gegenüber zum Evangelium entspricht nicht dem biblisch-jüdischen Verständnis von Tora. Tora ist nicht „Gesetz". Bei der Übersetzung hebräischer heiliger Schriften in das Griechische hatten griechisch sprechende Juden für *toráh* kein besseres griechisches Wort als *nómos*. Sie haben zwar *nómos* geschrieben und gesagt, aber von den Kontexten her, in denen sie dieses Wort gebrauchten, haben sie *toráh* verstanden. Das ist im Neuen Testament nicht anders. Ich habe mir deshalb angewöhnt, das Wort *nómos* nicht mehr mit „Gesetz" wiederzugeben, wenn es im Neuen Testament das meint, was das hebräische Wort *toráh* bezeichnet, sondern eben dieses auch im Deutschen heimisch werdende hebräische Fremdwort „Tora" zu gebrauchen. Selbstverständlich enthält die Tora auch Gesetze, Rechtsvorschriften, Gebote. Aber in diesem Aspekt ist sie nicht knechtendes Gesetz, sondern – der Grundbedeutung des Wortes entsprechend – Wegweisung, Weisung zum Leben. Aber Tora ist noch viel mehr. Mit Tora kann die ganze Bibel benannt werden, vorzüglich jedoch die fünf Bücher Mose. Sie erzählen zu Beginn von Gottes schöpferischem Handeln und setzen damit einen Bezug Gottes zur ganzen Welt und allem in ihr. Vor allem aber erzählen sie von der besonderen Geschichte Gottes mit seinem Volk Israel, das er erwählt und segnet, mit dem er sich verbündet und verbindet. In dieser Geschichte zeigt Gott, wer er ist, erweist er sich als Retter und Richter, der durch sein Gerichtshandeln hindurch an seinem Volk festhält, ja – nach der rabbinischen Tradition – sich in jedes der Exile seines Volkes mit exilieren lässt.[245] Schon dem Mose hatte er sich nach 2. Mose 34,6 so vorgestellt und zugesprochen: *Der Ewige, der Ewige, Gott, barmherzig und gnädig, langmütig und voll von Gnade und Treue.* Entsprechend hat

§ 10 Wahrheit zwischen Universalität und Partikularität   163

die rabbinische Tradition Recht und Erbarmen als die beiden wichtigsten Maße Gottes bezeichnet, mit denen er misst; und sie hat herausgestellt, dass das Erbarmen überwiegt. Das aber heißt: Tora kann nicht dem Evangelium gegenübergestellt, gar entgegengesetzt werden; vielmehr: Tora *ist* Evangelium, *ist* „gute Botschaft". So zählt auch Paulus in Römer 9,4 die *nomothesia* unter den Israel unwiderruflich gegebenen „Gnadengaben" (Römer 11,29) auf; das Wort ist daher nicht mit „Gesetzgebung" zu übersetzen, sondern mit „Gabe der Tora".

Dass die Tora Gabe, Geschenk ist, stellt auch die rabbinische Tradition heraus. In einer auf Rabbi Jochanan zurückgeführten Überlieferung heißt es: „Anfangs lernte Mose Tora, aber er vergaß sie, bis sie ihm als Geschenk gegeben wurde. Denn es ist gesagt: *Und er gab [die beiden Tafeln] Mose, als er mit ihm zu Ende geredet hatte* (2. Mose 31,18)."[246] Nicht durch die Anstrengung des Lernens wird die Tora wirklich zu eigen, sondern als Geschenk Gottes. Das schließt das Lernen nicht aus, im Gegenteil. In der Aufnahme dieser Überlieferung im Jerusalemer Talmud dient sie der Ermutigung der Lernschwachen zum Lernen.[247] Im Midrasch wird sie in etwas anderer Fassung auf Rabbi Abbahu zurückgeführt: „Die ganzen 40 Tage, die Mose oben verbrachte, lernte er Tora, aber er vergaß sie. Er sagte ihm: ‚Herr der Welt, ich habe 40 Tage, aber ich weiß überhaupt nichts.' Was machte der Heilige, gesegnet er? Nachdem die 40 Tage voll waren, gab ihm der Heilige, gesegnet er, die Tora als Geschenk. Denn es ist gesagt: *Und er gab Mose.*"[248] In der Fortsetzung wird aus dem Schluss von 2. Mose 31,18 (*als er mit ihm zu Ende [kalot] geredet hatte*) gewonnen, dass „der Heilige, gesegnet er, Mose Hauptregeln bzw. Zusammenfassungen (*klalim*) gelehrt hatte". Als solche Zusammenfassungen gelten 1. Mose 5,1: *Im Bilde Gottes schuf er ihn* (den Menschen) und 3. Mose 19,18: *Du sollst deinen Nächsten lieben dir gleich.*[249] Die Hauptregeln geben den Einzelweisungen Richtung und Linie vor, zeigen die Dimension an, in der ihnen nachzukommen ist, nicht nur den in der Tora geschriebenen, sondern auch den in der weiteren Auslegung zu findenden.

Damit ist ein weiterer wesentlicher Aspekt angezeigt: Die Gabe der Tora fordert dazu heraus, sie auslegend zu gebrauchen, sie zu lehren, zu lernen und zu tun. Die auf „die Männer der großen Versammlung" zurückgeführte Maxime: „Macht einen Zaun für die Tora!", von Rabbi Akiva mit der Aussage aufgenommen, „die Überlieferungen" seien „ein Zaun für die Tora",[250] meint gewiss auch, dass im Blick auf Toraverbote mögliche Vorformen untersagt werden, die zum Übertreten der Toraverbote führen könnten. Hinsichtlich der Dekaloggebote, nicht zu morden und nicht die Ehe zu brechen, geschieht das etwa in Matthäus 5,21–22.27–28,[251] indem schon der Zorn gegenüber dem Mitmenschen und der begehrliche Blick auf eine fremde Ehefrau verboten werden. Aber vor allem ist das Anlegen eines Zauns für die Tora die Eröffnung eines Spielraums möglicher Auslegungen; er steckt einen Raum zu bewährender Freiheit in der Praxis der Lebensgestaltung ab.

War so herauszustellen, dass Tora nicht im Gegensatz zum Evangelium steht, sondern selbst Evangelium ist, gilt es auf der anderen Seite deutlich zu machen, dass das Evangelium nicht ohne Gebot ist. Das lässt sich besonders eindrücklich am Matthäusevangelium erkennen. Jesu Lehre auf dem Berg in Matthäus 5–7 und die Erzählungen von Heilungen Jesu in den folgenden Kapiteln 8 und 9 werden in 4,23 und 9,35 von zwei nahezu gleich lautenden Summarien eingeschlossen; sie beschreiben Jesu Wirken so: Er *lehrte in ihren Synagogen und verkündigte das Evangelium vom Reich und heilte jede Krankheit und jedes Gebrechen*. Das Lehren Jesu wird ausführlich in seiner Lehre auf dem Berg dargestellt, sein Heilen in der anschließenden Zusammenstellung von Heilungsgeschichten breit entfaltet. In beidem, dem Lehren und dem Heilen, vollzieht sich das in den Summarien jeweils dazwischen stehende Verkündigen des Evangeliums vom Reich, der guten Botschaft von der Herrschaft Gottes. Die Lehre Jesu aber hat als ihre unumstößliche Basis die Tora (Matthäus 5,17–19). In dem großen Abschnitt Matthäus 5,21–48 gibt sich diese Lehre ausdrücklich als Auslegung der Tora zu erkennen. Bei den sechs Einheiten dieses Abschnitts handelt es sich nicht – wie eine fehlgeleitete und fehlleitende Exegese lange Zeit meinte – um „Antithesen zum Gesetz", sondern um ganz und gar im Rahmen des Judentums stehende Auslegungen der Tora.[252]

Wenn also die Tora Evangelium, wenn das Evangelium nicht ohne Gebot ist, wenn das Evangelium als Gebot Auslegung der Tora, wenn die Tora als Schrift Grundlage des Evangeliums ist, wenn die Verkündigung des Evangeliums darauf zielt, dass „die Rechtsforderung der Tora unter uns ausgeführt werde" – was heißt dann Christsein im Blick auf Tora und Evangelium? Nach allem bisher Dargelegten ist deutlich, dass Tora und Evangelium keine Antipoden sind und das Christsein nur dem Evangelium zugeordnet wäre. Da aber die Tora nicht primär uns Christinnen und Christen gehört, sondern zuvor und zugleich dem Judentum, deutet sich hier eine Verwiesenheit des Christentums auf eine Gemeinschaft außerhalb seiner selbst an, auf Israel/Judentum. Das dargestellte Verhältnis von Tora und Evangelium wird zum Hinweis auf die Selbigkeit Gottes als des Gottes Israels und des im Neuen Testament bezeugten Gottes, der Jesus von den Toten erweckt hat. Es ist damit ein Hinweis auf einen möglichen gemeinsam zu bewohnenden

§ 10 Wahrheit zwischen Universalität und Partikularität   165

Raum von Judentum und Christentum, auf ein biblisch begründetes beieinander Wohnen, bei dem der je andere in seinem eigenen Zeugnis als anderer selbstverständlich anerkannt ist und in seiner bleibenden Unterschiedenheit respektiert wird. So könnte sich ein Raum mit Leben füllen, in dem auf der Basis der unterschiedlich ausgelegten, aber doch gemeinsamen Schrift – und damit auf der Basis der vorausgesetzten und zu bewährenden Einheit Gottes – im Einbringen der je eigenen Traditionen voneinander und miteinander gelernt werden kann.

2. Zwischen Sammlung und Sendung, Partikularität und Universalität
Das Hinzukommen von Menschen aus den Völkern zu der auf Jesus bezogenen jüdischen Gemeinschaft ergab sich anfangs mehr zufällig, indem aus dem Land Israel kommende messiasgläubige Juden in den Synagogen der Städte im Mittelmeerraum von ihrem messianischen Glauben erzählten und damit auch die „Gottesfürchtigen" bzw. „Gott Verehrenden" erreichten, nichtjüdische Sympathisanten der Synagogengemeinden. Diese Verkündigung des Messias Jesus fand Anhänger, aber von der Mehrzahl wurde diese Botschaft abgelehnt. Das führte in den Synagogen zum Streit, der die Messiasgläubigen veranlasste, sich nebenher unter sich in Privathäusern zu versammeln, ohne dass sie damit den Bezug zur Synagoge abbrachen; das taten sie weder prinzipiell noch praktisch.[253] Dass auf einem Treffen in Jerusalem von der Führung der dortigen messiasgläubigen Gemeinde mit Vertretern der Gemeinde von Antiochia – meist „Apostelkonvent" oder gar „Apostelkonzil" genannt – entschieden wurde, hinzukommende Menschen aus den Völkern nicht ins Volk Israel zu integrieren, Männer unter ihnen also nicht beschneiden zu lassen, wird auf folgender Argumentation basiert haben: Nach Joel 3 gießt Gott am Ende der Zeit seinen Geist über alles Fleisch aus; nach Jesaja 2,2–3 und Micha 4,1–2 kommen am Ende der Zeit die Völker zum Zion, um von Israels Gott zu lernen. Das wird in der messiasgläubigen Gemeinschaft als sich jetzt schon vollziehend erlebt. Die Auferweckung Jesu wurde als ein Akt endzeitlicher Neuschöpfung verstanden, der die Endzeit schon anbrechen lässt. Das Wirken des Geistes Gottes wurde in dieser Gemeinschaft vielfältig erfahren. Die geistgewirkte Verkündigung von Jesus als dem Gesalbten ließ Menschen aus den Völkern dazukommen, die sich ebenfalls als geistbegabt herausstellten (vgl. Apostelgeschichte 10,44–47). So wurde das sich anfangs gleichsam zufällig ergebende Hinzukommen von Menschen aus den Völkern zur bewusst vollzogenen Sendung an sie. Schon lange vor dem Treffen in Jerusalem hatte Paulus aufgrund bestimmter biographischer Vorgaben seine bei Damaskus gemachte Erfahrung programma-

tisch als Berufung zum Apostel für die Völker gedeutet.[254] Entsprechend werden in dem ganz und gar im jüdischen Kontext stehenden Matthäusevangelium Jesu Schüler am Schluss in 28,19 vom Auferweckten aufgefordert: *Macht euch also auf, lasst alle Völker mitlernen!*[255] Und nach Apostelgeschichte 1,8 sollen sie Jesu Zeugen sein „bis ans Ende der Erde".

Vor dieser Sendung und auch weiterhin neben ihr gab es das Konzept einer sehr spezifischen Sammlung. Es zeigt sich am deutlichsten im Reden von den „Zwölfen". Ob es schon vorösterlich einen Zwölferkreis um Jesus gegeben hat, wird sich nie mit eindeutiger Sicherheit entscheiden lassen; das braucht uns auch nicht zu interessieren. Von 1. Korinther 15,5 her ist es klar, dass es ihn jedenfalls mit und seit Ostern gegeben hat. Dabei ist auch nicht wichtig, wie lange und in welcher Weise er tatsächlich existierte. Es reicht, dass „die Zwölf" in neutestamentlichen Texten eine wichtige Rolle spielen. Dieses Reden von ihnen lässt sich nur verstehen als Bezug auf die zwölf Stämme Israels, die biblisch auf die zwölf Söhne Jakobs (= „Israels"; 1. Mose 32,29) zurückgeführt werden. „Die Zwölf" sind Repräsentanten des Zwölfstämmevolkes Israel, das dabei ist, endzeitlich restituiert zu werden. Auf die Sammlung des sich endzeitlich restituierenden Israel zielt also die Rede von „den Zwölfen". Dazu passt, dass „die Zwölf" vornehmlich mit Jerusalem verbunden sind.

Sammlung und Sendung stehen also in Spannung zueinander, in der Spannung von Partikularität und Universalität. Versuche, diese Spannung zu lösen, indem etwa wie in der Apokalypse des Johannes die durch die universale Sendung gewonnenen Menschen aus der Völkerwelt als Integration in das sich endzeitlich sammelnde Israel verstanden werden,[256] mussten daran scheitern, dass es das partikulare Israel außerhalb der auf Jesus bezogenen Gemeinschaft weiterhin gab, während deren Israelkontur mehr und mehr verblasste. Dann aber stellt sich zwischen Universalität und Partikularität die Frage nach der Wahrheit.

3. Die Frage nach der Wahrheit

Wenn es sich nach Paulus so verhält, dass durch den Messias Jesus Gottes reiches Erbarmen alle erreichen möchte, aber dennoch Israels partikulare Besonderheit bleibt, zu der es ja gerade auch gehört, dass sie den Messias Jesus ignoriert, ergibt sich die Konsequenz: Der Satz, Jesus sei der Messias, ist für Christen grundlegend, für Juden aber nicht akzeptabel. Wie steht es dann mit der „Wahrheit" dieses Satzes? In der Vergangenheit sind Christen mit dem Anspruch von dessen absoluter Wahrheit aufgetreten. Nebenbei: „Absolut" heißt ins Deutsche übersetzt: „losgelöst" – losgelöst auch aus der

§ 10 Wahrheit zwischen Universalität und Partikularität 167

menschlichen Beziehung im Gegenüber. Christen hatten die Macht und haben sie auch gebraucht, im Blick auf diesen Satz Juden vor die Alternative zu stellen: „Taufe oder Tod". So ist der Satz, Jesus sei der Messias, für jüdische Wahrnehmung und Erfahrung immer wieder falsifiziert worden. Wenn aber Christen Ernst machen mit dem Judesein Jesu und wenn sie seine Landsleute ebenfalls in ihrem Judesein auch theologisch bejahen, weil Gott Israels Gott nur sein und bleiben kann, wenn und solange es Israel gibt, und wenn Christen praktizieren, wozu sie sich von Paulus aufgefordert sein lassen können, sich nämlich mit Gottes Volk Israel zu freuen, dann vermöchten Juden vielleicht, ohne Jesus für den Messias zu halten, doch eine andere Sicht auf ihn haben als zu der Zeit, da sie sich von ihm durch das Verhalten der Christen bedroht fühlen mussten. Und diese andere Sicht gibt es ja schon, wie eine große Anzahl von Jesusbüchern jüdischer Autoren zeigt.

Es könnte eingewandt werden: Da es doch beim religiösen Dialog um nichts weniger als um „die Wahrheit" gehe, müsse darum gerungen und gestritten werden. Andernfalls stelle man nur unverbindliche „Statements" nebeneinander. Ich erlaube mir, eine solche Sicht für nicht sehr klug und auch nicht für ganz ungefährlich zu halten. Beim Streiten um Wahrheit kommt nichts Gutes heraus. Da wird vorausgesetzt, dass es die eine und ein für allemal feststehende Wahrheit gibt, die man dann natürlich jeweils selbst hat. Drängt das nicht dazu, dass ich sie dann auch durchsetzen muss? Ist unter solchen Bedingungen der Hang zum Exklusiven und Totalitären nicht unvermeidlich? Ich streite nicht um „die Wahrheit"; ich beteilige mich an der Suche nach Wahrheit. Ich denke, dass eben das dem biblischen Verständnis von „Wahrheit" entspricht.

Die Frage „Was ist Wahrheit?" stellt nach der Darstellung des vierten Evangeliums der römische Präfekt Pilatus als Richter gegenüber Jesus als dem Angeklagten (Johannes 18,38). Der Evangelist Johannes hat die Gerichtsszene vor Pilatus sehr differenziert ausgestaltet. In einer Reihe kleiner Szenen lässt er den Richter, die Ankläger und den Angeklagten in unterschiedlichen Zusammensetzungen aufeinander treffen. Zweimal stehen sich allein der Richter und der Angeklagte gegenüber, Pilatus und Jesus. Einmal geht es um die Frage der Wahrheit und einmal um die Frage der Macht. Die Position des Pilatus ist klar. Er ist der Vertreter der Macht Roms. Als Jesus ihm an einer Stelle nicht antwortet, sagt er: *Mit mir redest du nicht? Weißt du nicht, dass ich Macht habe, dich freizulassen, und Macht habe, dich kreuzigen zu lassen?* (19,10) Und als Jesus in der ersten Szene über Wahrheit redet und beansprucht, für sie Zeugnis abzulegen, sagt Pilatus: *Was ist Wahrheit?* – und geht weg. Die Frage der Wahrheit interessiert ihn nicht; er hat ja die Macht. Luther hat die Frage des Pilatus und sein Weggehen so kommentiert: „Ich denke, es sind heidnische Possen aus einem frechen Gewissen. So ist der Welt Lauf; wer in der Welt leben will, verschweige die Wahrheit und bescheiße die Leute!"[257] Pilatus schlägt die Frage nach der Wahrheit aus, weil er sich bei der Macht sicher wähnt. Er vertraut auf die Wahrheit der Macht. Kann man demgegenüber formulieren, dass Jesus für die Macht der Wahrheit einsteht? Aber für welche Wahrheit? In der Erzählung des Evangeliums wird der römischen Macht die Wahrheit, die Letztgültigkeit bestritten, indem Johannes die Geschichte Jesu über dessen Hinrichtung hinaus weiter erzählt, indem er Gott ins Spiel bringt. Er erzählt die Geschichte Jesu so, dass in ihr Gott als der wirkliche Souverän erscheint. Nur von daher kann der Evangelist Jesus sagen lassen, worauf ich später eingehen werde: *Ich bin der Weg und die Wahrheit und das Leben* (14,6). Von Wahrheit – wird hier beansprucht – kann nicht abgesehen von Gott geredet werden. Und Gott ist im Wort, das eine bestimmte Geschichte in Geschichten erzählt. Damit ist ein Problemzusammenhang eröffnet, der nicht nur für das Johannesevangelium gilt, sondern für die ganze Bibel: Wahrheit und Gott, Gott und Wort, Wort und Geschichte(n).

Dem entspricht das hebräische Wort *emét*, das meist mit „Wahrheit" übersetzt wird. In ihm ist am stärksten der Aspekt der Verlässlichkeit und Zuverlässigkeit, der Beständigkeit und Treue, insofern dann auch des Wahren und Wirklichen. Wahr ist, was sich als verlässlich erweist, worauf man sich verlassen kann. Wenn es z.B. in Psalm 117,2 heißt: *Machtvoll über uns ist Gottes Freundlichkeit* und dann parallel fortgefahren wird: *... und die emét des Ewigen gilt für alle Zeit*, dann ist damit nicht eine zeitlose Wahrheit gemeint, sondern Gottes nicht endende Verlässlichkeit, seine beständige Treue als sein Mitgehen mit seinem Volk in der Zeit. So wird in dem späten Midrasch zu dieser Psalmstelle ausgeführt: „Was heißt: *Und die Wahrheit* (emét)? Die Wahrheit des Bundes, den Du mit unseren Vätern aufgerichtet hast. Denn es ist gesagt (3. Mose 26,42): *Und ich werde meines Bundes mit Jakob gedenken (und auch meines Bundes mit Isaak und auch meines Bundes mit Abraham will ich gedenken und des Landes will ich gedenken).*"[258] Die „Wahrheit" ist also die seit alters her bestehende Bundestreue Gottes, auf die Israel sich trotz der Erfahrungen von Exilen verlassen darf und soll. An anderer Stelle heißt es: „Was ist das Siegel des Heiligen, gesegnet er? Rabbi Bevaj im Namen Rabbi Reuvens: ‚Wahrheit' (emét). Was ist Wahrheit? Rabbi Bun sagte: ‚Dass Er der Gott des Lebens und der König auf Weltzeit ist."[259] Die Wahrheit als das Siegel Gottes: Gott gibt sein Wort darauf, dass er, was er als lebendiger und Leben schaffender Gott zusagt, auch hält und dass er es ist, der auch das letzte Wort hat.

Diesem Verständnis von Wahrheit dürfte auch das deutsche Wort „Wahrheit" viel näher kommen als dem griechischen Wort für „Wahrheit": *alétheia*. Dessen Grundbedeutung ist „Unverborgenheit". Von daher ist Wahrheit als ein immer gleich bleibendes Sein verstanden, als Wahrheit, die entborgen wird, wenn man den sie verschleiernden Vorhang der Phänomene beiseiteschiebt. Das deutsche Wort „Wahrheit" hängt dagegen mit dem Verb „bewähren" zusammen: Wahrheit ist das, was sich bewährt, was sich als verlässlich erwiesen hat und worauf man sich deshalb immer wieder neu verlassen kann.

Wenn Wahrheit das ist, was sich bewährt, dann kann sie nicht statisch verstanden werden, dann gehört konstitutiv zu ihr immer auch das Unterwegssein auf einem Weg. Von daher kann das traditionell so exklusiv verstandene Jesuswort aus Johannes 14,6 ganz anders gehört werden: *Ich bin der Weg und die Wahrheit und das Leben*. Zu einem exklusiven Verständnis verführt leicht die Fortsetzung: *Niemand kommt zum Vater denn durch mich*. Aber so muss nicht gelesen und verstanden werden. Im griechischen Text steht eine doppelte Verneinung: *Niemand kommt zum Vater, wenn nicht durch mich*. Eine doppelte Verneinung hat die Funktion einer ganz starken Bejahung; gemeint ist: „Bei mir seid ihr nicht auf dem Holzweg; durch mich kommt ihr ganz bestimmt zum Vater." Das passt zum Kontext. Denn Jesus macht diese Aussage nicht gegenüber Außenstehenden, sondern gegenüber seiner verunsicherten Schülerschaft. Indem der Evangelist Jesus sagen lässt: *Ich bin der Weg und die Wahrheit und das Leben* vergewissert er seine angefochtene Gemeinde, dass sie mit ihm auf dem rechten Weg ist, der zum Ziel führen wird. Der von Jesus gewiesene und sich an Jesus orientierende Weg wird sich schon bewähren, wird sich darin als wahr und wirklich erweisen, dass er Leben eröffnet und ermöglicht. In der kommentierten Ausgabe der Einheitsübersetzung wird zu dieser Aussage Jesu angemerkt: „Jesus ist und offenbart die Wahrheit, er schenkt das Leben und ist so der Weg, auf dem der Mensch zu Gott kommt." Aber hier ist die Reihenfolge vertauscht, der am Anfang stehende Weg an den Schluss gesetzt worden und die Wahrheit an den Anfang. Damit wurde die Wahrheit statisch gemacht, „festgesetzt". Der Weg jedoch steht voran und damit dynamisiert er die Wahrheit. Wahrheit ist, was sich als verlässlich erweist, was sich unterwegs bewährt und so wirklich leben lässt. Und zum Leben gehört immer auch dazu: „das Leben der anderen". Denn wenn Wahrheit das ist, was sich als Leben ermöglichend und Leben fördernd bewährt, wenn Wahrheit ist, dass Gott ein Gott des Lebens ist, dann kann und darf es nicht nur um mein Leben, dann kann und darf es nicht nur um das Leben der eigenen Gemeinschaft gehen. Das ist selbstverständlich nicht so zu verstehen, dass die anderen für sich annehmen müssten, was sich der eigenen Gemeinschaft als sie tragende und haltende Wahrheit ergeben hat. Aber diese Wahrheit darf nicht für die anderen zum Schlechten, sondern sollte zum Guten für sie ausschlagen. Wahrheit hat demnach immer auch ihr Kriterium im Leben der anderen. Von daher haben Selbstmordattentäter und diejenigen, die sie schicken, mit Wahrheit nicht das Geringste zu tun.

4. Plädoyer für ein wirkliches Gespräch
Ein wirkliches Gespräch – nicht eine Diskussion, in der ich recht behalten oder bekommen will – setzt die selbstverständliche Anerkenntnis und Bejahung des anderen als anderen voraus. In ihrem Buch „Die Jüdin Pallas Athene" beschreibt Barbara Hahn in einer Darstellung über Gespräche im Hause Simmel „das Wagnis jedes Gesprächs" in folgender Weise: „Alle Beteiligten sind gemeinsam zu einer ‚Wahrheit' unterwegs, die ebensowenig fixiert werden kann wie der Beitrag, den jede und jeder dazu leistet. Das kann nur gelingen, wenn alle auf diesem Weg ein Stück weit vergessen können, wer sie sind."[260] Ich möchte das so aufnehmen und fortsetzen: Ja, „ein Stück weit vergessen können, wer wir sind", aber wahrnehmen, wer der andere ist: im Hören auf das, was ihn bindet, was er zu sagen hat. Die gegenseitige Wahr-Nahme wird zur Bedingung der Möglichkeit, ein Stück weit vergessen zu können, wer ich bin; und damit bin ich befreit vom Zwang, mich abzuschotten und zu verteidigen, sondern kann mich vielmehr wirklich öffnen, weil meine Identität geborgen und aufgehoben ist in der Wahr-Nahme des anderen. Das wäre auch die Bedingung dafür, nicht nur „ohne Angst verschieden sein" zu können,[261] sondern – was vielleicht noch wichtiger ist – sich auch ohne Angst ändern zu können, weil die Veränderung, die doch immer auch notwendig ist, nicht als von außen erzwungen, sondern als sich im Vollzug des Gesprächs ergebend und so als selbst gewollt und innerlich bejaht erfahren wird.

Aus solchen Veränderungen können sich Spannungen in der eigenen Gemeinschaft ergeben und sie haben sich ergeben. Sie wurden und werden hervorgerufen durch Ängste bei denjenigen, die dem Gespräch mit anderen fernstehen. Diese Ängste sind Verlustängste; sie fürchten, etwas zu verlieren, etwas, das für sie unveränderlich feststand, das ihnen Halt gab und das sie nun hinterfragt sehen. Es müsste ihnen vermittelt werden können, dass es hier etwas zu gewinnen gibt. Das ist jedenfalls meine eigene Erfahrung: Verloren habe ich im Gespräch mit Jüdinnen und Juden die mir überlieferte, im Studium weiter gelernte und eine Zeit lang auch selbst in Lehre und Forschung praktizierte theologische Judenfeindschaft. Gewonnen habe ich Zeuginnen und Zeugen desselben Gottes, zu dem meine Vorfahren durch Jesus gekommen sind und zu dem ich durch Jesus in Beziehung gesetzt bin und gehalten werde. Diese Zeuginnen und Zeugen verweisen mich auf das Eigene als zugleich Fremdes und halten mich damit im Gegenüber. Das ist ein heilsamer Ort, der weiter unterwegs sein lässt im Suchen und Fragen, in dem das in der eigenen Tradition Bewährte wiederum der Bewährung und Bewahrheitung ausgesetzt wird, sodass es sich – in anderer Situation und sich dabei möglicherweise selbst verändernd – neu bewähren und bewahrheiten kann.

§ 11 Jerusalem als Perspektive eines biblisch begründeten Miteinanders von Juden und Christen – auf dem Weg zu einer „biblischen Ökumene"?[262]

1. „Biblische Ökumene"?
Heinz Kremers, ein Pionier des christlich-jüdischen Gesprächs, der Wegbereiter des Beschlusses der Evangelischen Kirche im Rheinland von 1980, hatte schon vor drei Jahrzehnten die „Vorstellung ..., daß das Ziel der jüdisch-christlichen Arbeit im ‚ökumenischen Dialog' liegen müsse, der nicht identisch ist mit dem interreligiösen Dialog. Nachdem die inner*protestantische* Ökumene zur inner*christlichen* Ökumene (mit der römischen und den orthodoxen Kirchen) erweitert werden konnte, stehen wir jetzt vor der Aufgabe der inner*biblischen* Ökumene mit den Juden, die in der Einheit Gottes gemäß dem biblischen Zeugnis begründet ist."[263] Diese These von der „biblischen Ökumene" könnte vereinnahmend und unaufhebbare Grenzen verwischend klingen. So war es von Heinz Kremers gewiss nicht gemeint. Er wollte damit der einmaligen Besonderheit im Verhältnis des Christentums zum Judentum Ausdruck geben. Sie ist in dem religionsgeschichtlich analogielosen Umstand begründet, dass der erste Teil der christlichen Bibel zuvor und zugleich heilige Schrift des Judentums war und ist, woraus die fundamentale Konsequenz von der Einheit Gottes für Juden und Christen zu ziehen ist. Kann sich daraus eine „biblische Ökumene" ergeben, ein zwar unterschiedliches, aber doch gemeinsames und aufeinander bezogenes Wohnen im selben Haus? Wenn die Bibel diesen Raum vorgibt, so muss doch auch wahrgenommen werden, dass sie für beide Religionsgemeinschaften nicht ganz identisch ist, dass das Alte Testament sich in der Reihenfolge der Schriften – bei der Mehrheit der christlichen Kirchen auch im Umfang – von der jüdischen Bibel unterscheidet und zudem mit dem Neuen Testament verbunden ist. So wäre vielleicht vorsichtiger von der Aufgabe eines partnerschaftlichen Miteinanders von Juden und Christen zu reden. Dafür könnten biblische Aussagen über Jerusalem eine gute Perspektive vorgeben.

2. Der Schluss der jüdischen Bibel und der Schluss
   des Neuen Testaments als Mitte
Nachdem mir die überragende Bedeutung der jüdischen Bibel für das Neue Testament und damit doch auch für Christentum und Kirche aufgegangen

war, ärgerten mich isolierte Druckausgaben des Neuen Testaments und ihr weit verbreiteter Gebrauch, in einer besonderen Abart als „Neues Testament und Psalmen", als wären die Psalmen ein Anhang zum Neuem Testament. Wird damit doch so getan, als wäre das Neue Testament das „eigentlich christliche" Buch und das Alte demgegenüber weniger wichtig. Auch in meinem wissenschaftlichen Umgang wollte ich daher kein für sich stehendes griechisches Neues Testament mehr benutzen. So ließ ich mir den „Nestle/Aland" mit einer hebräischen Bibel zusammenbinden. Als hebräische Bibel wählte ich nicht eine christliche Ausgabe mit textkritischem Apparat, die *Biblia Hebraica*, sondern eine in Jerusalem gekaufte jüdische Bibel. So habe ich bei meiner Arbeit stets vor Augen und werde daran erinnert, dass der erste Teil der christlichen Bibel zuvor und zugleich heilige Schrift des Judentums war und ist. Außer dem praktischen Umstand, dass ich so immer die ganze heilige Schrift – jedenfalls die der reformatorischen Konfessionsfamilie –, in einem einzigen Band in den Originalsprachen zur Hand habe, enthält dieses zusammengebundene Buch bedeutsame symbolische Aspekte. Die Formate stimmen nicht überein. Der „Nestle/Aland" ist etwas größer als das verwendete Exemplar der jüdischen Bibel. Ich habe das Neue Testament nicht beschneiden lassen, um eine glatte Einheit zu erreichen – ein Hinweis auf bleibende Unterschiede, die wahrzunehmen und zu respektieren sind. Sodann und besonders: Dieses zusammengebundene Buch hat kein Vorn und kein Hinten. Da Hebräisch von rechts nach links geschrieben und gelesen wird, fängt ein hebräisches Buch auch da an, wo bei uns hinten wäre. Beide Buchdeckel meiner Bibel sind also jeweils vorn und die jeweiligen Schlüsse bilden die Mitte des ganzen Buches; sie ist da, wo die jüdische Bibel und das Neue Testament mit ihrem jeweiligen Ende zusammenstoßen. „Was stößt in deiner Bibel zusammen?" war die spontane Frage Edna Brockes, als ich in einem unserer zahlreichen gemeinsamen Seminare zum ersten Mal mit meiner zusammengebundenen Bibel neben ihr saß. An den üblichen christlichen Bibelausgaben nimmt sie Anstoß an dem als steigernde Erfüllung interpretierten Übergang vom Alten zum Neuen Testament. Das christliche Alte Testament endet mit dem Buch Maleachi, an dessen Schluss die Erwartung des kommenden Elija ausgesprochen wird. Darauf folgt als Beginn des Neuen Testaments das Matthäusevangelium, in dem Elija in Gestalt Johannes des Täufers alsbald kommt. In der Mitte meiner Bibel stößt mit dem Schluss der jüdischen Bibel und dem Schluss des Neuen Testaments anderes zusammen. Den Abschluss der jüdischen Bibel bilden die Chronikbücher. An deren Ende, in 2. Chronik 36,23, steht das Edikt des Perserkönigs Kyros, gerichtet an die nach Babylon exilierten Juden: *So spricht Kyros, der König von Persien: Alle Königreiche der Erde hat mir der Ewige, der Gott des Himmels, gegeben. Und er hat mir auferlegt, ihm ein Haus in Jerusalem, das in Judäa liegt, zu bauen. Wer immer unter euch zu seinem Volk gehört, mit dem ist der Ewige, sein Gott, und so möge er hinaufsteigen.* Als letztes Wort steht *v^{e}j^{a}al: und er wird/kann/darf/möge/soll hinaufsteigen* – nach Jerusalem als Vorort und Repräsentanz des Landes Israel. Nach Jerusalem steigt man immer hinauf. Aus diesem Verb ist das Nomen *Alija* gebildet, das bis heute die Einwanderung, die Rückkehr von Jüdinnen und Juden ins Land Israel bezeichnet. Am Schluss der jüdischen Bibel kommt also Jerusalem in den Blick als Ort der Heimkehr aus dem Exil, als Ort, an dem wieder ein selbstbestimmtes jüdisches Leben beginnen kann im Dienst gegenüber Israels Gott und in der Verantwortung vor ihm.

Das letzte Buch im Neuen Testament ist die Offenbarung des Johannes. Sieht man von ihren abschließenden Mahnungen und dem brieflichen Schlussgruß ab (22,6–21), so ist ihr letzter großer Zusammenhang die Vision vom neuen Jerusalem, das vom Himmel herabsteigt (21,9–22,5). *Cum grano salis* stoßen also in meiner Bibel das irdische Jerusalem und das himmlische Jerusalem zusammen. Das gefiel Edna Brocke. Dass dieses Gefallen gute Gründe hat, will ich nun etwas weiter ausführen und dabei auch fragen, ob sich aus dieser Konstellation nicht auch eine gute Perspektive für das jüdisch-christliche Verhältnis ergeben könnte.

3. Die Erdung des himmlischen Jerusalem

Indem die Vision vom neuen Jerusalem am Schluss des Neuen Testaments zusammen mit dem Blick auf das irdische Jerusalem am Schluss der jüdischen Bibel die gemeinsame Mitte meiner Bibel bilden, ist das ein starker Hinweis darauf, dass diese Vision nicht vom tatsächlichen Jerusalem gelöst werden darf, dass sie nur im Bezug auf es verstanden werden kann. Die Vision des vom Himmel herabsteigenden neuen Jerusalem ist geerdet. Diese Erdung zeigt sich auch in der Vision selbst.

Dem „Hinaufsteigen" nach Jerusalem im Edikt des Kyros entspricht gegenläufig ein „Hinabsteigen" des neuen Jerusalem in der Vision des Johannes. Der Seher wird zwar „in der Kraft des Geistes auf einen sehr hohen Berg" gebracht, aber dort sieht er „die heilige Stadt Jerusalem vom Himmel herabsteigen" (21,10) – auf die Erde natürlich. Zum anderen und vor allem ist die Vision vom neuen Jerusalem als ganze ein Gegenbild zur Vision vom Gericht über die „Hure Babylon". Das zeigen die genauen Entsprechungen der Visionseinleitungen in Offenbarung 17,1–3a und 21,9–10. Das Doppelbild in 17,3b–6 von der auf dem ersten Tier aus Kapitel 13 sitzenden „Hure

§ 11 Auf dem Weg zu einer „biblischen Ökumene"?

Babylon" symbolisiert Rom in seiner unwiderstehlich scheinenden politisch-militärischen Macht und in seiner wirtschaftlichen Prosperität. Das neue Jerusalem ist Gegenbild zum imperialen Rom. Die Vision vom neuen Jerusalem ist doppelt gegenläufig auf Wirklichkeit zurzeit des Johannes bezogen und so „geerdet". Sie ist aufgrund ihm gegenwärtiger Erfahrung konzipiert und intendiert einen bestimmten Umgang mit dieser Erfahrung. Will er von Jerusalem sprechen und nicht nur klagen, muss er die Wirklichkeit überschreiten und ein neues Jerusalem imaginieren. Als er schreibt, gibt es Jerusalem faktisch nicht, jedenfalls kein Leben in ihm. Es ist ein einziger Trümmerhaufen, nach dem Ende des jüdisch-römischen Krieges von den Legionen des Titus dem Erdboden gleichgemacht.

Dagegen steht Rom in der Gegenwart des Johannes da als glänzende Metropole des Imperiums, voll von pulsierendem Leben. In seinen Visionen jedoch ist es völlig zerstört, ein Trümmerhaufen, aus dem nur noch Rauch aufsteigt (vgl. vor allem Offenbarung 18,9–19). Johannes vollzieht hier also eine visionäre Umkehrung der Wirklichkeit. Die ist jedoch nicht Ausdruck einer weltflüchtigen Phantastik. Die Visionen des Johannes in Offenbarung 13 und 17–18 zeugen von scharfer Beobachtung der Wirklichkeit aus bestimmter Perspektive, nämlich von unten und vom Rande her. Er entlarvt die so glanzvoll erscheinende imperiale Macht als nackte Gewalt, grausam und ausbeuterisch (13,1–4), und deckt in der prosperierenden Wirtschaft „die Dynamik des Luxus" auf (18,3), die die Warenströme in die Metropole lenkt (18,11–14).

Entsprechend entwirft er mit dem neuen Jerusalem kein Wolkenkuckucksheim. Seine Beschreibung enthält Elemente, die auf eine andere Praxis drängen als die des selbstverständlichen Mitmachens und Mitlaufens in dem vom imperialen Kult bestimmten Alltag. Im neuen Jerusalem herrschen in paradoxer Weise alle (22,5). Das aber heißt, dass ihre Herrschaft gegenstandslos ist; sie hat keine Objekte. Es gibt nicht mehr die Herrschaft von Menschen über Menschen. Auch das neue Jerusalem ist glanzvoll, mehr noch als „Babylon" (21,18–21). Aber der Luxus in ihm ist zugänglich für alle; er ist sozialisiert. Egalität und Teilhabe aller sind entscheidende Konstruktionsperspektiven.

Wie die Ofenbarung im Ganzen, so sind auch die Visionen des Gerichts über „Babylon" und die Vision des neuen Jerusalem mit einer Fülle von Aufnahmen aus der jüdischen Bibel beschrieben. Damit bringt Johannes Gott ins Spiel, den diese Bibel als jemanden bezeugt, der mit seinem Volk ist, der mitgeht und sich einmischt. Sie erzählt von Erfahrungen mit Gott, die das Vertrauen und die Hoffnung begründen, dass es nicht immer so weiter gehen muss, wie es in der Welt nun mal läuft, sondern dass es anders werden wird und anders sein kann. Das neue Jerusalem, das Johannes erblickt, ist kein Plan, der nun in einen Bau umgesetzt werden soll. Das neue Jerusalem ist schon gebaut; aus Bausteinen der Bibel zusammengesetzt steht es literarisch da – und soll seinerseits die Lesenden und Hörenden erbauen zu einer widerständigen Praxis.

4. Die über die bloße Faktizität hinausweisende Dimension des irdischen Jerusalem

Das Jerusalem der jüdischen Bibel ist keine Stadt wie jede andere, auch keine Hauptstadt wie jede andere. Jerusalem ist „die heilige Stadt".[264] So heißt es etwa Jesaja 52,1: *Auf, auf! Zion, zieh an deine Kraft! Zieh an deine Prachtgewänder, Jerusalem, du heilige Stadt!* Jerusalem ist heilig, der Zion ist Gottes „heiliger Berg" (Psalm 2,6), weil Gott diesen Ort als seine Wohnung erwählt hat: *Ja, ich, der Ewige, euer Gott, wohne in Zion, meinem heiligen Berg, sodass Jerusalem heilig ist* (Joel 4,17). Gottes Heiligkeit, die den Ort seines Einwohnens heiligt, verlangt eine ihr entsprechende Praxis an diesem Ort. Deren Signatur ist „Recht und Gerechtigkeit": *Erhaben ist der Ewige; ja, er wohnt hoch, füllt Zion mit Recht und Gerechtigkeit* (Jesaja 33,5). Gott erfüllt Zion „nicht nur mit seiner Gegenwart [...], sondern ebenso mit demjenigen [...], was Zions Wesenseigenschaft sein soll: ‚Recht und Gerechtigkeit'".[265] Ganz entsprechend gibt Jeremia, bezogen auf Jerusalem, als Forderung Gottes die „Verwirklichung von Recht im sozialen Tun"[266] aus: *Praktiziert Recht und Gerechtigkeit! Entreißt Geschundene aus der Hand ihrer Ausbeuter! Fremde, Waisen und Witwen bedrückt nicht und unterdrückt sie nicht! Vergießt kein unschuldiges Blut an diesem Ort!* (Jeremia 22,3) Gott zu kennen bedeutet, dem Recht des Gedemütigten und Verarmten aufzuhelfen (Jeremia 22,16).

Da das tatsächliche Jerusalem dem immer wieder nicht entspricht, gibt es schon in der jüdischen Bibel die Erwartung eines neuen Himmels und einer neuen Erde, von Gott geschaffen, die als ein verändertes Jerusalem beschrieben werden.[267] In ihm gibt es keinen unzeitigen Tod. Diejenigen, die Häuser bauen, wohnen auch darin, und die Weinberge pflanzen, ernten von ihnen. Es wird ein umfassendes und auskömmliches Miteinander geben (Jesaja 65,17–25).

Schon seit langer Zeit bis in die Gegenwart wird in jedem Synagogengottesdienst am Schabbat beim Ausheben der Tora gesungen: *Ja, von Zion geht Weisung aus und das Wort des Ewigen von Jerusalem.* Das ist Zitat aus Jesaja 2,3 und Micha 4,2. Vom Zusammenhang dieser beiden Stellen her ist

§ 11 Auf dem Weg zu einer „biblischen Ökumene"? 177

es offen, wer diese Aussage macht. Es ist möglich, dass hier wieder der Prophet das Wort ergreift. Es ist aber auch möglich, dass noch die Völker sprechen, von denen es vorher hieß, dass sie „in künftigen Tagen" zum Zion strömen, wozu sie sich mit bestimmten Erwartungen selbst aufforderten: *Kommt, lasst uns zum Berg des Ewigen hinaufsteigen, zum Haus von Jakobs Gott, dass er uns in seinen Wegen unterweise und wir auf seinen Pfaden gehen.* „Bewegung, Dynamik charakterisieren das Verhalten der Völker, die nicht dort stehenbleiben wollen, wo die Herkunft sie hingestellt hat. Wer Gott und seine *torá* sucht, muß sich auf den Weg machen."[268] Auf alle Fälle wird die Erwartung der Völker mit der Feststellung am Schluss des Verses begründet: *Ja, von Zion geht Weisung aus und das Wort des Ewigen von Jerusalem.* Jerusalem „ist dazu bestimmt, Ausgangspunkt für JHWHs Tora zu sein".[269] Allerdings dürfte *toráh* hier die Bedeutung „Weisung" haben und nicht daran gedacht sein, dass die Völker die ganze Israel gegebene Tora übernehmen. „Gemeint sind die Gebote, die nicht spezifisch nur für Israel gelten".[270]

Wie also Beschreibungen Jerusalems in der jüdischen Bibel und Erwartungen an es über das faktisch vorhandene Jerusalem hinausgehen und ein der Heiligkeit Gottes angemessenes Leben in dieser Stadt intendieren, wobei an einigen Stellen auch die Völker in eine positive Beziehung zu Jerusalem gestellt werden, so zielt umgekehrt die Vision des neuen, gegenüber der Faktizität so anderen Jerusalem in der Offenbarung des Johannes in genau dieser Perspektive auf konkrete Verwirklichungen. Das zeigt sich auch daran, dass das neue Jerusalem zugleich als „die Braut, die Frau des Lammes", gekennzeichnet wird, ein Bild der auf Jesus bezogenen Gemeinschaft.

Bevor jedoch darauf eingegangen wird, sei noch ein Blick auf Aspekte Jerusalems in der rabbinischen Literatur geworfen. Da Jerusalem biblisch der Ort ist, den Gott für sein Einwohnen erwählt hat, ist selbstverständlich auch für die Rabbinen Jerusalem „die heilige Stadt".[271] Unter den von unterschiedlichen Rabbinen angeführten Dingen, um derentwillen Gott den Israeliten das Meer auseinandergerissen hat, damit sie vor den Ägyptern fliehen und entrinnen können, und die nicht in einem „Verdienst" oder einer „Leistung" ihrerseits gründen, sondern in einem Handeln Gottes, wird von Rabbi Jischmael Jerusalem genannt.[272] Aus Jerusalem kommt alles Gute: „Rabbi Levi sagte: ‚Alles Gute, alle Segnungen und Tröstungen, die der Heilige, gesegnet er, künftig Israel geben wird, gehen nur von Zion aus.'" Das wird breit mit Bibelstellen entfaltet.[273]

Unterschieden wird auch ein „Jerusalem dieser Welt" von einem „Jerusalem der kommenden Welt": „Nicht wie das Jerusalem dieser Welt ist das

Jerusalem der kommenden Welt. Zum Jerusalem dieser Welt steigt jeder hinauf, der hinaufsteigen will. Zu dem der kommenden Welt steigen nur die Eingeladenen hinauf." Zum Jerusalem dieser Welt sind eben auch diejenigen hinaufgestiegen, die es zerstört haben; in der kommenden Welt werden es nur die von Gott Eingeladenen bewohnen – und sich dann auch entsprechend verhalten. So ist es in der Fortsetzung dieses Textes neben den Frommen und dem Messias auch Jerusalem, das den Namen Gottes erhält, was mit Ezechiel 48,35 begründet wird: „*Ringsum 18.000; und der Name der Stadt von heute an: der Ewige (ist) schmh*; lies nicht *schámah* (= dort), sondern *schemáh* (= ihr Name)."[274]

Wie in der Offenbarung des Johannes die Vision des vom Himmel kommenden Jerusalem ihren Anlass in der Zerstörung des irdischen Jerusalem und dabei die Funktion hat, dieser Zerstörung die Letztgültigkeit zu bestreiten, ist das auch bei der rabbinischen Unterscheidung zwischen dem oberen Jerusalem und dem unteren der Fall. Das wird hier daraufhin zugespitzt, dass das obere Jerusalem geradezu als eine trotzige Gründung bezeichnet werden kann, um beharrlich an der Hoffnung auf den Wiederaufbau des unteren und die Rückkehr in es festhalten zu können. In einem Gespräch fragt Rav Nachman den Rav Jizchak: „Was bedeutet das, was geschrieben steht: *In deiner Mitte als Heiliger, aber ich komme nicht in die Stadt* (Hosea 11,9)? Weil ich in deiner Mitte der Heilige bin, komme ich nicht in die Stadt?" Rav Jizchak antwortet unter Berufung auf Rabbi Jochanan: „Der Heilige, gesegnet er, sagte: ‚Ich komme nicht in das obere Jerusalem, bis ich in das untere gekommen bin.'" Das obere Jerusalem bedeutet für Gott nicht, dass er das untere aufgegeben habe. Im Gegenteil, das obere kann erst dann als Wohnung Gottes dienen, wenn er sich des unteren wieder angenommen hat. Das obere wird so zum Garanten des Wiederaufbaus des unteren. Dass es ein oberes gibt, wird mit Psalm 122,3 begründet: *Jerusalem, du aufgebaute, wie eine Stadt, die miteinander verbunden ist*, was so verstanden wird, dass das obere und das untere Jerusalem gleichsam als Paar zusammengebunden sind.[275] An anderer Stelle findet sich diese Tradition breiter ausgeführt. Dort wird aus dem Zusammenspiel von 2. Mose 38,21: *Das sind die Aufwendungen für die Wohnung*, Jeremia 17,12: *der Thron der Herrlichkeit, erhaben von Anbeginn: der Ort unseres Heiligtums* und 2. Mose 15,17: *die Wohnstätte, die Du, Ewiger, Dir zum Wohnsitz gemacht hast, das Heiligtum, Ewiger, das Deine Hände gemacht haben* geschlossen, „dass ein Jerusalem oben gegründet ist wie ein Jerusalem unten. Aus großer Liebe zum unteren Jerusalem machte er ein oberes." In diesem Zusammenhang wird auch hier Psalm 122,3 angeführt und dazu die deutende Wiedergabe des Targum: „Jerusalem, das an der Himmelsfeste als Stadt gebaut ist, um sich mit dem (Jerusalem) auf der Erde zu verbinden." Hier schwört Gott, „dass sein Einwohnnen nicht in das obere eintritt, bis es in das untere eingetreten sei", was mit der Liebe zu den Israeliten begründet wird. In Verbindung von Hosea 11,9 und Jesaja 52,5 fragt sich Gott, was er in der Stadt Jerusalem soll, wenn sein Volk aus ihr hinweg genommen ist; er käme vergeblich. Und so endet diese Tradition mit der Bitte an Gott: „Es sei sein Wille, dass er sie (die Stadt Jerusalem) schnell und in unseren Tagen baue!"[276]

5. *„Die Braut, die Frau des Lammes"*
Bevor Johannes auf den sehr hohen Berg geführt wird, auf dem er dann das neue Jerusalem vom Himmel herabsteigen sieht, erhält er die Ankündigung, es werde ihm „die Braut, die Frau des Lammes", gezeigt (Offenbarung 21,9). Entsprechend hieß es schon in 21,2 von der vom Himmel herabsteigenden *heiligen Stadt, dem neuen Jerusalem: bereit gemacht wie eine für ihren Mann geschmückte Braut.* „Die Braut" ist hier Metapher für die auf Jesus als den gekreuzigten Messias – „das geschlachtete Lamm" (Offenbarung 5,5–6) – bezogene Gemeinde. Wenn diese Gemeinde als neues Jerusalem dargestellt wird, heißt das einmal: Johannes konzipiert Gemeinde als antiimperialen Entwurf; sie ist ein Gegenbild zum Imperium. Was dieses Gegenbild an Anleitungen zu einem anderen Handeln und Verhalten enthält, soll daher jetzt schon in der Gemeinde praktiziert werden.

Zum anderen ist aber sogleich ein mögliches Missverständnis abzuwehren. Die auf den gekreuzigten Messias bezogene Gemeinde ist nicht kurzschlüssig als „die christliche Gemeinde" zu verstehen. Das wäre ein Anachronismus. Johannes hat nicht das Selbstverständnis eines Christen im Gegenüber und Unterschied zum Judentum, sondern das eines Juden, der an Jesus als Messias glaubt. Das zeigt sich an seiner Beschreibung des neuen Jerusalem, die ja zugleich Beschreibung der Gemeinde ist. Er löst Jerusalem nicht vom faktischen Israel. Nach ihm ist die Gemeinde ganz und gar von Israel her bestimmt. Er beschreibt sie geradezu als Israel. Zu einer antiken Stadt gehört konstitutiv eine Mauer. Die Mauer „definiert" die Stadt. Mit seiner Beschreibung der Mauer definiert Johannes Gemeinde von Israel her: Sie hat *zwölf Tore und auf den Toren zwölf Engel; Namen sind eingeschrieben – das sind die Namen der zwölf Stämme Israels* (Offenbarung 21,12; vgl. Ezechiel 48,30–35). Die Namen der Stämme auf den Toren bedeuten, dass es sich um die den Stämmen zugewiesenen Tore handelt, durch die sie jeweils nach Jerusalem kommen. Wenn Johannes in Aufnahme von Ezechiel 48 auch auf den Toren des neuen Jerusalem die Namen der zwölf Stämme

Israels geschrieben sein lässt, heißt das: Das neue Jerusalem wird als wiederhergestelltes Zwölfstämmevolk Israel definiert. Zugang zum neuen Jerusalem, Zugang zur Gemeinde gibt es nur als Zugang zu Israel. Auch „die Namen der zwölf Apostel des Lammes" auf den zwölf Grundsteinen der Mauer (Offenbarung 21,14) weisen auf den Zusammenhang mit dem Zwölfstämmevolk Israel. So ist zunächst festzuhalten: Das neue Jerusalem ist als restituiertes Zwölfstämmevolk Israel entworfen. Das wird verstärkt durch die Maßangaben, die sich beim Vermessen des neuen Jerusalem durch einen Engel ergeben: *Da vermaß der Engel die Stadt mit dem Messrohr und kam auf 12000 Längen eines Stadions. Ihre Länge und Breite und Höhe sind gleich. Da vermaß er ihre Mauer: 144 Ellen hoch – nach Menschenmaß, das ist auch das von Engeln* (21,16b.17). Es hat keinen Sinn, die hier angegebenen Zahlen in uns geläufige Maße umzurechnen. Ein Stadion wären etwa 192 Meter und eine Elle etwa 50 Zentimeter. Die Mauer hätte dann mit 72 Metern zwar eine ansehnliche Höhe, wäre aber in Relation zu den 2304 Kilometern der kubisch vorgestellten Stadt doch sehr klein. Johannes will hier keine anschauliche Vorstellung hervorrufen. Seine Maßangaben sprechen gerade als die konkret benannten Zahlen. Die 144 ist das Quadrat der Zwölf und die 12000 ist ebenfalls die Zwölf, multipliziert mit der Tausend als der Zahl der unübersehbar großen Menge. Es wird also noch einmal auf dieselben Zusammenhänge hingewiesen, die gerade schon erwähnt wurden, also die Definition der Gemeinde von Israel her.

Nun setzt aber auch Johannes schon als selbstverständlich voraus, dass durch die auf Jesus bezogene Verkündigung auch Menschen aus der Völkerwelt gewonnen worden sind. Im neuen Jerusalem gehen „die Völker", zuvor eine *massa perditionis* (14,8; 18,3; 19,15), nun geheilt von den Blättern des Lebensbaumes (22,2), im Lichtglanz Gottes einher und sogar „die Könige der Erde", vorher Parteigänger des „Tieres", der politisch-militärischen Allgewalt des Imperiums, und in der Entscheidungsschlacht längst getötet (19,19–21), bringen ihren Glanz ein (21,24).[277] Wie stellt sich Johannes die Verbindung der durch die messianische Verkündigung gewonnenen Menschen aus der Völkerwelt mit der als Israel definierten Gemeinde vor?

Das zeigt sich in Offenbarung 7. An dessen Anfang ist von einer Versiegelung durch einen Engel die Rede. Mit dem Siegel ist wahrscheinlich die Taufe gemeint. Das Verständnis der Taufe als Versiegelung soll der unverlierbaren Zugehörigkeit zu Gott vergewissern, was auch immer an bedrängenden Erfahrungen gemacht werden mag. Als die Zahl der Versiegelten hört Johannes: 144000. Auch diese Zahl ist symbolisch zu verstehen; sie ist aufzulösen in das Quadrat der Zwölf und Tausend: 12 x 12 x 1000. Das mit

§ 11 Auf dem Weg zu einer „biblischen Ökumene"? 181

Tausend multiplizierte Quadrat der Zwölf ist daher Ausdruck für das vollkommen wiederhergestellte Volk Israel. Es sind „Versiegelte aus jedem Stamm Israels"; und so werden dann auch je 12000 aus den einzeln genannten zwölf Stämmen angeführt (V. 4b–8). Sind also die Versiegelten nur Angehörige des Volkes Israel? Aber Johannes verbindet mit dieser Vision ab V. 9 eine weitere. In ihr findet sich ebenfalls eine Mengenangabe: *Danach sah ich – und siehe: eine große Menge, die niemand zählen konnte, aus jedem Volk, aus Stämmen, Nationen und Sprachen. Die standen vor dem Thron und dem Lamm, bekleidet mit weißen Gewändern und Palmzweigen in ihren Händen.* Wie verhalten sich diese beiden Angaben zueinander, die 144000 einerseits und diese unzählbare Menge andererseits? Die beiden Visionen unterscheiden sich zwar in Ort und Zeit, aber nicht in den angeführten Personen. Denn die 144000 wurden für „die große Bedrängnis" versiegelt; und „die große Menge, die niemand zählen konnte", sind diejenigen, „die aus der großen Bedrängnis kommen" (Offenbarung 7,14) – und die doch deshalb aus ihr herauskommen, weil sie zuvor versiegelt worden sind. Für Johannes „ist das Volk von der genealogischen Verbindung eines jeden mit dem Stammvater Jakob geprägt. Diese Struktur ist und bleibt für das Gottesvolk der Endzeit maßgeblich. Die Menschen aus den Völkern, die durch das Blut Christi erlöst sind, werden in die Genealogie Israels eingegliedert (vgl. 14,3). Sie treten nicht an die Stelle Israels. Sie lösen Israel nicht als Gottesvolk ab. Diesen Gedanken kann man in der Offenbarung nicht finden."[278] Gemeinde wäre demnach verstanden als Integration der Völker in das Gottesvolk Israel. So hat es sich Johannes damals gedacht. Wie gehen wir heute unter sehr veränderten Bedingungen damit um?

6. „Jerusalem" als Bezugspunkt einer solidarischen Partnerschaft von Christen mit Juden

Die Vorstellung, wie Johannes sie gegen Ende des 1. Jahrhunderts gehabt hat, lässt sich nicht schlicht aufnehmen und umsetzen. Bei ihrer Rezeption sind Fakten der weiteren Entwicklung wahrzunehmen und zu bedenken, die seiner Erwartung nicht entsprechen. Zum einen ist zu respektieren, dass die übergroße Mehrheit des Judentums die auf Jesus bezogene messianische Verkündigung nicht akzeptieren konnte. Dabei ist von Paulus zu lernen, dass dieses den Messias Jesus ignorierende Judentum bleibend im Bund mit Gott steht und von Gott geliebt ist (Römer 9–11; besonders 9,4–5; 11,28–29). Zum anderen muss gesehen werden, dass die auf Jesus bezogene Gemeinde sich vom frühen 2. Jahrhundert an zu einer Kirche nur aus den Völkern entwickelt hat. Gemessen am neutestamentlichen Anspruch einer Gemeinde aus

182 III. Solidarische Partnerschaft mit Israel/Judentum gestalten

Juden und aus den Völkern ist sie eine Kirche im Defekt, die im Verhältnis zum Judentum zu einer Kirche im Exzess geworden ist.[279] Sie ist das vor allem deshalb geworden, weil sie die biblisch vorgegebene Rede von Israel, von Gottes Geschichte mit seinem Volk Israel, für sich usurpierte, sich an die Stelle Israels setzte und sich als „wahres Israel" behauptete. Das hatte für das tatsächliche Israel, für Jüdinnen und Juden, schlimme Konsequenzen, oft genug mörderische.

Eine eigene Untersuchung wäre es wert, dem Vorkommen und Gebrauch von „Israel", „Jerusalem" und „Zion" in Gesangbüchern nachzugehen. Ich gebe hier nur einige Hinweise zum gegenwärtig benutzten „Evangelischen Gesangbuch" in den deutschen Landeskirchen; ich zitiere nach der Ausgabe für die Evangelische Kirche im Rheinland, die Evangelische Kirche von Westfalen, die Lippische Landeskirche, Gütersloh u.a. 1996. Die Usurpation zeigt sich, wenn Luther vom „Israel rechter Art" spricht (EG 299,4) oder wenn die „Christenheit" als „Israel" angeredet wird (EG 502,1+5; Matthäus Apelles von Löwenstern, 1644), wenn „Jesu Name, Jesu Wort bei uns in Zion schallen" sollen (EG 62,2; Benjamin Schmolck, 1726) oder wenn die Anrede an die „Stadt Jerusalem" zum Aufruf an „uns" wird, und wenn dem, was „Zion hört", „wir folgen" (EG 147,1+2; Philipp Nicolai, 1599). Ein anderer Aspekt besteht darin, dass Zion und Jerusalem als der jenseitige Heilsort verstanden werden: „Hier ist der Ort der Freuden, Jerusalem, der Ort, wo die Erlösten weiden" (EG 151,7; Lorenz Lorenzen, 1700; vgl. weiter 63,3; 135,6; 150,1; 282,4; 393,2). In EG 314, 1968 geschrieben, wird in den ersten fünf Strophen der Einzug Jesu in Jerusalem auf schlichte Weise nacherzählt, jeweils eingeleitet mit: „Jesus zieht in Jerusalem ein, Hosianna!" In der sechsten Strophe wird jedoch nach dieser Einleitung fortgefahren: „Kommt und lasst uns bitten, statt das ‚Kreuzige' zu schrein: Komm, Herr Jesus, […] auch zu uns." Dass eine poetische biblische Nacherzählung ohne solch einen unterschwellig negativen Ton und ohne Usurpation des Israelbegriffs möglich ist, zeigt die Nachdichtung von Psalm 105 in EG 290, die den Text beim Wort nimmt. Da lautet z.B. Strophe 3: „O Israel, Gott herrscht auf Erden. / Er will von dir verherrlicht werden; / er denket ewig seines Bunds / und der Verheißung seines Munds, / die er den Vätern kundgetan: / Ich laß euch erben Kanaan" (Johannes Stapfer, 1775). Man kann auch einen Gesangbuchvers beim Wort nehmen, unter Umständen gegen seinen Autor. Das schlage ich für die Zeile aus EG 137,5 (Philipp Spitta, 1833) vor: „Gib uns Davids Mut, zu streiten mit den Feinden Israels".

Wir haben inzwischen gelernt, dass Israel nicht substituiert werden darf, dass die Selbstbindung Gottes an das außerhalb der Kirche existierende Judentum als Israel eine bleibende ist. Deshalb bleibt auch jede gegenüber der Bibel verantwortete Rede von Jerusalem an den konkreten geographischen Ort gebunden. Luther sah sich von dieser Konkretion entbunden, weil er aus dem Umstand, dass die Legionen des Titus Jerusalem und den Tempel zerstörten und dieser seitdem keinen Wiederaufbau erfuhr und die Juden aus Jerusalem vertrieben wurden, auf die Verwerfung Israels als des Volkes Gottes schloss.[280] Noch Karl Ludwig Schmidt meinte im Zwiegespräch mit Martin Buber im Jüdischen Lehrhaus in Stuttgart am 14. Januar 1933: „Jesus als der von seinem Volk abgelehnte Messias hat die Zerstörung Jerusalems geweissagt. Jerusalem ist zerstört worden, um niemals mehr jüdischer Besitz zu werden."[281] Die Untauglichkeit einer solchen Argumentation liegt inzwischen allzu deutlich auf der Hand.

Solange der Tempel stand, gab es jährlich drei Wallfahrten nach Jerusalem als dem vornehmlichen Ort des Einwohnens Gottes. In vielen Teilen des Christentums sind Wallfahrten üblich geworden. Sie haben Orte zum Ziel, die mit besonderen Gotteserfahrungen verbunden sind. Wenn es dabei nicht um einen Bezug auf irgendeinen Naturgott oder eine sonstige Gottheit gehen soll, sondern um den biblisch bezeugten Gott, der Israels Gott ist und bleibt, müsste bei jeder Wallfahrt der Bezug auf Israel und damit auf Jerusalem als dessen Vorort deutlich werden. Wenn Christinnen und Christen nach Israel und Jerusalem wallfahren und dort „christliche Stätten" aufsuchen, die mit Jesus verbunden sind, sollten sie sich klarmachen: Jesus darf nicht isoliert für sich gesehen werden. Alle Bedeutung, die er hat, kommt ihm allein deshalb zu, weil das Neue Testament bezeugt, dass in ihm Gott, der biblisch bezeugte Gott Israels, zu Wort und Wirkung kommt.

Wer Gott als Israels Gott weiterhin und bleibend ist, kann nicht von außen definiert, sondern nur von Jüdinnen und Juden bezeugt werden. Da Christinnen und Christen aufgrund ihrer kanonischen Grundlage an diesen Gott gebunden sind, werden sie damit – das sei noch einmal betont – zugleich auf ein Außerhalb ihrer selbst, auf Israel/Judentum, als einen wesentlichen Teil ihrer Identität verwiesen. Das stellt sie in solidarischer Partnerschaft an die Seite Israels, an die Seite jüdischer Gemeinden, an die Seite von Jüdinnen und Juden. Das hält sie dazu an, von Jüdinnen und Juden und mit ihnen zu lernen. *Denn von Zion geht Weisung aus und das Wort des Ewigen von Jerusalem.* Das stellt sie mit Jüdinnen und Juden in eine Praxis, die dem zu entsprechen sucht, was die biblischen Darstellungen vom Leben in Jerusalem erwarten.

In dem genannten „Zwiegespräch" zwischen Karl Ludwig Schmidt und Martin Buber am 14. Januar 1933 hatte Schmidt gemeint: „Wenn die Kirche christlicher wäre, als sie es ist, so würde die Auseinandersetzung mit dem Judentum schärfer sein, als sie das jetzt sein kann und darf." Buber hat das in seiner Antwort so aufgenommen: „Wenn die Kirche christlicher wäre, wenn die Christen mehr erfüllten, wenn sie nicht mit sich selbst rechten müßten, dann würde, meint Karl Ludwig Schmidt, eine schärfere Auseinandersetzung zwischen ihnen und uns kommen. Wenn das Judentum wieder Israel würde, wenn aus der Larve das heilige Antlitz hervorträte, dann gäbe es, erwidere ich, wohl die Scheidung unabgeschwächt, aber keine schärfere Auseinandersetzung zwischen uns und der Kirche, vielmehr etwas ganz anderes, das heute noch unaussprechbar ist."[282] Buber sagte das am.Vorabend einer einsetzenden tiefen Finsternis, voll von unermesslichem Grauen. Kann denn über den Massenmord hinweg an diese hier angedeutete schöne und große Vision Bubers angeknüpft werden? Jedenfalls nicht ungebrochen, schon gar nicht in Deutschland, da ja die möglichen Gesprächspartner und mit ihnen ihre potentiellen Kinder und Kindeskinder umgebracht worden sind. Wenige sind übrig geblieben; andere sind gekommen. Die wieder gewachsenen und wachsenden jüdischen Gemeinden in Deutschland haben andere Probleme, als vorrangig mit Christen zu sprechen. Aber es gab und es gibt Gespräche. Sie haben dazu geführt, dass Christen und ihre Kirchen mit der Umkehr gegenüber dem Judentum begonnen haben.

Das Gespräch zwischen Juden und Christen ist vor allem davon herausgefordert, was zugleich seine stärkste Vorgabe ist: von der Bibel, dem jüdischen Tanach und dem christlichen Alten Testament, die sowohl identisch als auch nichtidentisch sind. Die Einheit des christlichen Kanons aus Altem und Neuem Testament setzt die Einheit des Gottes Israels und des „Vaters Jesu Christi" voraus. Entscheidend ist dann, wie Christinnen und Christen mit dieser Vor-Gabe und Voraus-Setzung umgehen, ob sie diese Hypothese bewähren. Sie kann sich nur so bewähren, dass Christinnen und Christen jüdische Stimmen mitreden lassen, dass sie auf das jüdische Zeugnis in Vergangenheit und Gegenwart hören.

Wenn also Kirche und Christen von ihrer Schriftgrundlage her fundamental auf Israel/Judentum verwiesen sind, wenn es bei dem Verhältnis zum Judentum „um die Mitte unseres Christseins" geht und also um unsere Identität, dann ist das Verhältnis von Juden und Christen notwendig ein asymmetrisches, weil Juden ihrerseits zur Beschreibung ihrer Identität nicht auf Christen angewiesen sind. Aber ist dieses Verhältnis ein nur asymmetrisches? Wenn erkannt ist, dass die neutestamentlichen Schriften, jedenfalls die meisten, von Haus aus jüdische Schriften sind, könnte es auch ein historisches jüdisches Interesse am Neuen Testament geben; und das gibt es ja auch schon bei einer Reihe jüdischer Wissenschaftler. Ich denke, aus jüdischer Perspektive könnte hier eine Analogie zu den Qumrantexten bestehen. Auch sie gehören nicht zu den religiösen Grundlagen des Judentums, aber werden doch ganz selbstverständlich als jüdische Texte wahrgenommen. Bei den neutestamentlichen Schriften ist das anders, weil sie von den Christen gegen das Judentum ins Feld geführt wurden. Aber wenn dieser Fall nicht

§ 11 Auf dem Weg zu einer „biblischen Ökumene"? 185

mehr gegeben ist? Ich frage vorsichtig weiter: Wenn es Christen wirklich gelingt, den antijüdischen Schutt ihrer Tradition abzuräumen, und wenn sie in ihrem Verhalten gegenüber und mit Juden die in der heiligen Schrift gesetzte Vor-Gabe von der Einheit Gottes als des Gottes Israels wirklich bewähren, kann das dann Juden gleichgültig sein? Muss auch dann noch ihr einziges Interesse am Gespräch mit uns sein – was ja ein wirklich fundamentales ist –, nicht noch einmal und wieder von uns umgebracht zu werden? Könnte dann nicht *auch* ein theologisches Gespräch möglich sein? Um hier ja keine Missverständnisse aufkommen zu lassen: Es geht mir nicht um ein Bedürfnis, als müsste ich von jüdischer Seite Anerkennung finden, sondern um die Frage einer Perspektive, wenn die von christlicher Seite zu erbringenden Voraussetzungen tatsächlich erfüllt sein sollten. Und schon gar nicht geht es mir darum, dass Juden den im Neuen Testament für Jesus erhobenen Anspruch nachvollziehen müssten. Genau das nicht zu wollen, ist ja eine der Voraussetzungen für ein wirkliches Gespräch.

Was ich mir also von der Zukunft erhoffe, ist etwas sehr Schlichtes und Elementares, aber vielleicht auch Folgenreiches: ein gemeinsames Studieren der heiligen Schriften, ein gemeinsames Lernen aus ihnen, in das die jeweils unterschiedlichen Traditionen eingebracht werden. Dass das möglich ist, zeigen anfanghaft die jüdisch-christlichen Dialogbibelarbeiten auf Kirchentagen und Katholikentagen. Aber das könnte intensiviert und vor allem auch verbreitet werden in die Gemeinden hinein. In dieses Gespräch werde ich selbstverständlich als jemand hineingehen, der von der eigenen Tradition herkommt und davon geprägt ist, was sich in ihr bewährt hat und deshalb als Wahrheit gilt. Aber das ist nicht etwas ein für allemal Feststehendes, sondern der erneuten Bewährung im Miteinander mit den anderen Auszusetzendes. Dabei bleibt offen, wie es sich weiter bewährt, in welcher Weise es sich verändert und doch vielleicht gerade und nur in der Veränderung dasselbe bleibt. Vielleicht kann sich dann im gemeinsamen Lernen, im Lernen miteinander und voneinander, so etwas wie eine „biblische Ökumene" zwischen Juden und Christen ergeben und damit ein an die Bibel gebundenes und von ihr inspiriertes, sich gegenseitig respektierendes und bereicherndes Leben im Miteinander. Vielleicht ist das das „ganz andere", was für Martin Buber 1933 noch „unaussprechbar" war.

§ 12 Land Israel und universales Heil:
Eine theologische Auseinandersetzung
mit dem „Kairos Palästina-Dokument"[283]

Im Dezember 2009 haben palästinensische Christen und Christinnen „Ein Wort des Glaubens, der Hoffnung und der Liebe aus der Mitte des Leidens der Palästinenser und Palästinenserinnen" veröffentlicht, das durch seine Verbreitung als „Kairos Palästina-Dokument" durch den Ökumenischen Rat der Kirchen große Aufmerksamkeit fand. Da dieses Wort betont und ausführlich theologisch redet, stelle ich zunächst seine theologische Grundlegung dar, diskutiere sie danach in vier Punkten und füge zum Schluss noch einige Anmerkungen hinzu.

1. Theologische Grundlegung des Dokuments:
die Betonung der Universalität

Nach einer knappen Einführung und einer Beschreibung der Realität, wie die Autoren und Autorinnen des Wortes sie wahrnehmen, setzen sie dezidiert theologisch mit einem Glaubensbekenntnis ein, das – gut christlich – trinitarisch ausgerichtet ist. Der erste Artikel beschreibt Gott als „den einen Gott, den Schöpfer des Universums und der Menschheit", als „einen gütigen und gerechten Gott, der jedes seiner Geschöpfe liebt", von dem jeder Mensch als Ebenbild Gottes seine Würde hat. Der zweite Artikel identifiziert „Gottes ewiges Wort" als „Seinen eingeborenen Sohn, unseren Herrn Jesus Christus, den er der Welt als Heiland gesandt hat". Der dritte Artikel versteht den heiligen Geist als Wegbegleiter für „die Kirche und die ganze Menschheit". Insbesondere wird ihm eine Funktion für „uns" zugeschrieben, nämlich als Hilfe, „die Heilige Schrift Alten und Neuen Testaments" in ihrer Zusammengehörigkeit zu verstehen, indem er „uns die Offenbarung Gottes für die Menschheit in der Vergangenheit, in der Gegenwart und in der Zukunft kund(tut)" (2.1). In allen drei Artikeln fällt die ebenso umfassende wie ausschließliche Bezogenheit auf das Universum, die Welt, die Menschheit auf.

Als Erläuterung dazu, wie das Wort Gottes zu verstehen ist, wird in Bezug auf Jesus Christus als weitere Glaubensaussage angeführt, dass er „in die Welt gekommen ist, um das Gesetz und die Weissagung der Propheten zu erfüllen" (2.2.1). Während diese an Matthäus 5,17 anklingende Aussage dort im Gegensatz zur Annullierung von Tora und Propheten deren bleibende

§ 12 Eine Auseinandersetzung mit dem „Kairos Palästina-Dokument" 187

Geltung betont, dient sie hier dazu, das Verstehen der heiligen Schriften an Jesus Christus auszurichten und sie also auf ihn hin zu lesen. Anschließend wird der Neuheitscharakter seines Auftretens betont, indem seine Verkündigung, „dass das Himmelreich nahe herbeigekommen sei" – nebenbei: in Matthäus 3,2 ist das vorher wortidentisch schon die Verkündigung Johannes des Täufers –, mit dem Satz weitergeführt wird: „Er löste im Leben und im Glauben der ganzen Menschheit eine Revolution aus." Der Neuheitscharakter wird weiter dadurch unterstrichen, dass aus Markus 1,27 die Kennzeichnung des Wirkens Jesu als einer „neuen Lehre" aufgenommen und von ihr gesagt wird, sie werfe „ein neues Licht auf das Alte Testament" und „auf Themen wie die Verheißungen, die Erwählung, das Volk Gottes und das Land" (2.2.2).

Worin das Neue positiv besteht, ist schon durch die bisherige Grundlegung, die immer wieder die universale Dimension betonte, vorbereitet und wird in den ersten beiden Abschnitten des Teils ausgeführt, der die Überschrift trägt: „Unser Land hat einen universellen Auftrag". In der Ausführung wird diese Überschrift zunächst als Glaubenssatz wiederholt, um daraus zu folgern: „In dieser Universalität erweitert sich die Bedeutung der Verheißungen, des Landes, der Erwählung und des Volkes Gottes und schließt die ganze Menschheit ein." Die „Verheißung des Landes" sei „im Lichte der Lehren der Heiligen Schrift" zu verstehen als „der Auftakt zur vollständigen universellen Erlösung" (2.3). Ganz entsprechend heißt es am Beginn des nächsten Abschnitts: „Gott sandte die Patriarchen, die Propheten und die Apostel mit einem universellen Auftrag für die Welt in dieses Land" (2.3.1)

Knapp zusammengefasst, kann man sagen: Gott ist als der Gott aller Welt beschrieben, Jesus hat die Funktion, ein neues Licht auf das Alte Testament zu werfen und der heilige Geist dient als Hermeneut, der dazu anleitet, das Alte Testament ganz und gar auf das allein in universaler Ausrichtung verstandene Neue Testament hin zu lesen. Diese Position ist keine Besonderheit der palästinensischen Verfasserinnen und Verfasser dieses Wortes. Mit ihr partizipieren sie an einer langen christlichen Tradition, die immer wieder die Universalität gegen die Partikularität ausspielte und dabei vor allem dem partikularen Israel jedwede theologische Relevanz absprach. Palästinensische Besonderheit ist allenfalls, dass diese Darlegung hier gelingt, ohne Israel und seine Geschichte oder Aspekte seiner Geschichte auch nur ein einziges Mal zu benennen.

In den letzten Jahrzehnten ist vielen Christinnen und Christen jedoch deutlich geworden, dass sich in der Geschichte der Kirche eine das Partikulare ins Universale aufhebende Interpretation der Bibel und eine ihr entsprechende Theologie eminent judenfeindlich ausgewirkt haben. Und es ist ihnen aufgegangen, dass weder im Alten noch im Neuen Testament eine solche Aufhebung des Partikularen ins Universale erfolgt, sondern dass Partikularität und Universalität in einem produktiven Spannungsverhältnis zueinander stehen. Deshalb ist mit der theologischen Grundlegung im Wort der palästinensischen Christen und Christinnen eine kritische Auseinandersetzung geboten.

2. Gott als Gott aller Welt ist und bleibt Israels Gott

Der erste Artikel des palästinensischen Glaubensbekenntnisses vernachlässigt, wie das auch bei den altkirchlichen Glaubensbekenntnissen der Fall ist, mit der alleinigen Betonung des universalen Aspekts ein wesentliches Moment der biblischen Bezeugung Gottes. Nach ihr – das sei hier noch einmal ausdrücklich betont – ist Gott, der Schöpfer der Welt, dezidiert Israels Gott, dem es gefallen hat und weiter gefällt, mit diesem Volk, dem jüdischen Volk, eine besondere Bundesgeschichte zu haben. Das gilt unbestreitbar für das Alte Testament, das zuvor jüdische Bibel war und weiterhin jüdische Bibel ist, was Christinnen und Christen mit dem Judentum verbindet wie mit keiner anderen Religion. Und diese besondere Bundesgeschichte mit Israel – und also die Identität Gottes als Israels Gott – ist nach dem Zeugnis des Neuen Testaments durch Jesus nicht beendet oder aufgehoben, sondern gilt weiterhin. Das zeigt sich terminologisch darin, dass auch das Neue Testament ausdrücklich von Gott als „Israels Gott" spricht (Matthäus 15,31; Lukas 1,68; Apostelgeschichte 13,17). Vor allem aber stellt Paulus im Römerbrief die bleibende Verbundenheit von Gott und jüdischem Volk heraus, wobei er gerade seine nicht an Jesus als Messias glaubenden Landsleute im Blick hat. Sie bezeichnet er in 9,4–5 mit dem Ehrennamen „Israeliten" und sagt anschließend: *Ihnen gehören die Sohnschaft, der Glanz, die Bundesschlüsse, die Gabe der Tora, der Gottesdienst und die Verheißungen; ihnen gehören die Väter und von ihnen kommt der Gesalbte seiner Herkunft nach.* Und diese Feststellungen beschließt er mit einem Lobpreis Gottes: *Der über allem ist: Gott: Er sei gesegnet für immer! Amen.* Darauf blickt er in 11,29 zurück, wenn er beteuert: *Unwiderruflich sind die Gnadengaben und die Berufung Gottes.* Unmittelbar vorher hatte er zur Beurteilung seiner Jesus ignorierenden Landsleute in einer – von vielen Übersetzungen nicht kenntlich gemachten – Zwar-Aber-Konstruktion die Erwählung als gegenüber dem Evangelium wichtigeren Gesichtspunkt herausgestellt.

Paulus hatte in Römer 1–8 den Unterschied zwischen Israel und den Völkern doppelt eingeebnet, sowohl hinsichtlich der menschlichen Sünde als

§ 12 Eine Auseinandersetzung mit dem „Kairos Palästina-Dokument" 189

auch hinsichtlich der göttlichen Gnade. In Bezug auf letztere hatte er ausgeführt, dass im Gesalbten Jesus Gott seine Gerechtigkeit, seine rettende Hilfe, auch den Völkern erwiesen hat. Hier ist es in der Tat zu einer universalen Ausweitung gekommen. Dennoch hält Paulus an der bleibenden Besonderheit Israels fest. Die Besonderheit Israels in seiner Beziehung zu Gott gilt ihm nicht in einem allgemeinen Universalismus aufgehoben. Vielmehr ist Gott „im Gesalbten Jesus" *auch* Gott für die Völker gerade als Israels Gott und in seiner bleibenden Bezogenheit auf Israel. Israel wird nicht universalisiert. Für eine Reihe evangelischer Landeskirchen in Deutschland hatte das die Konsequenz, dass sie Aussagen über die bleibende Treue Gottes zu seinem Volk Israel in ihre Grundordnungen eingeschrieben haben. Das aber bedeutet nicht weniger, als dass die Bezogenheit auf das außerhalb der Kirche lebende Judentum konstitutiv zur christlichen Identität gehört. Der katholische Neutestamentler Rainer Kampling hat im Blick auf die nachkonziliare Israeltheologie seiner Kirche von der „Bindung der Kirche an Israel in Vergangenheit, Gegenwart und Zukunft" als „einem *signum ecclesiae*" gesprochen.[284]

So wenig im Neuen Testament die universale Ausweitung das partikular Besondere aufhebt, so wenig ist das Alte Testament, ist die jüdische Bibel auf die Darstellung einer partikularen Bundesgeschichte beschränkt, sondern stellt sie in einen universalen Rahmen. Das zeigt sich etwa an Stellen der Psalmen und der prophetischen Bücher, an denen die Völker zum Lob des Gottes Israels, des einen Gottes und Schöpfers der Welt, eingeladen werden (z.B. Psalm 117,1; Jesaja 42,10–13) oder ihnen ihre Hinwendung zu Israels Gott angesagt wird (z.B. Jesaja 49,1–6; Sacharja 8,20–24). Es zeigt sich vor allem aber daran, dass in der Konstruktion der jüdischen Bibel der mit Abraham beginnenden besonderen Bundesgeschichte eine allgemeine Menschheitsgeschichte vorangestellt ist. In ihr ist das erste geschaffene menschliche Wesen nicht der erste Israelit, sondern schlicht ein „Mensch",[285] ein Mensch, der als Mann und Frau geschaffen ist. Es ist jedoch nicht ohne Bedeutung, dass vom Menschen zunächst in der Einzahl gesprochen wird. In der alten jüdischen Tradition wird gelehrt, der Mensch sei als einzelner geschaffen worden „um des Friedens der Geschöpfe willen, damit nicht ein Mensch zu seinem Nächsten sage: ‚Mein Vater ist größer als dein Vater.'" Es wird dann fortgefahren: „Um die Größe des Königs aller Könige, des Heiligen, gesegnet er, zu verkünden: Wenn nämlich ein Mensch 100 Münzen mit einem einzigen Stempel prägt, sind sie alle einander gleich. Aber der König aller Könige, der Heilige, gesegnet er, prägte jeden Menschen mit dem Stempel des ersten Menschen, aber keiner von ihnen gleicht seinem Nächsten. Daher ist jeder Einzelne verpflichtet zu sagen: ‚Meinetwegen ist die Welt erschaffen worden.'"[286] So groß ist die Würde eines jeden Menschen, des Ebenbildes Gottes. Auch hier kommen Universalität und Partikularität zusammen.

3. *Der jüdische Jesus und universales Heil*
Wie Gott im ersten Artikel des palästinensischen Glaubensbekenntnisses nicht in seiner Bundesbeziehung mit dem Volk Israel gesehen wurde, sondern ausschließlich in seinem Bezug auf die gesamte Schöpfung, so ist im zweiten Artikel nirgends erkennbar, dass Jesus als Jude unter Juden im Land Israel gewirkt hat. Auch hier erscheint allein der universale Aspekt. Jesus ist „der Welt als Heiland gesandt" und er „kam in die Welt". Auch diese Herauslösung Jesu aus dem Judentum teilt das palästinensische Wort mit der herkömmlichen christlichen Tradition. Wie in vielen Jesusdarstellungen dieser Tradition soll offenbar ein großer Bruch Jesu mit der biblisch-jüdischen Tradition suggeriert werden, wenn vom Auslösen einer „Revolution" durch ihn die Rede ist „im Leben und im Glauben der ganzen Menschheit". Das klingt radikal, bleibt aber inhaltlich fast völlig unbestimmt. Die einzige inhaltliche Ausführung besteht darin, dass unmittelbar anschließend die Wendung „eine neue Lehre" aus Markus 1,27 aufgenommen wird, ohne auf den dortigen Kontext einzugehen. Nach ihm sind es die in der Synagoge von Kafarnaum Anwesenden, die sich fragen, ob das „eine neue Lehre aus Vollmacht" sei, nachdem Jesus nicht nur gelehrt, sondern einen Besessenen von seinem Dämon befreit hatte. In der Rezeption im palästinensischen Wort dient die Wendung „eine neue Lehre" allein als Brücke für die Behauptung, die „neue Lehre" werfe „ein neues Licht" auf das Alte Testament und die in ihm begegnenden Themen Verheißungen, Erwählung, Volk Gottes und Land. Im Klartext ist gemeint: Diese in der jüdischen Bibel, im Alten Testament, auf Israel bezogenen Themen werden durch die „neue Lehre" aus diesem Bezug gelöst und universalisiert. Das wird deutlicher ausgeführt in auf den dritten Artikel bezüglichen Aussagen. Deshalb gehe ich darauf im nächsten Abschnitt näher ein, da hier auch die Frage des Verhältnisses von Altem und Neuem Testament zueinander betroffen ist. Das Thema Land soll dann eigener Gegenstand des übernächsten Abschnitts sein.

Hier sei nur noch auf Folgendes hingewiesen. Es ist in der Arbeit der letzten Jahrzehnte am Neuen Testament immer deutlicher geworden, dass die Darstellungen Jesu in den Evangelien ganz und gar hineingehören in den jüdischen Kontext des ersten Jahrhunderts, und zwar nicht nur in den Kontext der Zeit Jesu um das Jahr 30, sondern auch in den Kontext der Zeit der Evangelien zwischen 70 und 100, der von innerjüdischen Auseinandersetzungen geprägt war. Das hat zwei Konsequenzen, die ich nur eben andeute. Einmal haben wir den Unterschied unserer Situation als Angehörige einer Kirche, die zur reinen Völkerkirche geworden ist, zur Situation der Entstehung der Texte aus innerjüdischen Auseinandersetzungen bei der Auslegung mit zu reflektieren. Und zum anderen lässt die Erkenntnis gerade auch der inhaltlichen Eingebundenheit der Evangelien in ihren jüdischen Kontext die Überlegenheitsrhetorik vergangener Zeiten, die an manchen Stellen bis in die Gegenwart hineinreicht, als ziemlich fad erscheinen. Das einzig wirklich Neue am Neuen Testament besteht darin, dass Menschen aus den Völkern – und mit ihnen wir – durch die auf Jesus bezogene Verkündigung kraft des heiligen Geistes zu dem einen Gott, Israels Gott, gekommen sind, zu ihm beten und ihn loben können, ohne jüdisch werden zu müssen. Paulus betont das im Römerbrief mehrfach mit einem „Auch" (1,16; 2,9–10; 4,9.11–12; 9,24). In der Nachdichtung von Psalm 117 durch Joachim Sartorius ist dieses „Auch" einprägsam zum Ausdruck gebracht, wenn die Völker zu Lob und Dank an Gott dafür aufgefordert werden, „dass er euch *auch* erwählet hat und mitgeteilet seine Gnad in Christus, seinem Sohne".[287]

4. Über das Verhältnis der beiden Testamente zueinander

Der heilige Geist führe uns vor Augen, heißt es im dritten Artikel des palästinensischen Glaubensbekenntnisses, dass beide Testamente, das Alte und das Neue, zusammengehören. Wie diese Zusammengehörigkeit zu verstehen sei, daran wird kein Zweifel gelassen. Das traditionelle Schema von Weissagung und Erfüllung wird aufgenommen, nach dem Jesus Christus als die Erfüllung des im Alten Testament Geweissagten gilt. Und diese Erfüllung lässt die Verheißung als den „Auftakt zur vollständigen universellen Erlösung" erscheinen. Auch hier saugt die für das Neue Testament einseitig behauptete Universalität alles Partikulare auf. Das Alte Testament wird ganz und gar von dem so verstandenen Neuen Testament her wahrgenommen und als Vorstufe auf es hin ausgerichtet. Man kann hier Luthers Auslegungsregel wiederfinden, im Alten Testament gelte das, „was Christum treibet". Aber man soll sich dann über die Konsequenzen klar sein, die bei Luther auch ausdrücklich gezogen werden. Wenn das Alte Testament nur „in Christus" richtig verstanden werden kann, dann muss man den Juden jedwedes angemessene Verstehen ihrer Bibel absprechen und folgerichtig dann auch rechte Gotteserkenntnis und rechten Gottesdienst und sie schließlich der Übertretung des ersten Gebots bezichtigen.[288] Wenn man das nicht wollen kann und darf, muss man nach einer anderen Verhältnisbestimmung von Altem und Neuem Testament suchen. Und dazu leiten die neutestamentlichen Schriften auch selbst an. Im Blick darauf sei hier nur an schon in diesem Buch Gesagtes erinnert.[289]

5. Das Problem des Landes

Die Frage nach dem „Land" spielt im Wort der palästinensischen Christen und Christinnen eine besondere Rolle. Ihr soll deshalb in einem eigenen Abschnitt nachgegangen werden. Ich habe schon darauf hingewiesen, dass in diesem Wort neben den Verheißungen, der Erwählung und dem Volk Gottes auch das Land in universale Perspektive gerückt wird. In ihr erweitere sich seine Bedeutung und schließe die ganze Menschheit ein. Was das in Bezug auf das Land konkret heißt, bleibt allerdings reichlich verschwommen, aber in der Verschwommenheit dann doch wieder fatal eindeutig. Negativ ist jedenfalls deutlich, dass es aus der Bindung an Israel gelöst wird. So wurde ja auch die „Verheißung des Landes" als „der Auftakt zur vollständigen universellen Erlösung" verstanden und die Sendung von Patriarchen, Propheten und Aposteln „in dieses Land" als mit „einem universellen Auftrag für die Welt" versehen.

Dem entspricht eine lange und breite christliche Tradition, gestützt auch von der neutestamentlichen Forschung, dass im Neuen Testament das Land als Israels Land keine Rolle spiele. Dieser im Alten Testament sich findende Bezug sei durch die Universalisierung des Heils im Neuen Testament überholt. Doch so wenig durch die im Neuen Testament erfolgende universale Ausrichtung die besondere Bedeutung des Volkes Israel in ein Allgemeines aufgehoben wird, so wenig geschieht das mit der spezifischen Bindung dieses Volkes an das Land Israel. Das zeigt sich schon an der Begrifflichkeit. Selbstverständlich begegnet nirgends im Neuen Testament die Bezeichnung „Palästina". Wenn Teile des damit bezeichneten Landes gemeint sind, begegnet das Wort „Land" in Verbindung mit einem Namen der zwölf Stämme Israels: „Land Juda" (Matthäus 2,6; Johannes 3,22), „Land Sebulon und Land Naphtali" (Matthäus 4,15). Ist das ganze Land gemeint, spricht Matthäus vom „Land Israel" (2,20.21). In Matthäus 10,23 bezeichnet der Begriff „Israel" in der Verbindung „die Städte Israels" ebenfalls das Land und an einer Reihe weiterer Stellen ist mit „Israel" die Einheit von Volk und Land Israel gemeint (Matthäus 8,10/Lukas 7,9; Matthäus 9,33; Lukas 2,34; 4,25.27; 24,21; Apostelgeschichte 1,6; so auch in der Verbindung „König Israels": Johannes 1,49; 12,13; vgl. Matthäus 27,42/Markus 15,32). Als das Land oder Teile davon römische Provinz war, trug sie den Namen „Judäa" – bis 135 n.Chr. Entsprechend hatte schon vorher in persischer Zeit gemäß dem Hauptgebiet, dem Stammesgebiet Juda, die Satrapie den Namen

§ 12 Eine Auseinandersetzung mit dem „Kairos Palästina-Dokument"   193

„Jehud" getragen. Nach dem 2. jüdisch-römischen Krieg erließ Hadrian im Jahr 135 äußerst scharfe Edikte gegen die Juden. Sie wurden von seinem Nachfolger Antoninus Pius zurückgenommen – bis auf eines, das folgenreich bis zur Gegenwart blieb. Hadrian benannte die Provinz um. Er wollte nicht, dass durch den Namen angezeigt würde, dass dieses Land etwas mit Juden zu tun hätte. So wählte er einen Namen, der bei einigen Literaten im Gebrauch war: Palästina, zurückgehend auf die einst den Küstenstreifen bewohnenden Philister, die es schon seit Jahrhunderten nicht mehr gab.

Wichtiger als dieser begriffliche Hinweis ist jedoch die Beobachtung, dass der Zusammenhang von Volk und Land Israel im Neuen Testament keineswegs aufgehoben wird, sondern sich im Gegenteil an einigen Stellen ausdrücklich findet. Das ist besonders deutlich der Fall in den ersten beiden Kapiteln des Lukasevangeliums, in denen durchgehend im Blick auf Johannes den Täufer und Jesus sehr massiv eine national-politische Hoffnung für Israel entworfen wird, die selbstverständlich auf das Land bezogen ist. Ich will hier nur Weniges anführen.[290] Am Ende seiner Ankündigung der Geburt Jesu gegenüber Mirjam sagt der Engel Gabriel in Lukas 1,32–33: *Der wird ein Großer werden und Sohn des Höchsten heißen. Der Ewige, Gott, wird ihm den Thron seines Vaters David geben. Herrschen wird er über das Haus Jakob auf immer; seine Herrschaft wird kein Ende haben.* Das ist nationale, politische Messianologie. Den alleinigen Bezug auf Israel macht die ausdrückliche Nennung „des Hauses Jakob" unübersehbar. Nach Lukas 1,68–75 sagt der Priester Zacharias im Anschluss an die Beschneidung seines Sohnes Johannes: *Gesegnet der Ewige, Israels Gott: Denn er nimmt sich seines Volkes an, bereitet ihm Befreiung und richtet uns ein Horn der Rettung auf im Hause Davids, seines Knechtes. Wie er von jeher geredet hat durch den Mund seiner heiligen Propheten: uns zu retten vor unseren Feinden und aus der Hand aller, die uns hassen; an unseren Vorfahren Erbarmen zu üben und seines heiligen Bundes zu gedenken, des Schwures, den er Abraham, unserem Vater, geschworen hat; es uns – befreit aus der Hand unserer Feinde – zu geben, dass wir ihm ohne Furcht dienen in Lauterkeit und Gerechtigkeit, vor ihm all unsere Tage.* Wiederum ist der Bezug auf Israel evident; das politisch-theologische Ziel ist deutlich herausgestellt. Zweimal ist von der Befreiung bzw. Rettung aus der Hand der Feinde bzw. der Israel Hassenden die Rede; und als Ziel dessen gilt, Gott ohne Furcht dienen zu können. Wenn dieses Dienen näher durch „Lauterkeit" und „Gerechtigkeit" charakterisiert wird, geht es um ein Gott entsprechendes, seinen Geboten nachkommendes religiöses und soziales Leben in der Gemeinschaft des Volkes Israel im Lande Israel. In Lukas 2,38 heißt es von der Prophetin

Hanna, dass sie zu derselben Stunde über Jesus zu allen redete, *die auf die Befreiung Jerusalems warteten*. Jerusalem steht hier *pars pro toto* für Israel in der Verbindung von Volk und Land.

Die hier in den ersten beiden Kapiteln des Evangeliums geweckte Hoffnung wird in der dann folgenden Erzählung der Geschichte Jesu nicht erfüllt. Aber sie wird auch nicht dementiert. Im Gegenteil. Dazu gehe ich jetzt nur auf Apostelgeschichte 1,6 ein. Dort fragen die mit Jesus Gekommenen ihn unmittelbar vor seiner Himmelfahrt: *Herr, stellst du in dieser Zeit das Reich für Israel wieder her?* Jetzt, da sie nicht mehr meinen, Jesus sei ein für allemal tot, halten sie die Hoffnung, dass Jesus es wäre, der Israel befreien würde, nicht mehr für eine enttäuschte (vgl. Lukas 24,21), sondern haben sie erneut. Jetzt ist er von den Toten aufgestanden; ob er jetzt diese Hoffnung erfüllt? Wiederum dementiert Jesus diese Hoffnung nicht. Aber er sagt auch nicht ihre sofortige Erfüllung zu: *Nicht euch kommt es zu, Zeiten und Zeitpunkte zu kennen, die der Vater in eigener Souveränität festgesetzt hat* (Apostelgeschichte 1,7). Dementiert wird das „Jetzt" der Erfüllung dieser Erwartung, aber zugleich damit wird die Erwartung bestätigt, und zwar als eine, die Gott selbst zur Erfüllung bringen wird. Was den Schülern *jetzt* zukommt, sagt Jesus anschließend: *Ihr werdet vielmehr Kraft empfangen, wenn der heilige Geist über euch kommt, und werdet meine Zeugen sein in Jerusalem und in ganz Judäa und Samarien und bis ans Ende der Erde* (Apostelgeschichte 1,8). Wie verhalten sich die Aussage von der Errichtung „des Reiches für Israel" und die Aussage von der in der Kraft des heiligen Geistes erfolgenden Sendung zueinander, einer Sendung, die über Israel hinausgeht „bis ans Ende der Erde"? Stehen sie unverbunden nebeneinander oder besteht hier ein sachlicher Zusammenhang?

Diese Frage lässt sich von Lukas 2,30–32 beantworten, wo Simeon mit dem sechs Wochen alten Jesus auf den Armen sagt, in Frieden sterben zu können: *Haben doch meine Augen gesehen, womit Du retten willst. Du hast es bereitet vor allen Völkern: ein Licht zur Offenbarung für die Völker und zum Glanz für Dein Volk Israel*. Hier begegnen im Lukasevangelium erstmals die Völker, und zwar als Gegenstand von Gottes Hilfe und Rettung. Er nimmt hier die biblische Grundunterscheidung zwischen Israel und den Völkern auf und bringt beide Größen in einen Zusammenhang miteinander. Von dem Kind, das Simeon in den Armen hält, sagt er: „ein Licht zur Offenbarung für die Völker". Er spricht mit seiner Bibel. In Jesaja 42,6–7 heißt es in einer Gottesrede an die im Dienst Gottes stehende Gestalt: *Ich, der Ewige, habe dich gerufen in Gerechtigkeit, halte dich an deiner Hand und behüte dich. Ich mache dich zum Bund für das Volk [= Israel], zum Licht für die*

§ 12 Eine Auseinandersetzung mit dem „Kairos Palästina-Dokument"   195

Völker. Dieselbe Konstellation findet sich Jesaja 49,6, wo es am Schluss heißt, dass Gottes „Hilfe reiche bis ans Ende der Erde." Was Simeon hier sagt, ist von diesen biblischen Texten gespeist. Eigentümlich ist Lukas an dieser Stelle der Begriff „Offenbarung" und eigentümlich ist der Bezug auf Jesus. Den Völkern der Welt soll also durch Jesus offenbart werden, dass Israels Gott als der eine und alleinige Gott auch der Gott aller Welt und also ihr Gott ist, der sich in dem hier beschriebenen Kind auch ihnen helfend und rettend zuwendet. Hier, wo Lukas zum ersten Mal in seinem Werk die Völker in eine positive Beziehung zu Jesus als dem Mittel bringt, mit dem Gott hilft und rettet,[291] stellt er sofort Israel positiv daneben. Jesus ist demnach nicht nur „ein Licht zur Offenbarung für die Völker", sondern auch und eben damit ein Licht „zum Glanz für Dein Volk Israel". Wie kann Jesus als „Licht zur Offenbarung für die Völker" zugleich damit zum Glanz für Gottes Volk Israel werden? Ich denke, dass Lukas dabei folgende Vision hatte: Wenn die Völker durch Jesus den Gott Israels als den einen Gott aller Welt und damit auch als den ihren erkennen, dann können sie doch nicht mehr Gottes Volk Israel bedrängen und bedrücken und sich feindlich gegen es verhalten. Dann müsste sich doch für Israel erfüllen, was Zacharias gesagt hatte, *dass es uns gegeben sei – befreit aus der Hand unserer Feinde – ohne Furcht Gott zu dienen in Lauterkeit und Gerechtigkeit, vor ihm all unsere Tage* (Lukas 1,73–75). Wenn das die Hoffnung des Lukas war, ist sie vom Verlauf der weiteren Geschichte bitter enttäuscht worden. Nach den Schrecken des vorigen Jahrhunderts und dem Erschrecken darüber ergibt sich mir als Konsequenz der vorgelegten Lektüre die Notwendigkeit einer theologischen und praktisch-politischen *Wahr*nahme Israels als des Volkes Gottes, die in die Pflicht nimmt, dazu beizutragen, dass es diesem Volk gegeben sei, befreit aus der Hand seiner Feinde ohne Furcht in eigener Identität leben zu können.[292]

Demgegenüber erscheint es mir als hochproblematisch, wie im Wort der palästinensischen Christen und Christinnen vom „Land" gesprochen wird. An keiner einzigen Stelle werden die Begriffe „Land" und „Israel" in positiver Hinsicht auch nur entfernt miteinander in Verbindung gebracht; in Bezug auf das „Land" erscheint „Israel" ausschließlich als Besatzer. Dagegen wird die Wendung „*unser* Land" mehrfach mit biblischen Stellen in Beziehung gesetzt. In 2.2 wird Hebräer 1,1–2 zitiert, dass „Gott vorzeiten ... geredet hat zu den Vätern durch die Propheten" und „in diesen letzten Tagen zu uns ... durch den Sohn". Nimmt man die Zuschrift des Hebräerbriefes ernst, geht es dort bei „uns", den Angeschriebenen, mit denen sich der Verfasser zusammenfasst, um Juden und bei den „Vätern" um deren Vorfahren.

In diesem Dokument jedoch wird das Zitat so eingeführt: „Wir – also Palästinenser und Palästinenserinnen – glauben, dass Gott zu den Menschen hier in *unserem* Land gesprochen hat" (Hervorhebungen von mir). In 2.3.1 wird die Wendung „*dieses* Land", in das Gott die Patriarchen, Propheten und Apostel sandte, im übernächsten Satz aufgenommen mit der Formulierung „*unser* Land". Diese Art zu formulieren, ist zumindest nicht davor geschützt – um es vorsichtig zu sagen –, implizit als Anspruch auf das ganze Land westlich des Jordan als „unser Land" verstanden zu werden. Ich sehe auch nicht, wie der nächste Abschnitt, 2.3.2, nicht als Infragestellung des Existenzrechtes des Staates Israel gelesen werden kann. Nach der Herausstellung dessen, dass die eigene palästinensische Präsenz „tief in der Geschichte und Geographie dieses Landes verwurzelt" sei, wird fortgefahren: „Es war Unrecht, dass wir (?) aus dem Land vertrieben worden sind. Der Westen (?) versuchte, das Unrecht, das Juden in den Ländern Europas erlitten hatten, wiedergutzumachen, aber diese Wiedergutmachung ging auf unsere Kosten in unserem Land. Unrecht sollte korrigiert werden; das Ergebnis war neues Unrecht." Kann man diese nur sehr bestimmte Aspekte aufnehmende, also verkürzende und deshalb verzerrte Darstellung der Geschichte anders verstehen, als dass mit ihr das gesamte ehemalige britische Mandatsgebiet als „unser Land" beansprucht und so bestritten wird, der Staat Israel bestehe zu Recht? Von daher kann ich den schön klingenden Aufruf in 9.1, „eine gemeinsame Vision zu suchen, die sich auf Gleichberechtigung und Teilen gründet", nur mit Skepsis betrachten, wie er denn wohl verstanden sei.

6. *Abschließende Anmerkungen*

Im vorigen Abschnitt ist deutlich geworden, dass die theologische Auseinandersetzung hier aufs engste mit der politischen verzahnt ist. Für mich ist von der Bibel her klar, dass Volk und Land Israel unlösbar zusammengehören, und es scheint mir ebenfalls evident zu sein, dass diese Zusammengehörigkeit unter heutigen Bedingungen eine staatliche Form haben muss. Damit ist nichts gesagt über die Grenzen dieses Staates und damit ist keine Besatzung legitimiert. Aber an der Existenzberechtigung des Staates Israels darf es nichts zu rütteln geben. Das Wort der palästinensischen Christen und Christinnen führt alle Übel, die sie erfahren, monokausal auf die Besatzung zurück und meint daher, wenn die Israelis die Besatzung beendeten, würden diese „dann eine neue Welt ohne Angst und Bedrohung entdecken, in der Sicherheit, Gerechtigkeit und Frieden herrschen" (1.4). Der Rückzug Israels aus dem Südlibanon und aus dem Gazastreifen hat gezeigt, dass das eine illusorische Sicht der Dinge ist. Sie ist deshalb illusorisch, weil das entschei-

§ 12 Eine Auseinandersetzung mit dem „Kairos Palästina-Dokument" 197

dende Problem in der fehlenden Anerkenntnis und Akzeptanz des Staates Israel nicht nur seitens mächtiger Staaten der Region und von ihnen ausgehaltener militanter Organisationen, sondern auch weitester Teile der arabischen Bevölkerungen besteht. Auch das Wort der palästinensischen Christen und Christinnen spricht diese Anerkenntnis nicht aus, sondern unterminiert sie implizit. Die „Vision von Gleichberechtigung und Teilen" wurde 1948 von arabischer Seite mit Krieg beantwortet. Daran wird in diesem Wort nicht erinnert. Erinnert wird an 1948 nur unter der Perspektive der „Nakba" (Katastrophe) und – damit zusammenhängend – an das nun schon im siebten Jahrzehnt offen gehaltene Flüchtlingsproblem. In den arabischen Ländern lebten 1948 etwa 860.000 Juden. Fast 400.000 von ihnen wurden 1948 vertrieben, die damals Gebliebenen bis auf einen minimalen Rest in den beiden folgenden Jahrzehnten. Sie wurden in Israel – und anderswo – integriert. Eine – teilweise – Integration der palästinensischen Flüchtlinge ist inzwischen nur in Jordanien erfolgt. Rolf Schieder urteilt über das Kairos Palästina-Dokument: „Es ist frappierend selbstgerecht. Ein Bekenntnis eigener Schuld fehlt. Die Opferperspektive erstickt jede Selbstkritik."[293]

Bei aller notwendigen Kritik ist diesem Wort zuzugestehen, dass es aus einer Situation erfahrenen Leidens und erfahrener Bedrängnis redet. Besatzung, wie immer sie zustande gekommen ist, produziert Demütigung, Leiden und auch Tod. Besatzung darf kein Dauerzustand sein. Der größte Skandal dieses Wortes besteht in meinen Augen darin, dass und wie es durch den Ökumenischen Rat der Kirchen verbreitet worden ist. Statt den Autoren und Autorinnen deutlich zu machen, dass ihre theologischen Aussagen an schlimmer traditioneller Judenfeindschaft partizipieren,[294] statt ihnen die Sicht zu erweitern und ihnen so zur Selbstkritik zu verhelfen, hat er es als „Kairos Palästina-Dokument" benannt in ausdrücklicher Anlehnung an das „Kairos-Dokument", einen Aufruf südafrikanischer Kirchen aus dem Jahr 1985 gegen das Apartheidsregime in ihrem Land. Im Wort der palästinensischen Christen und Christinnen selbst ist eine solche Entsprechung nicht ausdrücklich vorgenommen, allerdings an drei Stellen angelegt. In 4.2.6 wird dazu aufgerufen, „sich für den Rückzug von Investitionen und für Boykottmaßnahmen der Wirtschaft und des Handels gegen alle von der Besatzung hergestellten Güter einzusetzen". Unklar bleibt hier, ob sich der Boykott nur gegen israelische wirtschaftliche Aktivitäten in den besetzten Gebieten richten soll oder gegen Israel überhaupt. Dass Letzteres gemeint ist, ergibt sich aus den beiden anderen Stellen. In 6.3 nennen die Verfasser allgemein „Boykottmaßnahmen und den Abzug von Investitionen" und in 7.1 fordern sie, „endlich ein System wirtschaftlicher Sanktionen und Boykottmaßnahmen gegen Israel einzuleiten". Im Abschnitt mit der ersten Erwähnung von Boykottmaßnahmen sprechen sie am Ende die Hoffnung aus, dass sie „vielleicht die lang ersehnte Lösung unserer Probleme erreichen! Das ist schließlich auch in Südafrika und von vielen anderen Befreiungsbewegungen in der ganzen Welt erreicht worden" (4.2.6). Diese Anspielungen sind vom Ökumenischen Rat der Kirchen durch die Benennung als „Kairos Palästina-Dokument" sozusagen auf den Punkt gebracht worden, was die antiisraelische Ausrichtung noch einmal – vor allem unterschwellig emotional – enorm verschärft hat. Israel wird damit zum Apartheidsstaat erklärt. Das ist unerträglich.

Anmerkungen

1. Zuerst veröffentlicht in: Kirche und Israel 25, 2010, S. 24–33.
2. Darauf wird in § 7 einzugehen sein.
3. Vgl. Wengst, Jesus, §§ 2 und 3.
4. Dazu nur zwei Hinweise, einen aus der Zeit der Alten Kirche und einen aus neuerer Zeit: Als Markion die jüdische Bibel verwarf und an ihre Stelle einen Kanon aus Lukasevangelium und zehn Paulusbriefen – alle „von jüdischen Zusätzen bereinigt" –, setzte, wurde er im Jahr 144 aus der römischen Gemeinde ausgeschlossen. Die berüchtigte „Sportpalastrede" Reinhold Krauses vom 13. November 1933 mit ihrer Verwerfung des Alten Testaments brach den bis dahin dominanten Einfluss der „Deutschen Christen" in der evangelischen Kirche.
5. Midrasch Tehillim 74,3.
6. Dazu vgl. ausführlich § 5.
7. Emil L. Fackenheim, Die gebietende Stimme von Auschwitz, in: Wolkensäule und Feuerschein. Jüdische Theologie des Holocaust, hg.v. Michael Brocke u. Herbert Jochum, Gütersloh 1993 (Taschenbuchausgabe), S. 73–110.
8. Elazar Benyoëtz, Scheinheilig. Variationen über ein verlorenes Thema, Wien 2009, S. 19.
9. Mischna Pessachim 10,5. Auf diese Stelle wird ausführlich in § 8.2 eingegangen.
10. Midrasch Tanchuma (Buber), KiTezee 11 und Parallelen.
11. Babylonischer Talmud, Brachot 10a.
12. Näheres u. in § 12 sowie Wengst, Jesus, § 11.
13. Breschit rabba 24,7.
14. Mischna Sanhedrin 4,5.
15. Leicht erweiterte Fassung der Erstveröffentlichung unter dem Titel „Das jüdische Profil des Neuen Testaments entdecken" in: Eve-Marie Becker (Hg.in), Neutestamentliche Wissenschaft. Autobiographische Essays aus der Evangelischen Theologie, Tübingen u. Basel 2003, S. 81–89.
16. Rudolf Bultmann, Theologie des Neuen Testaments, Tübingen, 4. Aufl. 1961 (= 3., durchgesehene und ergänzte Auflage).
17. Franz Overbeck, Über die Christlichkeit unserer heutigen Theologie, Darmstadt 1963 (= Nachdruck der 2., um eine Einleitung und ein Nachwort vermehrten Aufl. Leipzig 1903); ders., Christentum und Kultur. Gedanken und Anmerkungen zur modernen Theologie, aus dem Nachlass hg.v. Carl Albrecht Bernoulli, Darmstadt 1963 (= Basel 1919); ders., Selbstbekenntnisse, Frankfurt a.M. 1966.
18. Albert Camus, Der Mythos von Sisyphos. Ein Versuch über das Absurde, 1963 (= 1959; rowohlts deutsche enzyklopädie 90); ders., Der Mensch in der Revolte, Reinbek bei Hamburg 1961 (= 1953).
19. Klaus Wengst, Christologische Formeln und Lieder des Urchristentums, Diss. ev.-theol. Bonn 1967; in überarbeiteter und erweiterter Fassung unter demselben Titel: Gütersloh 1972, ²1973.
20. Johannes Calvin, Unterricht in der christlichen Religion, nach der letzten Ausgabe übersetzt und bearbeitet v. Otto Weber, Neukirchen-Vluyn ²1963, S. 615–664 (III 21,1–24,17).
21. Karl Barth, Die kirchliche Dogmatik II 2, Zürich 1942, S. 1–563 (§§ 32–35).
22. Vgl. den Barth gewidmeten Teil in: Jürgen Moltmann (Hg.), Anfänge der dialektischen Theologie Teil 1, München ²1966, S. 1–218.
23. Klaus Wengst, Tradition und Theologie des Barnabasbriefes, Berlin u.a. 1971.
24. Klaus Wengst, Schriften des Urchristentums II. Didache (Apostellehre), Barnabasbrief, Zweiter Klemensbrief, Schrift an Diognet, Darmstadt 1984.

25 Zum Verhältnis der Bonner Fakultät zur rheinischen Landeskirche hinsichtlich des Synodalbeschlusses vgl. Faulenbach, Fakultät, S. 275–290, was mich betrifft, Anm. 40 auf S. 277f.
26 (Hermann L. Strack/)Paul Billerbeck, Kommentar zum Neuen Testament aus Talmud und Midrasch, 4 Bde., München 1924–1928.
27 Die rabbinische Auslegung von Ezechiel 37 in bSan 92b habe ich besprochen in: Klaus Wengst, Ostern. Ein wirkliches Gleichnis, eine wahre Geschichte. Zum neutestamentlichen Zeugnis von der Auferweckung Jesu, München 1991, S. 11–19, und werde sie hier in § 6 wieder aufnehmen (u. S. 101–102).
28 Wengst, Johannesevangelium 1 und 2; ders., Völker; ders., Regierungsprogramm.
29 Vgl. hierzu Wengst, Jesus, S. 106–128.
30 WA 11,314$_{28}$–315$_4$; Walch XX 1794 Nr. 3–4.
31 WA 11,336$_{25–33}$; Walch XX 1821 Nr. 95–96. Der Klarheit halber muss hier gleich festgestellt werden, dass die Absicht, die Juden zu „bessern" und ihnen zu „helfen", sich nicht auf eine Verbesserung ihrer Lebensbedingungen bezieht, sondern auf ihr Christwerden. Das wird mit der Verbesserung der Lebensbedingungen intendiert, wie auch der zuletzt zitierte Text fortfährt: „unsere christliche Lehre und (unser christliches) Leben zu hören und zu sehen". Kaufmann spricht im Blick darauf von einer „unter den Existenzbedingungen jüdischen Lebens im frühen 16. Jahrhundert geradezu ‚utopisch' anmutenden(n) Idee eines Christianisierungsprozesses mittels mikrokommunikativer und sozialer Interaktionen im Alltag" („Judenschriften", S. 25f.).
32 WA 11,315$_{19–22}$; Walch XX 1795 Nr. 4.
33 WA 11,314$_{26–28}$; Walch XX 1794 Nr. 3.
34 WA 11,315$_{14–16}$; Walch XX 1795 Nr. 5. Schon 1521 hatte sich Luther ähnlich in der Auslegung des Magnifikat geäußert: „Darum sollten wir die Juden nicht so unfreundlich behandeln, denn es sind noch zukünftige Christen unter ihnen und werden (es noch) täglich. [...] Wer wollte Christ werden, so er sieht Christen so unchristlich mit Menschen umgehen" (WA 7,600$_{33–35}$; 601$_{3–4}$; Walch VII 1442 Nr. 141). Weiter ist festzuhalten, dass es im Erwartungshorizont Luthers nicht nur wenige Juden waren („etliche"), die Christen würden. An der im Text zitierten Stelle sind es „viele"; so auch im Schreiben „an den getauften Juden Bernhard" (WABr 3,102$_{37–39}$; Walch XX 1825 Nr. 3).
35 WA 11,336$_{22–24}$; Walch XX 1821 Nr. 95.
36 WA 11,315$_{23}$; Walch XX 1795 Nr. 5.
37 WA 11,336$_{14–19}$; Walch XX 1821 Nr. 94.
38 WA 11,336$_{35}$; Walch XX 1821 Nr. 96.
39 Vgl. Kaufmann, „Judenschriften", S. 19: „Der interimistische, am Bekehrungserfolg orientierte Charakter der Vorschläge verdeutlicht, daß die Christusverkündigung von vornherein nicht als die dauerhaft einzige Umgangsweise mit den Juden vorgestellt wurde."
40 WA 11,315$_{9–12}$; Walch XX 1795 Nr. 4.
41 WA 19,606$_{20–22}$; Walch V 64 Nr. 42.
42 WA 53,579$_{15–16}$; Walch XX 2030 Nr. 1.
43 WA 53,580$_{1–4}$; Walch XX 2030 Nr. 2. In der Fortsetzung wendet sich Luther gegen diejenigen, die „aus der Epistel zu den Römern im 11. Kapitel den Wahn schöpfen, als sollten am Ende der Welt alle Juden bekehrt werden. Damit ist nichts. St. Paulus meint etwas ganz und gar anderes" (WA 53,500$_{7–9}$; Walch 2031).
44 WA 53,634$_{14–16}$; Walch XX 2090–2091 Nr. 150. In der Auslegung von Psalm 109 hatte er die Juden von dem Jakobssohn Juda, einem der Stammväter des Zwölfstämmevolkes Israel, abgelöst, und mit Judas, dem Verräter, verbunden (WA 19,595$_{4–7}$; Walch V 50 Nr. 1). Für diesen Vorgang führt Osten-Sacken bereits eine Stelle aus der Psalmenvorlesung von 1513–1515 an (Luther, S. 54 Anm. 61).
45 Breschit Rabba 24,7; vgl. dazu (Pierre Lenhardt/)Peter von der Osten-Sacken, Rabbi Akiva. Texte und Interpretationen zum rabbinischen Judentum und Neuen Testament, Berlin 1987, S. 174–199. Vgl. weiter, mSan 4,5 und dazu hier S. 24f. und 189f.

Anmerkungen

46 WA 19,607$_{32}$–608$_5$; Walch V 65–66 Nr. 45.
47 Diesen Zusammenhang sowie die Begegnung selbst hat überzeugend Osten-Sacken herausgearbeitet: Luther, S. 103–110.
48 Vgl. auch den Hinweis von Kaufmann: „Luther hat sich sein Leben lang dauerhaft nur an Orten aufgehalten, in denen es keine Juden mehr gab" („Judenschriften", S. 9).
49 WATR 5,530$_{17-18}$: „Sie hoffen, wir werden zu ihnen übertreten, weil wir jetzt auch mit der hebräischen Sprache umgehen und diese lehren und lernen." Ähnlich äußert sich Luther in „Von den Juden und ihren Lügen", WA 53,461$_{28-31}$; Walch XX 1915 Nr. 125. An dieser Stelle erwähnt er auch den Vorfall mit dem „Thola" und gibt als seine Folgerung an: „Darum will ich mit keinem Juden mehr zu tun haben."
50 Osten-Sacken, Luther, S. 106, unter Bezug auf WATR 3,370$_{16-18}$.
51 WABr 8,89$_9$–90$_2$; Walch XX 1826.
52 WA 11,315$_{25-27.34-35}$; Walch XX 1795 Nr. 6.
53 WA 11,317$_{11}$; Walch XX 1797 Nr. 12.
54 WA 11,317$_{23-26}$; Walch XX 1797–1798 Nr. 13.
55 WA 11,325$_9$; Walch XX 1807 Nr. 46.
56 WA 11,325$_{17-19}$; Walch XX 1807 Nr. 48.
57 WA 53,633$_{10-17}$; Walch XX 2089 Nr. 147.
58 WADB 6,2$_{16-21}$; Walch XIV, 85–86 Nr. 2.
59 WADB 8,12$_{9-12}$; Walch XIV 4 Nr. 4.
60 WADB 8,12$_{18-21.16-18}$; Walch ebd.
61 WADB 6,8$_{20.23-25}$; Walch XIV 89 Nr. 13.
62 WADB 8,20$_{7-13.21-22}$; Walch XIV 9 Nr. 18 und 19.
63 WA 56,416$_{35}$–417$_{1.5-6}$; Ellwein 364–365.
64 WA 56,216$_{18}$; 217$_{1-2}$; Ellwein 87–88. Diese Typisierung erfolgt schon in der Psalmenvorlesung von 1513–1515: „Wird in den Psalmen von Gottlosen und Feinden geredet, so sind [...] die Juden der Zeit Jesu und der Apostel gemeint, die Jesus Christus abgelehnt und damit bekundet haben, dass sie sich auf sich selber verlassen" (Osten-Sacken, Luther, S. 48f.; vgl. S. 54). Das wird auf die Juden der Folgezeit bis in Luthers Gegenwart ausgeweitet (a.a.O., S. 50f.).
65 WA 56,360$_{18-21}$; Ellwein 284.
66 WA 56,105$_{25}$–106$_{16}$; Ellwein 381 Anm. 1.
67 In der relativ positiven Wertung von Luthers Auslegung des Römerbriefs und des Verses Lukas 1,55 vermag ich Osten-Sacken nicht zu folgen (Luther, S. 82). Auch dort lässt Luther nicht die Erwählung, sondern den Glauben an Jesus Christus die entscheidende Perspektive sein (vgl. Wengst, Völker, S. 27–29).
68 WA 40 I,34$_{19-22}$; Walch IX 10 Nr. 7. Diesen Gedanken hatte Luther schon in der Auslegung des Magnifikat geäußert: WA 7,600$_{18-25}$; Walch VII 1441–1442 Nr. 139.
69 „Die Juden waren das Gegenbild dessen, was für Luther Christsein bedeutete" (Kaufmann, „Judenschriften", S. 6).
70 WA 40 I,336$_{13}$; Walch IX 277 Nr. 75. Weitere Stellen aus der Auslegung des Galaterbriefes zu dieser Parallelisierung bei Wengst, Völker, S. 31–33. Sie findet sich schon in der Kirchenpostille von 1522; die Juden riefen „immer: gute Werke, gute Werke, Gesetz, Gesetz, und tun ihrer keines, gleich wie unsere Papisten auch tun" (WA 10 I.1,260$_{1-3}$; Walch XII 185 Nr. 25).
71 WA 40 I,218$_{6-8}$; Walch IX 168 Nr. 160.
72 Wie das Gesetz und Euangelion recht grundlich zu unterscheiden sind, WA 36,9$_{28-29}$.
73 WA 40 II,178$_{26-29}$.179$_{15-21}$; Walch IX 765 Nr. 116; 766 Nr. 118.
74 Osten-Sacken, Luther, S. 39.
75 Von den letzten Worten Davids, WA 54,29$_{3-9}$; Walch III 1882 Nr. 3. Dafür werden Johannes 5,46; Lukas 21,22; 24,27 angeführt.
76 WATr 5,212$_{25-26}$; von Kaufmann, „Judenschriften", auf S. 97 angeführt.
77 Osten-Sacken, Luther, S. 71.
78 Von den letzten Worten Davids, WA 54,30$_{1-5}$; Walch III 1883 Nr. 6.

79 Vorrede auf das 38. und 39. Kapitel Hesekiel, WA 30 II,224$_{24-29}$; 225$_9$; von Bienert, Luther, auf S. 102 angeführt.
80 Genesis-Vorlesung, WA 44,683$_{5-6}$; Walch II 1838 Nr. 145.
81 Genesis-Vorlesung, WA 44,790$_{8-13}$; Walch II 2030 Nr. 330.
82 Von den letzten Worten Davids, WA 54,93$_{23}$; 100$_{21-22}$; Walch III Nr. 149; 1973 Nr. 165.
83 WA 54,44$_{22-25.28-31}$; Walch III 1902 Nr. 32. Vgl. WA 54,55$_{13-17}$; Walch III 1916 Nr. 60: „Wo der hebräische Text sich leicht fügt und reimt mit dem Neuen Testament, dass solches sei und sein solle der einzige rechte Sinn der Schrift. Alles andere, was Juden, Hebraisten – und wer es sonst sei – nach ihrer in Einzelheiten zerrissenen und zermarterten, gezwungenen Grammatik dagegen plaudern, soll uns gewisslich als eitel Lügen gelten."
84 WA 54,37$_{1-4}$; Walch III 1892 Nr. 14.
85 WA 54,84$_{32-35}$; Walch III 1954 Nr. 130. Der Text, um den es hier geht, ist 2. Mose 34. Osten-Sacken sieht wohl mit Recht einen Zusammenhang „zwischen der unverkennbaren Schwierigkeit und Unsicherheit, die Trinität klar (,helle') als tragenden Teil des alttestamentlichen Glaubens aufzuweisen, und der heftigen Polemik gegen Juden und Türken" (Luther, S. 121).
86 WA 53,531$_{21-23}$; Walch XX 2001 Nr. 325.
87 Vgl. dazu im Blick auf den wichtigsten Gewährsmann Luthers, Antonius Margaritha, ausführlich Osten-Sacken, Luther, S. 162–230. Die mittelalterliche jüdische Darstellung der Geschichte Jesu (Vom Leben und Sterben des Juden Jeschu. Und wie die Rabbanim wieder Frieden zwischen Christen und Juden stifteten. Eine jüdische Erzählung. Sefer Toldos Jeschu, hg., eingeleitet und übersetzt von Michael Krupp, Jerusalem 2001) bietet gewiss ein Zerrbild. Es sollte jedoch bedacht werden, dass das eine Reaktion auf christliche Repression war, die sich in der Alternative von „Taufe oder Tod" zuspitzte.
88 Vom Schem Hamphoras, WA 53,606$_{2-5}$; Walch XX 2056–2057 Nr. 72. Vgl. auch WA 53,605$_{19-22}$; Walch XX 2056 Nr. 71: „Denn das ist auch ihre Sünde, die nicht ärger geschehen kann, da sie dich, den rechten ewigen Gott, nicht allein verachten mit Ungehorsam und Lästerung deines Wortes, sondern dich selbst zum Teufel und Knecht unter alle Teufel machen wollen."
89 WA 53,539$_{1-3}$; Walch XX 2010–2011 Nr. 351.
90 WA 53,540$_{21}$; Walch XX 2012 Nr. 355.
91 WA 53,536$_{31-32}$; Walch XX 2008 Nr. 344.
92 WA 53,536$_{37-38}$; Walch XX 2008 Nr. 345; vgl. WA 53,523$_{31}$; Walch XX 1991 Nr. 302. Schon weit vorher in dieser Schrift hatte er den „lieben Christen" gewarnt: „Darum hüte dich vor den Juden und wisse, wo sie ihre Schulen haben, dass dort nichts anderes ist als ein Teufelsnest, in dem eitel Eigenruhm, Hochmut, Lügen und Lästern, Gott und Menschen schänden getrieben wird, aufs allergiftigste und bitterste, wie die Teufel selbst tun. Und wo du einen Juden lehren siehst oder hörst, da denke nichts anderes, als dass du einen giftigen Basilisken hörst, der auch mit dem Gesicht die Leute vergiftet und tötet. Sie sind dahingegeben durch Gottes Zorn, dass sie meinen, ihr Ruhm, ihre Hoffart, ihr Gott anlügen und alle Menschen verfluchen sei eitel rechter großer Gottesdienst [...]. Hüte dich vor ihnen!" (WA 53,446$_{9-19}$; Walch XX 1897 Nr. 84)
93 WA 53,537$_{23-25}$; Walch XX 2008 Nr. 347.
94 WA 53,531$_{26-33}$; Walch XX 2001 Nr. 326.
95 WA 53,523$_{1-3.24-27.30-31.32-33}$; 524$_{6-9.18}$; 525$_{31}$–526$_{1-6.11-16}$; Walch XX 1990–1994 Nr. 299–310.
96 WA 53,536$_{22}$–537$_{17}$;541$_{30-32}$; Walch XX 2007–2008 Nr. 343–346; 2014 Nr. 359.
97 Von den Juden und ihren Lügen, WA 53,538$_{8-10}$; Walch XX 2009 Nr. 349.
98 WA 53,541$_{26-27.36}$–542$_1$; Walch XX 2014 Nr. 359.
99 Eine Vermahnung wider die Juden, WA 51,194–196. Im Blick auf die Schrift „Von den Juden und ihren Lügen" meint Kaufmann, dass Luther „nun mit *allen rhetorischen Mitteln* erreichen wollte, daß die Juden aus den protestantischen Ländern vertrieben würden" („Judenschriften", S. 116).

Anmerkungen

[100] Vgl. auch Osten-Sacken, Luther, S. 134. Zu Luthers Vorschlägen merkt er an: „Gemessen an dem Zustand der Rechtlosigkeit, wie ihn der Reformator in diesen Jahren für die Juden heraufzuführen suchte, muten die Verhältnisse, wie sie durch das keineswegs judenfreundliche kanonische Recht des Mittelalters fixiert wurden, geradezu fortschrittlich an" (215). Allerdings hält er auch fest: „Das Plädoyer für ‚Judenmission' durch gesellschaftliche und wirtschaftliche Verelendung der Juden findet sich […] über die schärfsten konfessionellen Grenzen hinweg und eint selbst noch so unerbittliche Gegner wie Martin Luther und Johannes Eck, die sich auch in ihrem evidenten *persönlichen* Judenhass schwerlich etwas nehmen" (265).

[101] Vom Schem Hamphoras, WA $53,613_{19-23}$; Walch XX 2065 Nr. 94.

[102] Von den Juden und ihren Lügen, WA $53,530_{18-28}$; Walch XX 1999–2000 Nr. 322.

[103] Von den Juden und ihren Lügen, WA $53,528_{29-30}$; 529_{4-8}; Walch XX 1997.1998 Nr. 317.318. Solche Aussagen finden sich öfters. Nur eben hingewiesen sei darauf, dass sich Luther auch vor Fäkalsprache nicht scheut, um jüdische Auslegung zu charakterisieren. So verballhornt er die Wendung Schem Hamphoras (der unnennbare Name [Gottes]) zu Scham Haperes („‚Hier Dreck', nicht der auf der Gasse liegt, sondern der aus dem Bauch kommt") und spricht wiederholt von der „Judaspisse": Vom Schem Hamphoras, WA $53,601_{12-13}$; 636_{32}–$637_{6.7-9}$; 638_{7-8}; Walch XX 2051 Nr. 60; 2093–2094 Nr. 157; 2094 Nr. 158; 2095 Nr 161; 2096 Nr. 162.

[104] Zur Zuschreibung der Autorschaft an Frölich vgl. Spengler, Schriften 3, S. 367–371; Hamm, Spengler, S. 272; zu Frölich selbst vgl. Hamm, Spengler, S. 271–276.

[105] Die Texte bei: Brecht, Oberkait, S. 67–75; Brenz Frühschriften 2, S. 517–528; Spengler, Schriften 3, S. 377–390.402–403. Die Seitenzahlen im Anschluss an die im Text gebrachten Zitate beziehen sich auf Spengler. Zum Verlauf der Diskussion vgl. Spengler, Schriften 3, S. 371–374. Vgl. weiter Osten-Sacken, Luther, S. 31f.; Kaufmann, „Judenschriften", S. 149–151, sowie die Einführungen bei Brecht, Oberkait, S. 65–67; Brenz Frühschriften 2, S. 498–517.

[106] Vgl. Spenglers Brief an Veit Dietrich vom 17. März 1530 und dessen Antwort in: Spengler, Schriften 3, S. 394–399, sowie S. 373 mit Anm. 76. Vgl. auch den Hinweis von Brecht auf „die bemerkenswerte Quellenlage […], daß sich Luther, Brenz, Spengler, Linck und ein Unbekannter mit der Konzeption des Nürnberger Verfechters der Toleranz auseinandergesetzt haben" (Oberkait, S. 67).

[107] WA 31 I, 207_{33}–213_{22}; Walch V 717–724 Nr. 52–65.

[108] Wider die Sabbater, WA $50,313_{12-15}$; Walch XX 1830 Nr. 4.

[109] WA $50,318_{34}$–319_3; Walch XX 1837 Nr. 24.

[110] Vgl. den ganzen Zusammenhang WA $50,323_{26}$–324_3; Walch XX 1842–1843 Nr. 38 und 39, wo das Motiv gleich zweimal begegnet.

[111] Crüsemann, Wahrheitsraum.

[112] Erweiterte Fassung meines gleich betitelten Beitrags in: Bastian Hein u.a. (Hg.), Gesichter der Demokratie. Porträts zur deutschen Zeitgeschichte. FS Udo Wengst, München 2012, S. 37–51. Die Quellenlage zu Barth ist ungleich günstiger als die zu Karl Ludwig Schmidt. Ein wichtiger Teil von Barths hier interessierender Korrespondenz liegt innerhalb der Karl-Barth-Gesamtausgabe vor und vor allem in dem eigenen Briefband zum Jahr 1933. Sein umfangreicher Nachlass, darunter auch Briefe von Karl Ludwig Schmidt, befindet sich in dem nach ihm benannten Archiv in Basel. Dessen Leiter, Dr. Hans-Anton Drewes, danke ich herzlich für mitdenkende Hilfe bei der Bereitstellung noch unveröffentlichter Briefe. Einschlägiges Aktenmaterial zu Schmidt habe ich im Universitätsarchiv Bonn eingesehen.

[113] Dass es damit in Bonn eine „neue" Fakultät gab, zeigt nicht nur der Rückblick, sondern war auch den Beteiligten bewusst. Gustav Hölscher schreibt: „Wir vier Leute, ausser mir Schmidt, Barth und Wolf, bildeten nun die ‚neue' Fakultät" (Aus meinem Leben [neue Folge], S. 554). Den Einblick in diese handgeschriebenen Lebenserinnerungen verdanke ich seinem Enkel Lucian Hölscher, Bochum. Zur Geschichte der Bonner Fakultät in diesen Jahren vgl. Hermann Dembowski: Die Evangelisch-Theologische Fakultät zu Bonn in

den Jahren 1930–1935, Monatshefte für Evangelische Kirchengeschichte des Rheinlandes 39, 1990, S. 335–361; für den weiteren Zeitraum von 1919–1945 Bizer, Geschichte, S. 227–275.

[114] Barth, Briefe 1933, S. 81–82; zum Ausdruck vgl. dort Anm. 1 auf S. 82.

[115] Zitiert nach Bizer, Geschichte, S. 254.

[116] Das schrieb Adolf Deissman, Schmidts Lehrer und väterlicher Freund, in einem Brief vom 11.1.1934 an den Bonner Universitätskurator zur Entschuldigung für Schmidts Eintritt in die SPD, um – vergeblich – bessere Versorgungsbezüge für den aus dem Dienst Entlassenen zu erreichen (Brief in der Personalakte Karl Ludwig Schmidt im Universitätsarchiv Bonn).

[117] Buber, Briefwechsel, S. 471.

[118] Angesichts dieser Selbstaussagen scheint das Urteil Mühlings, Schmidt sei „politisch stets ein Liberaler" gewesen, der „auch in der SPD seine liberalen Grundüberzeugungen nicht auf[gab]", nicht ganz zutreffend (Schmidt, S. 31). Angemessener ist Schmidt politisch wohl als liberaler Sozialdemokrat zu bezeichnen.

[119] Karl Barth: Die Kirche Jesu Christi. Theologische Existenz heute 5, München 1933, S. 8.

[120] Auf diesen Brief Schmidts gibt es keine unmittelbare schriftliche Antwort Barths. Sie haben sich kurz danach getroffen und sind ohne Übereinstimmung auseinander gegangen, woran Barth im Brief vom 3. Februar 1934 an Schmidt erinnert. Für ihn hatte der Widerstand gegen Hitler die Gestalt des Widerstands gegen die Deutschen Christen, wie er rückblickend in einem Brief an Schmidt vom 3. Juli 1943 ausführte. Es bleibt allerdings die Frage, warum er ausdrücklich formulieren musste, „nicht der nationalsozialistischen Staats- und Gesellschaftsordnung" zu widerstehen.

[121] Nach den Lebenserinnerungen Hölschers war Schmidt auch auf seine Festnahme gefasst: „Im März 1933 ist er für eine Reihe von Tagen, als die Polizei ihn in seiner Wohnung mehrfach festzunehmen suchte, zu mir gegangen und hat sich da verborgen gehalten; am 15/16 März schrieb er ins Gästebuch ‚Sicher vor Nachstellungen in Bonn'" (Aus meinem Leben [s. Anm. 113], S. 661).

[122] Daran erinnert Schmidt in einem Brief an Barth vom 13.7.1943.

[123] Vgl. zu diesen Vorgängen neben dem Sitzungsprotokoll Mühling, Schmidt, S. 152–156 und 162–163, und Faulenbach, Examen, S. 79–81. Die Aussage Faulenbachs, nur Wolf sei laut Protokollbuch für Schmidt eingetreten (Anm. 80 auf S. 95), von Mühling auf S. 155 wiederholt, ist aus dem Protokollbuch, das lediglich das Faktum der Aussprache vermerkt, nicht zu belegen. Was sich im Einzelnen abgespielt hat, lässt sich nicht rekonstruieren. Es ist aber vorauszusetzen, dass Barth und Hölscher mit Wolf am selben Strang zogen. Denn in einem bitteren Brief an den Fakultätskollegen Schmidt-Japing vom 30.9.1933 nannte Schmidt selbst Barth, Hölscher und Wolf als seine Unterstützer in dieser Sache und auf der anderen Seite Pfennigsdorf, Weber, Goeters, Horst und den Adressaten des Briefes (abgedruckt bei Mühling, S. 162f.). Damit sind alle Personen genannt, die laut Protokoll bei der Fakultätssitzung am 15. Juni anwesend waren.

[124] So in einem Brief an Fritz Lieb vom 10.4.1933.

[125] So in einem Brief an Georg Merz vom 21.4.1933.

[126] In der Neuausgabe der „Theologischen Existenz heute!" hat Hinrich Stoevesandt diese Erklärungen aufgezählt; vgl. S. 101, Anm. 26, und S. 103, Anm. 28.

[127] Zu deren Widerständigkeit vgl. Krötke, Theologie, S. 128–129.

[128] Sachlich vgl. 1. Korinther 15,24; Epheser 1,21; 6,12; Kolosser 2,15; sprachlich die zweite Strophe des Liedes „Jesus Christus herrscht als König"; Evangelisches Gesangbuch Nr. 123.

[129] Vgl. dazu Peter von der Osten Sacken, Begegnung im Widerspruch. Text und Deutung des Zwiegesprächs zwischen Karl Ludwig Schmidt und Martin Buber im Jüdischen Lehrhaus in Stuttgart am 14. Januar 1933, in: Ders. (Hg.), Leben als Begegnung. Ein Jahrhundert Martin Buber (1878–1978). Vorträge und Aufsätze, Berlin 1978 (116–144), S. 136–144; weiter Wengst, Jesus, S. 12–15.

[130] Brief Schmidts an Buber vom 11./12.1.1933, abgedruckt in: Buber: Briefwechsel, S. 460f.

Anmerkungen

[131] A.a.O., S. 461f.
[132] Theologische Blätter 12, 1933, Sp. 257–274; wieder abgedruckt in: Schmidt/Buber, Zwiegespräch, S. 149–165. In einem 1936 veröffentlichten Vortrag nennt er „die nun die ganze Welt beschäftigende Judenfrage [...] eine Kardinalfrage, die über das sogenannte Rassenproblem hinaus zum mindesten mit als die Frage nach Israel gesehen werden muß" (Das Christuszeugnis der synoptischen Evangelien, in: Jesus Christus im Zeugnis der Heiligen Schrift und der Kirche. Eine Vortragsreihe von D. K. L. Schmidt u.a., Evangelische Theologie. Beiheft 2 (S. 7–33), S. 33.
[133] Theologische Blätter 3, 1924, Sp. 49–56. Im selben Jahrgang folgten noch eine Klarstellung Bubers und eine Entgegnung Schmidts: Sp. 100f.
[134] Theologische Blätter 12, 1933, Sp. 248–250; das Zitat von Vielhauer, Schmidt, S. 211.
[135] Theologische Blätter 12, 1933, Sp. 370f.
[136] Vgl. die Darstellung bei Faulenbach, Examen, S. 73f.; das Zitat in einem Schreiben Schmidts an Dekan Hölscher vom 21.4.1933.
[137] So formuliert in der vierten der ursprünglichen Thesen Wilhelm Vischers für den Absatz „Die Kirche und die Juden" im Betheler Bekenntnis (Barth, Briefe 1933, S. 598), wozu Barth seinem Freund Vischer am 24. August schrieb, dass er nicht wüsste, „wo ich dir widersprechen sollte" und sich „mit jedem Wort einverstanden" erklärte (S. 347).
[138] Barth, Briefe 1933, S. 364.
[139] Brief vom 17. Februar; Barth, Briefe 1933, S. 66.
[140] Brief vom 1. September; Barth, Briefe 1933, S. 365.
[141] Brief vom 19. September; Barth, Briefe 1933, S. 397.
[142] A.a.O., S. 606.
[143] Karl Barth, Predigten 1921–1935, hg.v. Holger Finze, Zürich 1998, S. 300.
[144] Barth, Briefe 1933, S. 186f.
[145] A.a.O., S. 188.
[146] A.a.O., S. 529.
[147] A.a.O., S. 530.
[148] A.a.O., S. 502.
[149] Krötke, Theologie, S. 124.
[150] Zu „Karl Barth und die Juden" vgl. die außerordentlich materialreiche (in meinen Augen zu apologetische) Darstellung von Eberhard Busch, Unter dem Bogen des einen Bundes. Karl Barth und die Juden 1933–1945, Neukirchen-Vluyn 1996; eine Kurzfassung davon: Ders., Barth und die Juden 1933–1945, in: Michael Beintker u.a. (Hg.), Karl Barth in Deutschland (1921–1935). Aufbruch – Klärung – Widerstand, Zürich 2005, S. 445–456. Vgl. aber auch Ekkehard W. Stegemann, Israel in Barths Erwählungslehre. Zur Auslegung von Röm 9–11 in KD II, 2, § 34, Kirche und Israel 20, 2005, S. 19–42.
[151] Dokumentiert bei Faulenbach, Fakultät, S. 482–519. Zur Rolle von Stauffer und zu dessen Charakterisierung vgl. auch Wolfram Kinzig, Wort Gottes in Trümmern. Karl Barth und die Evangelisch-Theologische Fakultät vor und nach dem Krieg, in: Thomas Becker (Hg.), Zwischen Diktatur und Neubeginn. Die Universität Bonn im „Dritten Reich" und in der Nachkriegszeit, Göttingen 2008 (S. 23–57), S. 32.38.
[152] Barth, Briefe 1933, S. 208.
[153] Faulenbach, Fakultät, S. 90–97.
[154] Brief vom 13.3.1946 an Barth; bei Faulenbach, Fakultät, S. 80.
[155] Vgl. dazu ausführlich Faulenbach, Fakultät, S. 78–82, das Zitat auf S. 82.
[156] Vgl. Crüsemann, Wahrheitsraum. Hingewiesen sei auch auf Wengst, Jesus, S. 21–43 (Die Bibel und der eine Gott).
[157] Vgl. o. S. 33f. sowie Wengst, Jesus, § 9: Seit wann gibt es Christentum?
[158] Mechilta de Rabbi Jischmael, Beschallach (Wajehi) 6.
[159] Johannes Schneider, Das Evangelium nach Johannes, Berlin 1976, S. 238.
[160] Einen „Grundfehler" sieht Hartwig Thyen bei derartigen Interpretationen „in der von den christlichen Apologeten seit dem zweiten Jahrhundert in guter Absicht aber mit unseligen

Folgen vollzogenen Vermählung der biblischen Texte mit platonisch-stoischer Ontologie" (Das Johannesevangelium, Tübingen 2005, S. 499).
161 Midrasch Tanchuma Buber, Waera 9.
162 Tobias Kriener, Glauben an Jesus – ein Verstoß gegen das zweite Gebot? Neukirchen-Vluyn 2001, S. 144.
163 Vgl. dazu weiter hier S. 93f.
164 Echa Rabbati 1,51.
165 Babylonischer Talmud, Traktat Sanhedrin 38b.
166 Ob Paulus in Philipper 2,6–11 einen traditionellen Hymnus aufgenommen und welche Zusätze er vielleicht angebracht hat, finde ich heute keine relevante Frage mehr. Ralph Brucker plädiert „eher für Paulus als Verfasser des ganzen Abschnitts" („Christushymnus' oder ‚epideiktische Rede'? Studien zum Stilwechsel im Neuen Testament und seiner Umwelt, Göttingen 1997, S. 303–319; das Zitat auf S. 311). Selbst wenn ein Traditionsstück zugrunde läge, müsste vorausgesetzt werden, dass Paulus es bewusst in seine Argumentation eingefügt hat. Der gesamte Text ist daher als von Paulus so gewollter zu interpretieren.
167 Midrasch Wajikra Rabba 27,4. Diese Tradition findet sich an einer Reihe weiterer Stellen.
168 Vgl. 2. Korinther 8,9.
169 Vgl. den Exkurs bei Fiedler, Matthäusevangelium, S. 430.
170 Es erscheint mir als sehr auffällig, dass dieses Phänomen – von einem Namen zu sprechen, aber keinen Namen zu nennen – überhaupt nicht aufzufallen scheint. So spricht etwa Luz in der Auslegung dieser Stelle von dem „dreifachen Namen des Vaters, des Sohns und des Geistes" und „diese(n) drei Namen" (Matthäus 4, S. 452.453).
171 Die Auslegung von Eckstein passt diesen Text in die spätere Dogmatik ein: „Hier wird der Täufling dem *einzigen* und *einen* Gott in der Unterschiedenheit von Vater, Sohn und Heiligem Geist übereignet. Und mit der Hervorhebung des auszurufenden *Namens* – nicht nur des Vaters und des Sohnes, sondern ausdrücklich auch – des *Heiligen Geistes*, wird die Anrufung des dreieinigen Gottes vorausgesetzt, die in dem späteren Nizänischen Glaubensbekenntnis zu der pneumatologischen Explikation führt: ‚Wir glauben an den Heiligen Geist, ... der mit dem Vater und dem Sohn angebetet und verherrlicht wird'" (Kyrios, S. 33).
172 Wolfgang Schrage, Der erste Brief an die Korinther 4 (1Kor 15,1–16,24), Neukirchen-Vluyn 2001, S. 231.
173 Sifrej Dvarim § 31.
174 Midrasch Tehillim 66.
175 Mechilta de Rabbi Jischmael, Beschallach (Schira) 8.
176 So der Titel eines Beitrags von Wolfram Liebster in: Ders., Theologie im Lichte des Neuen Denkens, o.O. 2010, S. 376–393, mit wichtigen weiterführenden Hinweisen auf Literatur.
177 Zuerst erschienen in: Bibel und Kirche 68, 2013, S. 150–155. Gegenüber dieser Fassung ist der folgende Beitrag nur geringfügig geändert. Ich beziehe mich in ihm einmal auf meine Ausführungen in: Jesus, S. 47–51, und zum anderen auf mein Büchlein: Ostern – ein wirkliches Gleichnis, eine wahre Geschichte. Zum neutestamentlichen Zeugnis von der Auferweckung Jesu, München 1991.
178 Wolfgang Stegemann, Jesus und seine Zeit, Stuttgart 2010, 280.
179 Vgl. Schellong, Rückfragen, S. 2f.
180 Gerd Theißen/Annette Merz, Der historische Jesus. Ein Lehrbuch, Göttingen 1996, S. 283.
181 Hermann Samuel Reimarus, Apologie oder Schutzschrift für die vernünftigen Verehrer Gottes. Bd. II, hg.v. Gerhard Alexander, Frankfurt am Main 1972, S. 194.185.202. Zur Kritik des Reimarus an der Bibel vgl. Klaus Wengst, Der wirkliche Jesus? Eine Streitschrift über die historisch wenig ergiebige und theologisch sinnlose Suche nach dem „historischen" Jesus, Stuttgart 2013, S. 17–43.
182 Bei Origenes, Contra Celsum II 63.67.70.

[183] Reimarus, Apologie II (s. Anm. 181), S. 213–246, die Zitate S. 213 und 246.
[184] David Friedrich Strauß, Das Leben Jesu, kritisch bearbeitet. Zweiter Band, Tübingen 1836 (reprografischer Nachdruck Darmstadt 1969), S. 590–619.
[185] Babylonischer Talmud, Traktat Sanhedrin 92b.
[186] Z.B. babylonischer Talmud, Traktat Joma 69b.
[187] Zuerst veröffentlicht in: Evangelische Theologie 72, 2012, S. 22–39.
[188] Klaus-Peter Jörns, Notwendige Abschiede. Auf dem Weg zu einem glaubwürdigen Christentum, Gütersloh ^{3}2006, S. 286–341.
[189] Zur Unterscheidung der Vorstellungszusammenhänge bei Paulus vgl. vor allem Gerd Theißen, Das Kreuz als Sühne und Ärgernis. Zwei Deutungen des Todes Jesu bei Paulus, in: Dieter Sänger/Ulrich Mell (Hg.), Paulus und Johannes. Exegetische Studien zur paulinischen und johanneischen Theologie und Literatur, Tübingen 2006, S. 427–455.
[190] Michael Wolter, „Für uns gestorben". Wie gehen wir sachgerecht mit dem Tod Jesu um? in: Volker Hampel/Rudolf Weth (Hg.), Für uns gestorben. Sühne – Opfer – Stellvertretung, Neukirchen-Vluyn 2010 (S.1–15), S. 8.
[191] Vgl. Klaiber, Wort; S. 41: „Von einer positiven Deutung des Kreuzestodes Jesu kann nur im Lichte der Auferweckung gesprochen werden".
[192] Martin Kähler, Der sogenannte historische Jesus und der geschichtliche, biblische Christus, neu hg.v. Ernst Wolf, Theologische Bücherei, Bd. 2, Systematische Theologie, München ^{4}1969, S. 60 (Anm. 1 von S. 59).
[193] Einen Überblick über die in die Markuspassion eingespielten Psalmentexte gibt Bernd Janowski, Das Leben für andere hingeben. Alttestamentliche Voraussetzungen für die Deutung des Todes Jesu, in: Hampel/Weth (Hg.; s. Anm. 190), Sühne (S. 55–72), S. 60–64. Mit ihnen wird „die Hoffnung auf den vom Tod rettenden Gott" zur Sprache gebracht (S. 63). Vgl. auch Jürgen Seim, nach dem angesichts der „doppelten Erfahrung" der Begegnung mit dem irdischen Jesus und der Begegnung mit dem von Gott Auferweckten „das Rätsel seines schimpflichen Kreuzestodes zum Geheimnis" wurde: „Die frühen Zeugen Jesu, die wir aus dem Neuen Testament hören, hatten keine andre Möglichkeit, dieses Geheimnis auszusagen, als im Rückgriff auf ihre Bibel" (Sühne – Opfer – Abendmahl, in: Evangelische Theologie 57, 1997 [S. 88–91], S. 89). Mit besonderem Nachdruck sei hier hingewiesen auf Schellong, Rückfragen, S. 24–25.
[194] „Das Wirklichkeitsverständnis der Bibel erlaubt es nicht, den Tod Jesu als zufälliges Missgeschick auf sich beruhen zu lassen" (Klaus Haacker, Gekreuzigt unter Pontius Pilatus – wozu? Zum Verständnis des Todes Jesu als Heilsgeschehen, in: Hampel/Weth (Hg.), Sühne [S. 43–54], S. 49).
[195] Als Beispiel sei hier nur angeführt: Mechilta de Rabbi Jischmael, Beschallach (Schira) 8 zu 2. Mose 15,11. Dort wird für die Aussage, dass „künftig die Völker der Welt ihren Götzendienst ablegen", Jeremia 16,19 anzitiert, aber gerade nicht die Passage, auf die es ankommt: „... zu dir werden Völker von den Enden der Erde kommen und sprechen: ‚Nur Trug erwarben unsere Vorfahren, Nichtiges, das ihnen nicht half.'" Dasselbe wiederholt sich anschließend hinsichtlich Jesaja 2,20. Die nicht zitierten Teile werden als mitgehört vorausgesetzt.
[196] David Flusser, Jesus, Reinbek bei Hamburg ^{22}2000 (1968), S. 140.
[197] „Der Kreuzestod Jesu ist nicht die Erfüllung eines göttlichen Plansolls" (Magdalene Frettlöh, Der auferweckte Gekreuzigte und die Überlebenden sexueller Gewalt. Kreuzestheologie genderspezifisch wahrgenommen, in: Rudolf Weth (Hg.), Das Kreuz Jesu. Gewalt – Opfer – Sühne, Neukirchen-Vluyn 2001 [S. 77–104], S. 98).
[198] Es sei hier nochmals verwiesen auf Crüsemann, Wahrheitsraum.
[199] Vgl. dazu Wengst, Johannesevangelium 2, S. 248–254.
[200] Bei Jörns (s. Anm. 188) wird Jesus öfters als „neuer Gott" bezeichnet: Abschiede, S. 321. 328.329.335.336.337 Anm. 98.
[201] Texte bei Wengst, Johannesevangelium 1, S. 71 mit Anm. 54.

[202] „Das Kreuz als solches bleibt ein Galgen und ein scheußliches Folterinstrument. Das *Wort* vom Kreuz aber sagt uns zu, dass Gott in der tiefsten Erniedrigung des Menschseins gegenwärtig war und für uns eingestanden ist" (Klaiber, Wort, S. 41–42).

[203] Dietrich Bonhoeffer, Widerstand und Ergebung. Briefe und Aufzeichnungen aus der Haft, hg.v. Christian Gremmels, Eberhard Bethge u. Renate Bethge, Dietrich Bonhoeffer Werke 8, Gütersloh 1998, S. 30.

[204] Zu Jesaja 53 sei hier nur verwiesen auf den Beitrag von Johannes Taschner, „Du Opfer!" Das sogenannte „Gottesknechtslied" Jes 52,13–53,12 im Spiegel der neueren „Mobbing"-Diskussion, Evangelische Theologie 72, 2012, S. 5–21, sowie auf Bernd Janowski, „Hingabe" oder „Opfer"? Zur gegenwärtigen Kontroverse um die Deutung des Todes Jesu, in: Weth (Hg.; s.o. Anm. 197), Kreuz (S. 13–43), S. 32–36.

[205] Evangelisches Gesangbuch. Ausgabe für die Evangelische Kirche im Rheinland, die Evangelische Kirche von Westfalen und die Lippische Landeskirche, Gütersloh u.a. 1996.

[206] Zur Rezeption der Opfervorstellung im Hebräerbrief vgl. die Überlegungen von Sigrid Brandt, War Jesu Tod ein „Opfer"? Perspektivenwechsel im Blick auf eine klassische theologische Frage, in: Weth (Hg.; s.o. Anm. 197), Kreuz (S. 64–76), S. 70–73.

[207] Vgl. zu diesem Problemzusammenhang auch den Beitrag von Ulrich Eibach, „Gestorben für unsere Sünden nach der Schrift". Zur Diskussion um die Heilsbedeutung des Todes Jesu Christi, in: Hampel/Weth (Hg.; s. Anm. 190), Sühne (S. 155–189), besonders S. 170–173.

[208] In diesem Abschnitt nehme ich im Wesentlichen auf, was ich in meinem Kommentar zur Stelle ausgeführt habe: Wengst, Johannesevangelium 1, S. 260–267.

[209] Vgl. nur Rudolf Bultmann, Das Evangelium des Johannes, Göttingen 1941, S. 161–162.174–177; Jürgen Becker, Das Evangelium des Johannes. Kapitel 1–10, Gütersloh 1979, S. 219–223; das Zitat auf S. 220.

[210] Mischna Pessachim 10,5.

[211] Auch am Beginn des Deutewortes bei der vorangehenden Brothandlung steht das neutrische Demonstrativpronomen *toúto* („dieses", „das"). Da das griechische Wort für „Brot" maskulin ist, ergibt sich hier eindeutig, dass sich das Demonstrativpronomen nicht unmittelbar und ausschließlich auf das Brot als „Element" bezieht, sondern auf die gesamte beschriebene Handlung. Und so deutet auch das zweite Demonstrativpronomen nicht – den gar nicht eigens genannten – Wein als „Element", sondern die mit dem Becher vollzogene Handlung.

[212] Crüsemann, Wahrheitsraum, S. 185. Er nimmt anschließend an, dass „zum anderen wohl eher Jes 52,14 im Blick sein (dürfte), wo mit den ‚Vielen' parallel zu V. 15 die Völker gemeint sind", womit der Sinaibund „in seiner Wirkung auf ‚die Vielen' ausgedehnt, also universalisiert" würde (ebd.). Mir scheint das nicht wahrscheinlich zu sein. Einmal müssen die „Vielen" in Jesaja 52,14 keineswegs identisch sein mit den „vielen Völkern" in V. 15 und zum anderen weist der Sachzusammenhang, in dem die „Vielen" in dem Abendmahlswort stehen, auf Jesaja 53,11–12 und überhaupt nicht auf Jesaja 52,14–15.

[213] Fiedler versteht die Anspielung auf 2. Mose 24,8 „im Sinn einer Bundes-Bekräftigung oder -Erneuerung" (Matthäusevangelium, S. 390). Auch Dschulnigg sieht dadurch „den Bund mit Gott bestätigt und erneuert" (Markusevangelium, S. 365). Wie aus der zugestandenen Anspielung auf diese Stelle auf „einen anderen Bund als den am Sinai geschlossenen" gefolgert werden kann (so Luz, Matthäus 4, S. 115; vgl. S. 119), ist mir nicht nachvollziehbar. Vgl. dagegen Fiedler, a.a.O., S. 390: „M(a)t(thäus) hat ohne Zweifel mit der Herkunft der Herrenmahlsüberlieferung von Jesus gerechnet – wie hätte er da mit seinem Jesus-Bild von 5,17–19 die Verabschiedung des Sinai-Bundes vereinbaren können!"

[214] Vgl. Dschulnigg, Markusevangelium, S. 365: „Im Horizont der Passionsgeschichte ist mit den ‚Vielen' Israel angesprochen, das Volk des Bundes, das hier durch die Zwölf repräsentiert wird."

[215] So z.B. Luther, wenn er behauptet: „Jeremia spricht nicht, dass der alte Bund soll erneuert werden, sondern es solle nicht derselbe Bund sein, den sie durch Mose empfangen haben

im Auszug von Ägypten. Er soll's nicht sein, sondern ein anderer und neuer Bund soll's sein" (Wider die Sabbater, WA 50,329$_{31-34}$; Walch XX 1851 Nr. 55.

[216] Crüsemann, Wahrheitsraum, S. 186.
[217] Crüsemann, ebd.
[218] Crüsemann, a.a.O., S. 187.
[219] Vgl. Schottroff, Korinth, S. 211.
[220] Vgl: Wolfgang Schrage, Der erste Brief an die Korinther 3, Neukirchen-Vluyn u.a. 1999, S. 48–49.
[221] Römer 16,23; 1. Korinther 1,14.
[222] Zuerst veröffentlicht in: Das Heil der Anderen. Problemfeld „Judenmission", hg.v. Hubert Frankemölle u. Josef Wohlmuth, Freiburg 2010, S. 311–327.
[223] Angemerkt sei, dass ich hier durchgehend aufnehme und in der Fragestellung dieses Paragraphen ausrichte und zuspitze, was ich in meiner Paulusmonographie ausgeführt habe. Zu den hier herangezogenen Stellen aus dem Römerbrief sei auf ihre Besprechung im kommentarmäßig angelegten vierten Teil des Buches verwiesen: Wengst, Völker, S. 137–443.
[224] Irreal ist dieser Wunsch angesichts der gerade in Römer 8,31–39 ausgesprochenen Gewissheit.
[225] In der angeführten Paulusmonographie bin ich – wie eine Reihe anderer Übersetzungen – dem Vorschlag des Wörterbuches von Walter Bauer gefolgt: „selbst verflucht und so getrennt zu sein von Christus". Das erscheint mir jetzt als zu stark. Luther hatte übersetzt: „verbannet zu sein von Christo" (so der Sache nach noch die Revision von 1912). „Von" (*apó*) ist hier lokal verstanden. Da das im Deutschen nicht eindeutig erkennbar ist, übersetze ich nicht wörtlich, sondern umschreibe das Gemeinte.
[226] In der Einheitsübersetzung, der Guten Nachricht und der „Bibel in gerechter Sprache" wird das durch unterschiedsloses Nebeneinanderstellen der beiden Sätze völlig ignoriert.
[227] Vgl. dazu Wengst, Völker, S. 374f.
[228] Ich gebe hier auch die Übersetzung „Sohnschaft", um kenntlich zu machen und daran zu erinnern, dass nach antikem Verständnis mit der „Sohnschaft" das „Erben" verbunden ist. Doch kann Paulus das „Erben" auch mit dem Begriff *tékna* („Kinder") verbinden: Römer 8,17.
[229] Vgl. dazu Abschnitt 5.
[230] Vgl. die ebenso grundsätzliche wie umständliche Abwertung und Bestreitung der „am Fleisch" zu vollziehenden Beschneidung und ihre völlige Uminterpretation im Barnabasbrief (9,4–9).
[231] Für das hier skizzierte Verständnis von Römer 4 sei auf die in dieser Hinsicht bahnbrechende Arbeit von Maria Neubrand hingewiesen: Abraham – Vater von Juden und Nichtjuden. Eine exegetische Studie zu Röm 4, Würzburg 1997.
[232] Dieses erste „Auch" in V. 24 wird in vielen Übersetzungen schlicht weggelassen. Ich halte das für skandalös. Die Ignorierung dieses „Auch" begegnet schon bei Luther. In der Bibelausgabe von 1545 lautet diese Stelle: „Welche er beruffen hat / nemlich uns". Das ist mit Modernisierung der Rechtschreibung so geblieben bis einschließlich der Revision von 1912. Die Revision von 1956 hat die Ersetzung Israels durch „uns" noch deutlicher betont: „Das sind wir, die er berufen hat" (so heute noch die „Gute Nachricht"). In der Lutherrevision von 1984 heißt es: „Dazu hat er uns berufen." Die Einheitsübersetzung macht aus dem Relativsatz einen Hauptsatz und ordnet ihm den vorangehenden V. 23 zu: „hat er uns berufen". Wie man sich in der Übersetzung an Israels Stelle setzen und dennoch das *kai* beachten kann, indem man es als „und" in einem Zwischenruf versteht, zeigt die Neue Zürcher Bibel. Aber dann muss man aus das Relativpronomen erläuternden Näherbestimmung in V. 24b einen eigenen Satz machen: „Die er nun berufen hat – und das sind wir –, die stammen ...."
[233] Wenn Paulus mit *nómos* etwas meint, was in der hebräischen Bibel und in der jüdischen Tradition mit *toráh* bezeichnet wird, sollte man dieses Wort nicht mit „Gesetz" übersetzen, weil es in der christlichen Tradition zum Gegenbegriff zu „Evangelium" geworden

ist. Damit wird verdeckt, dass *toráh* nicht nur „Gesetz" ist, sondern geradezu auch „Evangelium" sein kann und in erster Linie ist. Ich gebe deshalb im genannten Fall *nómos* mit „Tora" wieder und möchte so zur noch stärkeren „Einbürgerung" dieses hebräischen Wortes ins Deutsche beitragen. Vgl. dazu weiter hier S. 162–164.

[234] Zu Philipper 2,6–11 vgl. hier in § 5 S. 82–87.

[235] Vgl. dazu Wengst, Völker, S. 191–198, wo hinsichtlich des Verständnisses der Rechtfertigung die Entsprechungen zwischen Paulus und dem rabbinischen Judentum herausgestellt werden.

[236] So z.B. Eduard Lohse, Der Brief an die Römer, Göttingen 2003, S. 137.

[237] Vgl. zur Wendung *érga nómou* den Exkurs bei Wengst, Völker, S. 185–188 mit weiteren Verweisen.

[238] Im folgenden V. 30 macht Paulus die Gleichstellung zwischen Israel und den Völkern im Blick auf Gottes rechtfertigendes Handeln ausdrücklich – und nimmt doch eine kleine Differenzierung vor: „So gewiss Gott *einzig* ist und das Volk der Beschneidung gerecht machen wird aufgrund von Treue und Vertrauen und die Völker der Unbeschnittenheit durch Treue und Vertrauen." Vielleicht ist der Unterschied in den Präpositionen, dass Paulus bei Israel *ek* („aufgrund von") setzt und bei den Völkern *diá* („durch") nur eine stilistische Variation. Aber man kann diesen Unterschied auch interpretatorisch fruchtbar machen: Israel erfährt Gottes freisprechendes und gerecht machendes Handeln aufgrund der Treue Gottes zu ihm und seinem darauf antwortenden Vertrauen. Dabei ist konkret an jeden Versöhnungstag zu denken. Die Völker kommen hinzu, vermittelt durch die bis zum Tod durchgehaltene Treue Jesu zu Gott, auf die sie sich vertrauend berufen dürfen.

[239] So Klaus Haacker, Der Brief des Paulus an die Römer, Leipzig ³2006, S. 328.

[240] Gekürzte und veränderte Fassung aus: Religionen unterwegs 17, Nr. 2, 2011, S. 18-24, verbunden mit: Biblische Ökumene? Perspektiven des Jüdisch-Christlichen Gesprächs, in: „So viel Aufbruch war nie …". Neue Synagogen und jüdische Gemeinden im Ruhrgebiet. Chancen für Integration und Dialog, hg.v. Manfred Keller, Berlin 2011, S. 116–126.

[241] Peter von der Osten-Sacken, Evangelium und Tora. Aufsätze zu Paulus, München 1987.

[242] Vgl. z.B. Jürgen Becker, Paulus. Der Apostel der Völker, Tübingen 1989, S. 95.294.475 und öfter; Jörg Frey, Galaterbrief, in: Paulus. Leben – Umwelt – Werk – Briefe, hg.v. Oda Wischmeyer, Tübingen 2006 (192–216), S. 195.210.

[243] Vgl. dazu den Exkurs o. S. 154f. und den Verweis auf Wengst, Völker, S. 185–188.

[244] Vgl. dazu hier S. 40–41.

[245] Vgl. entsprechende Texte bei Wengst Johannesevangelium 1, S. 69–71.

[246] Babylonischer Talmud, Traktat Nedarim 38b.

[247] Jerusalemer Talmud, Traktat Horajot 3.

[248] Midrasch Schmot Rabba 41,6.

[249] Midrasch Breschit Rabba 24,7; vgl. dazu Wengst, Jesus, S. 159–160.

[250] Mischna Avot 1,1; 3,13.

[251] Entsprechende rabbinische Texte bei Wengst, Regierungsprogramm, S. 86–87.93–94.

[252] Vgl. dazu ausführlich Wengst, Regierungsprogramm, S. 65–137.

[253] Vgl. zu diesen Zusammenhängen ausführlicher Wengst, Jesus, S. 108–114.

[254] Vgl. Wengst, Völker, S. 69–100.

[255] Zu dieser Übersetzung vgl. hier S. 92.

[256] Vgl. dazu im nächsten Paragraphen S. 179–181.

[257] D Martin Luthers Evangelien-Auslegung 5. Die Passions- und Ostergeschichten aus allen vier Evangelien, hg.v. Erwin Mülhaupt, bearb.v. Eduard Ellwein, Göttingen 1954, S. 56.

[258] Midrasch Tehillim 117,2.

[259] Jerusalemer Talmud, Traktat Sanhedrin 1,1. An drei Stellen im babylonischen Talmud wird lediglich von *emét* als „Siegel des Heiligen, gesegnet er", gesprochen: Traktat Schabbat 55a, Traktat Joma 69b und Traktat Sanhedrin 64a.

[260] Barbara Hahn, Die Jüdin Pallas Athene. Auch eine Theorie der Moderne, Berlin 2002, S. 147.

Anmerkungen

261 Theodor W. Adorno, Minima Moralia. Reflexionen aus dem beschädigten Leben, Bibliothek Suhrkamp 236, Frankfurt a.M. 1978 (1951), S. 131.
262 Zuerst veröffentlicht in: Erlesenes Jerusalem. FS Ekkehard Stegemann, hg.v. Lukas Kundert u. Christina Thuor-Kurth, Theologische Zeitschrift 69, Heft 4, 2013, S. 622–635.
263 Vgl. Ruth Kastning-Olmesdahl, Dialog der Weltreligionen oder ökumenischer Dialog mit dem Judentum? Überlegungen zum Ort des Judentums im Religionsunterricht, in: Edna Brocke/Hans-Joachim Barkenings (Hg.), „Wer Tora vermehrt, mehrt Leben." FS Heinz Kremers, Neukirchen-Vluyn 1986 (S. 65–74), S. 71.
264 Vgl. Jes 48,2; Neh 11,1.18.
265 Willem A. M. Beuken, Jesaja 28–39, Freiburg u.a. 2010, S. 276.
266 Georg Fischer, Jeremia 1–25, Freiburg u.a. 2005, S. 652.
267 Vgl. in diesem Zusammenhang die Aussage von Schalom Ben Chorin, als er schon Jahrzehnte in Jerusalem lebte: „Auch wenn man im irdischen, oft allzu irdischen Jerusalem heimisch geworden ist, darf man den Blick auf das himmlische Jerusalem nicht verlieren. Es ist eine Realität, die allerdings nur für Minuten der Weltgeschichte aufleuchtet. Aber diese Minuten dürfen nicht verpaßt werden" (Schalom Ben Chorin, Ich lebe in Jerusalem, München 1972, S. 207). Vorher hatte er im Blick auf das christlich-jüdische Gespräch von einem „gemeinsamen Marsch auf das gemeinsame Ziel hin" gesprochen: „das ewige Jerusalem, die Stadt Gottes" (136).
268 Gradwohl, Bibelauslegungen, S. 145.
269 Willem A. M. Beuken, Jesaja 1–12, Freiburg u.a. 2003, S. 92.
270 Gradwohl, Bibelauslegungen, S. 146, zitiert hier Samuel David Luzzato (1800–1865).
271 Vgl. Babylonischer Talmud, Traktat Sota 47a (= Sanhedrin 107b); weiter Traktat Bava Qamma 97b.
272 Mechilta de Rabbi Jischmael, Beschallach (Wajehi) 3.
273 Wajikra Rabba 24,4; ähnlich Pesikta Rabbati 41.
274 Babylonischer Talmud, Traktat Bava Batra 75b.
275 Babylonischer Talmud, Traktat Ta'anit 5a.
276 Midrasch Tanchuma, Pekudej 1.
277 Johannes schreibt keine Dogmatik, sondern setzt in seinen Visionen unterschiedliche Akzente, die je an ihrer Stelle betont werden müssen.
278 Carsten Jochum-Bortfeld, Die zwölf Stämme in der Offenbarung des Johannes. Zum Verhältnis von Ekklesiologie und Ethik, München 2000, S. 173f.
279 In dieser Weise nehme ich eine in anderem Zusammenhang gebrachte Redeweise des späten Karl Barth auf: Das christliche Leben. Die Kirchliche Dogmatik IV,4. Fragmente aus dem Nachlaß. Vorlesungen 1959–1961, hg.v. Hans-Anton Drewes u. Eberhard Jüngel, Zürich 1976, S. 224–235.
280 Vgl. die bei Wengst, Jesus, S. 144f., angeführten Texte.
281 Schmidt/Buber, Zwiegespräch, S. 153.
282 Schmidt/Buber, Zwiegespräch, S. 164 und 165.
283 Zuerst veröffentlicht in: Kirche und Israel 26, 2011, S. 78–91.
284 Rainer Kampling, Gott – sein Weg ist untadelig (Ps 18,30). Ein katholischer Blick auf Dabru emet, in: Dabru emet – redet Wahrheit. Eine jüdische Herausforderung zum Dialog mit den Christen, hg.v. Rainer Kampling u. Michael Weinrich, Gütersloh 2003 (S. 43–54), S. 47.
285 *adám* („Adam") ist im Hebräischen kein Name, sondern bezeichnet schlicht das Wort „Mensch".
286 Mischna Sanhedrin 4,5. Von daher hieß es unmittelbar vorher an dieser Stelle: „Deshalb wurde ein einziger Mensch in der Welt erschaffen um zu lehren, dass man es jedem, der eine einzige Person vernichtet, anrechnet, als hätte er eine ganze Welt vernichtet, und dass man es jedem, der eine einzige Person erhält, anrechnet, als hätte er eine ganze Welt erhalten."
287 Evangelisches Gesangbuch 293,1.
288 Vgl. dazu hier in § 3 die Abschnitte 2 und 3.

[289] Vgl. auch Wengst, Jesus, S. 30–34.79–81.
[290] Ausführliche Darstellung bei Klaus Wengst, „... zum Glanz für Dein Volk Israel". Warum Lukas nach dem Evangelium noch die Apostelgeschichte schrieb, in: „Mache dich auf und werde licht!" Ökumenische Visionen in Zeiten des Umbruchs. FS Konrad Raiser, hg.v. Dagmar Heller u.a. Frankfurt am Main 2008, S. 234–239.
[291] Die Verkündigung des Engels an die Hirten in Lukas 2,10 lautet in der Übersetzung Luthers: „Siehe, ich verkündige euch große Freude, die allem Volk widerfahren wird." Sie war zu seiner Zeit zutreffend. Der Wendung „allem Volk" entspricht im heutigen Sprachgebrauch: „dem ganzen Volk" (= Israel). Wenn „allem Volk" heute pluralisch gehört wird, stimmt das weder mit dem griechischen Text überein noch mit dem Verständnis der Wendung zur Zeit Luthers.
[292] Was sich hier bei Lukas findet, hat bereits Paulus in prägnanter Kürze in Römer 15,8 zum Ausdruck gebracht. Vgl. dazu hier S. 156f.
[293] Rolf Schieder, EKD regt Diskussion über Wirtschaftsboykott Israels an, Kirche und Israel 25, 2010 (S. 191–194), S. 194.
[294] Vgl. Schieder, a.a.O., S. 192: „Es ist die geschwisterliche Pflicht der europäischen Christen, ihre palästinensischen Schwestern und Brüder nachdrücklich auf die Gefahren eines theologischen Antijudaismus aufmerksam zu machen."

Literaturverzeichnis

Barth, Karl: Theologische Existenz heute! (1933), neu hg. u. eingeleitet v. Hinrich Stoevesandt, München 1984.
Barth, Karl: *Briefe* des Jahres *1933*, hg.v. Eberhard Busch, Zürich 2004.
Barth, Karl – Eduard Thurneysen: Briefwechsel, Bd. III (1930–1935), hg.v. Caren Algner, Zürich 2000.
Barth, Karl – Charlotte von Kirschbaum: Briefwechsel, Bd. I (1925–1935), hg.v. Rolf-Joachim Erler, Zürich 2008.
Bienert, Walther: Martin *Luther* und die Juden, Frankfurt am Main 1982.
Bizer, Ernst: Zur *Geschichte* der Evangelisch-Theologischen Fakultät von 1919 bis 1945, in: Bonner Gelehrte. Beiträge zur Geschichte der Wissenschaft in Bonn. Evangelische Theologie, Bonn 1968, S. 227–275.
Brecht, Martin: Ob ein weltlich *Oberkait* Recht habe, in des Glaubens Sachen mit dem Schwert zu handeln. Ein unbekanntes Nürnberger Gutachten zur Frage der Toleranz aus dem Jahre 1530, Archiv für Reformationsgeschichte 60, 1969, S. 65–75.
Brenz, Johannes: *Frühschriften*. Teil *2*, hg.v. Martin Brecht u.a., Tübingen 1974.
Buber, Martin: *Briefwechsel* aus sieben Jahrzehnten. Band II: 1918–1938, hg.v. Grete Schaeder, Heidelberg 1973.
Busch, Eberhard: Karl Barths Lebenslauf. Nach seinen Briefen und autobiographischen Texten, München 1975.
Crüsemann, Frank: Das Alte Testament als *Wahrheitsraum* des Neuen. Die neue Sicht der christlichen Bibel, Gütersloh 2011.
Dschulnigg, Peter: Das *Markusevangelium*, Stuttgart 2007.
Eckstein, Hans-Joachim: *Kyrios* Jesus. Perspektiven einer christologischen Theologie, Neukirchen-Vluyn 2010.
Faulenbach, Heiner: Heinrich Josef Oberheids theologisches *Examen* im Jahr 1932 und das Geschick seines Prüfers Karl Ludwig Schmidt im Jahr 1933, in: Gutheil, Jörn-Erik und Sabine Zoske (Hg.): „Daß unsere Augen aufgetan werden …". FS Hermann Dembowski, Frankfurt a.M. u.a. 1989, S. 57–97.
Faulenbach, Heiner: Die Evangelisch-Theologische *Fakultät* Bonn. Sechs Jahrzehnte aus ihrer Geschichte nach 1945, Bonn 2009.
Fiedler, Peter: Das *Matthäusevangelium*, Stuttgart 2006.

Gradwohl, Roland: *Bibelauslegungen* aus jüdischen Quellen 1. Die alttestamentlichen Predigttexte des 3. und 4. Jahrgangs, Stuttgart ²1995.

Hamm, Berndt: Lazarus *Spengler* (1479–1534). Der Nürnberger Ratsschreiber im Spannungsfeld von Humanismus und Reformation, Politik und Glaube, Tübingen 2004.

Kaufmann, Thomas: Luthers *„Judenschriften"*, Tübingen 2011.

Klaiber, Walter: Das *Wort* vom Kreuz. Skandal oder Herzstück des Evangeliums? In: Volker Hampel/Rudolf Weth (Hg.), Für uns gestorben. Sühne – Opfer – Stellvertretung, Neukirchen-Vluyn 2010, S. 33–42.

Krötke, Wolf: *Theologie* und Widerstand bei Karl Barth. Problemmarkierungen aus systematisch-theologischer Sicht, in: Michael Beintker u.a. (Hg.), Karl Barth in Deutschland (1921–1935). Aufbruch – Klärung – Widerstand, Zürich 2005, S. 121–139.

Luther, Martin: Das Magnificat verdeutscht und ausgelegt. 1521, WA 7,538–604.

Luther, Martin: Daß Jesus Christus ein geborner Jude sei. 1523, WA 11,307–336.

Luther an den getauften Juden Bernhard.1523, WABr 3,101–104.

Luther, Martin: Vier tröstliche Psalmen an die Königin von Ungarn. 1526, WA 19,542–615.

Luther an den Juden Josel. 11. Juni 1537, WABr 8,89–91.

Luther, Martin: Wider die Sabbather an einen guten Freund. 1538, WA 50,309–337.

Luther, Martin: Von den Juden und ihren Lügen. 1543, WA 53,411–452.

Luther, Martin: Vom Schem Hamphoras und vom Geschlecht Christi. 1543, WA 53,573–648.

Luther, Martin: Vorlesung über den Römerbrief. 1515/1516, übertragen v. Eduard *Ellwein*, München ²1928.

Luz, Ulrich: Das Evangelium nach *Matthäus* (26–28) *4*, Neukirchen-Vluyn u.a. 2002.

Mühling, Andreas: Karl Ludwig *Schmidt*. „Und Wissenschaft ist Leben", Berlin und New York 1997.

Osten-Sacken, Peter von der: Martin *Luther* und die Juden. Neu untersucht anhand von Anton Margarithas „Der gantz Jüdisch glaub" (1530/31), Stuttgart 2002.

Schellong, Dieter: „Was sucht ihr den Lebendigen bei den Toten?" Rückfragen zur Suche nach dem „historischen Jesus", in: Einwürfe 6, hg.v. Friedrich-Wilhelm Marquardt u.a., München 1990, S. 2–47.

Schmidt, Karl Ludwig/Buber, Martin: Kirche, Staat, Volk, Judentum. *Zwiegespräch* im Jüdischen Lehrhaus in Stuttgart am 14. Januar 1933, in: Karl Ludwig Schmidt, Neues Testament, Judentum, Kirche. Kleine Schriften, hg.v. Gerhard Sauter, München 1981, S. 149–165.

Schottroff, Luise: Der erste Brief an die Gemeinde in *Korinth*, Stuttgart 2013.

Spengler, Lazarus: *Schriften*. Band *3*: Schriften der Jahre Mai 1529 bis März 1530, hg.v. Berndt Hamm u.a., Gütersloh 2010.

Vielhauer, Philipp: Karl Ludwig *Schmidt*. 1891–1956, in: Bonner Gelehrte. Beiträge zur Geschichte der Wissenschaft in Bonn. Evangelische Theologie, Bonn 1968, S. 190–214.

Wengst, Klaus: *Jesus* zwischen Juden und Christen, Stuttgart ²2004.

Wengst, Klaus: Das *Johannesevangelium*. *1*. Teilband: Kapitel 1–10, Stuttgart ²2004.

Wengst, Klaus: Das *Johannesevangelium*. *2*. Teilband: Kapitel 11–21, Stuttgart ²2007.

Wengst, Klaus: „Freut euch, ihr *Völker*, mit Gottes Volk!" Israel und die Völker als Thema des Paulus – ein Gang durch den Römerbrief, Stuttgart 2008.

Wengst, Klaus: Das *Regierungsprogramm* des Himmelreichs. Eine Auslegung der Bergpredigt in ihrem jüdischen Kontext, Stuttgart 2010.

Stellenregister

AT

1. Mose
1: *82*
1,27: *24*
3,15: *39*
5,1: *24.163*
15,6: *150*
22,18: *39*
32,29: *166*

2. Mose
4,22: *149*
13,8: *130*
14,31: *79*
15,11: *95*
15,17: *178*
23,19: *90*
23,20–22: *84*
24,1: *84*
24,7: *133*
24,8: *133.134*
31,18: *163*
34,6: *162*
38,21: *178*

3. Mose
16: *123*
19,18: *24.163*
26,42: *168*

4. Mose
21,5: *79*
23,24: *128*

5. Mose
6,4: *87.88.95*
14,1: *149*
25,17–19: *19f.*

1. Samuel
2,6: *101*
12,22: *147*
23,1–7: *45*

2. Samuel
7,12–14: *39*
22,50: *157*
23,1–7: *45*
23,13–17: *128f.*

1. Könige
19,4: *22*

Jesaja
2,2f.: *165*
2,3: *176f.*
2,18.20.21: *95*
7,14: *39f.*
9,19: *128*
33,5: *176*
42,6f.: *194f.*
42,10–13: *189*
45,23: *85*
48,2: *176*
49,1–6: *189*
49,6: *195*
51,5: *153*
52,1: *176*
52,5: *179*
53: *118*
53,11f.: *133*
53,12: *83*
65,17–25: *176*

Jeremia
16,19f.: *95*
17,12: *178*
22,3.16: *176*
23,5f.: *83*
31,31–34 *134f.*

Ezechiel
37: *32.100f.102*
39,17–20: *128*
48,30–35: *179*
48,35: *178*

Hosea
11,1: *149*
11,9: *178.179*

Joel
3: *90.165*
4,17: *176*

Micha
4,1f.: *165*
4,2: *176f.*

Sacharja
8,20–24: *189*
9,13.15: *128*
14,9: *95*

Psalmen
2,6: *176*
18,50: *157*
22,2f.18f.22f.: *108f.*
22,2: *108*
31,6: *108*
32,1f.: *150*
33,12: *150*
41,2f.6–11: *107*
82,6: *81*
83,5: *18*
94,3: *16*
94,14: *147*
98,1–4.9: *153*
99,3: *83*
104,15: *140*
104,35: *22*
117,1: *189*
117,2: *168*
122,3: *178*
139,11f.: *114*

Klagelieder
1,16: *83*
3,22f.: *114*

Daniel
2,28f.45: *111*

Nehemia
11,1.18: *176*

1. Chronik
11,15–19: *128f.*

2. Chronik
36,23: *173f.*

Apokryphen

Tobit
14,13: *78*

Baruch
4,1–4: *154*

2. Makkabäer
7: *115f.*
7,32f.: *116f.*
7,37f.: *117f.*

3. Makkabäer
3,28: *78*

NT

Matthäus
2,6: *192*
2,20f.: *192*
3,2: *187*
4,15: *192*
4,23: *164*
5–7: *164*
5,17–19: *164*
5,17: *186f.*
5,21–48: *164*
5,21f.27f.: *164*
8–9: *164*
8,10: *192*
9,33: *192*
9,35: *164*
10,23: *192*

15,31: *188*
16,17: *128*
16,21: *110*
19,28: *92.134*
20,28: *115*
22,28: *32*
23,2f.: *134*
24,6: *110f.*
26,20: *134*
26,26: *132*
26,28: *115.132.133*
26,29: *132*
26,54: *110*
27,42: *192*
28,16–20: *91–94*
28,19: *166*
28,20: *102.134*

Markus
1,27: *187.190*
8,21: *110*
10,45: *115*
13,7: *110f.*
14,17–21: *107f.*
14,17: *134*
14,22: *132*
14,24: *115.132.133*
14,25: *132*
15,32: *192*
15,33f.: *108f.*
16,7: *102*

Lukas
1,32f.: *193*
1,68–75: *193*
1,68: *188*
1,73–75: *156f.195*
2,10: *212 (A. 291)*
2,30–32: *194f.*
2,34: *192*
2,38: *193f.*
4,25.27: *192*
6,20f.: *140*
7,9: *192*
9,22: *110*
15,12.13: *78*
17,25: *110*

21,9: *110f.*
22,14: *134*
22,18: *132*
22,19: *132*
22,20: *115.132.134*
22,30: *134*
22,37: *110*
24,7: *110*
24,13–35: *102*
24,21: *192.194*
24,25f.27: *110*
24,40–43: *102*
24,44.45–47: *110*

Johannes
1,1f.: *78.82*
1,14: *82.127*
1,17: *82*
1,29: *115.129f.*
1,36: *129f.*
1,49: *192*
3,22: *192*
6,51–58: *126–130.141*
10,14f.: *115*
10,28f.: *80f.*
10,30: *80f.*
10,34–36: *81*
12,13: *192*
12,44: *79f.*
13,1: *112*
13,26f.: *112*
14,1: *79*
14,6: *168.169f.*
14,26: *89*
18,4–6: *112f.*
18,38: *167f.*
19,1–7: *112*
19,10: *167*
19,14: *130*
19,33.36: *130*
20,11–18: *102*
20,18: *102*
20,20: *102*
20,24–29: *102*
20,25: *102*

Stellenregister

Apostelgeschichte
1,6: *192.194*
1,7: *194*
1,8: *166.194*
1,16: *110*
2,17–21: *90*
8,16: *93*
10,44–47: *90.165*
10,48: *93*
13,17: *188*
17,3: *110*
19,5: *93*

Römer
1–8: *188f.*
1,3: *149*
1,5.13.14: *144*
1,16: *144f.149.191*
1,18–3,20: *152*
2,9f.: *150.191*
2,11: *150*
2,12: *152*
2,14.15: *155.161*
2,26: *155.161*
3,3: *153*
3,19: *152*
3,21–31: *152–156*
3,22: *144*
3,30: *148*
4: *148*
4,3–5: *150*
4,7f.: *150*
4,9: *150.191*
4,11.12: *150.191*
4,16f.: *149*
4,16: *150f.*
5,1–11 *86*
5,6.8: *115*
5,12–21: *86*
8,3: *42*
8,4: *155.161*
8,14–23: *149*
8,17: *149.209 (A. 228)*
8,28–30: *146*
8,28: *114.147*
8,30: *147*
8,32: *115*

8,39: *145*
9–11: *156*
9,1–3: *145*
9,4–5: *148f.188*
9,4: *163*
9,6–23: *151*
9,7–13: *147*
9,22f.: *151*
9,24: *151.191*
10,1: *145*
10,12: *144*
11,2: *147*
11,13: *144*
11,28f.: *146f.*
11,29: *148.163.188*
14,9.11: *85*
14,15: *115*
15,7–13: *156*
15,8f.: *156f.*
15,8: *149*
15,10: *135.157*
16,23: *141*

1. Korinther
1,13: *93.105.115*
1,14: *141*
1,15: *93.105.115*
1,26–28: *137*
3,4–9: *80*
8,6: *87f.*
8,11: *115*
11,17: *136*
11,20: *125.136*
11,21: *136*
11,22: *138*
11,23–25: *138*
11,24: *132*
11,25: *125.132.134*
11,26: *136*
11,27: *138f.*
11,28: *140*
11,29: *139.140.188*
11,31: *139f.*
12,3–13: *91*
12,27: *139*
15,5: *166*
15,20–28: *94f.*

15,20: *89f.*
15,21–28: *90*
15,28: *94.95*

2. Korinther
5,14–21: *118–121*
5,14f.: *115*
8,9: *87*
13,13: *91*

Galater
1,4: *115*
2,14: *155*
2,21: *115.155*
2,20: *115*
3,28: *137.139*
6,16: *149*

Epheser
5,2: *115.121*

Philipper
2,6–11: *82–87*
2,8: *153*
2,9: *88*

Kolosser
1,20: *105*
2,14: *105*

Hebräer
121
1,1f.: *195*

Offenbarung
1,1: *111*
5,5f.: *179*
6,9f.: *16*
6,11: *16*
7: *180f.*
13: *175*
13,1–4: *175*
14,3: *181*
14,8: *180*
17f.: *175*
17,1–3a: *174*
17,3b–6: *174f.*

18,3: *175.180*
18,9–19: *175*
18,11–14: *175*
19,15: *180*
19,19–21: *180*
21,2: *179*
21,9–22,5: *174*
21,9f.: *174*
21,9: *179*
21,12: *179f.*
21,14: *180*
21,16b.17: *180*
21,18–21: *175*
21,24: *180*
22,2: *180*
22,5: *175*
22,6–21: *174*

Apostolische Väter

Ignatius Römer
4,1: *16*

Barnababrief
3,6: *52*
9,4–9: *(150:) 209 A. 230*

Rabbinica

Mischna
Pessachim 10,5: *19.130f.*

Joma 6,2: *113*
Joma 8,9: *122.123*
Sanhedrin 4,5: *24f.189f.*
  210 (A. 286)
Avot 1,1; 1,13: *163f.*

Babyl. Talmud
Brachot 10a: *22*
Schabbat 55a: *210 (A. 259)*
Joma 69b: *101.210 (A. 259)*
Ta'anit 5a: *178*
Nedarim 38b: *163*
Sota 47a: *177*
Bava Qamma 97b: *177*
Bava Batra 75b: *177f.*
Sanhedrin 38b: *84*
Sanhedrin 64a: *210 (A. 259)*
Sanhedrin 92b: *32.101f.*
Sanhedrin 107b: *177*

Jerusalemer Talmud
Sanhedrin 1,1: *168f.*
Horajot 3: *163*

Mechilta de R. J.
Beschal. (Wajehi) 3: *177*
Beschal. (Wajehi) 6: *79*
Beschal. (Schira) 8: *95f.*
  207 (A. 195)

Sifrej Dvarim
§ 31: *95*

Breschit Rabba
24,7: *24.38.163*

Schmot Rabba
41,6: *163*

Wajikra Rabba
24,4: *177*
27,4: *86*

Echa Rabbati
1,51: *83f.*

Pesikta Rabbati
41: *177*

Midrasch Tehillim
66: *95*
74,3: *18*
117,2: *168*

Tanchuma (B)
Waera 9: *81*
KiTezee 11: *21*

Tanchuma
Pekudej 1: *178f.*